格 致 经 管 前 沿

刘晴 著

二元经济结构、国际经贸新规则与外贸转型升级

格致出版社 上海人民出版社

目　录

第1章　绪　论

1.1　问题的提出

1.1.1　研究背景

改革开放40年来，中国积极实施开放型发展战略，显著降低了企业的贸易成本，促进了对外贸易的发展。图1.1反映了中国近20年来进出口贸易变化趋势。

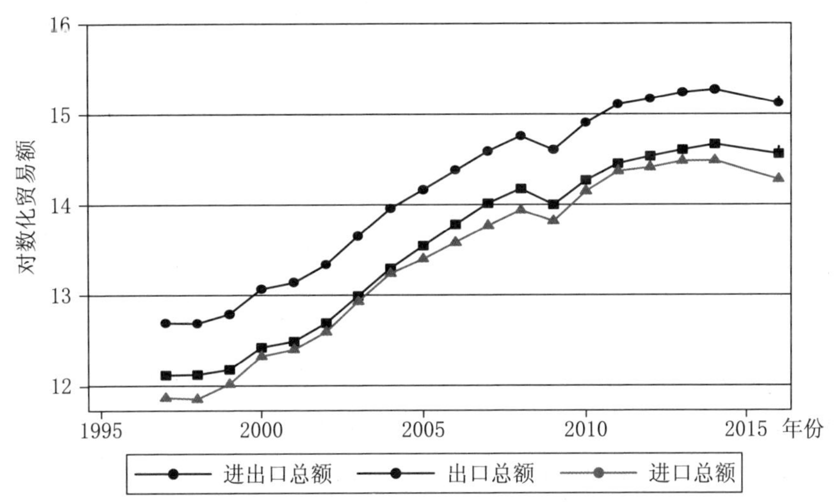

资料来源：海关信息网 http://www.haiguan.info/。

图1.1　中国1996—2016年进出口贸易额趋势

从图 1.1 看出，中国的进出口总额从 1996 年的 2 898 亿美元上升至 2015 年的 39 530 亿美元，已成长为世界第一大出口国和第二大进口国。但是，高速增长并不意味着高质量的增长，贸易大国也并不意味着是贸易强国。现阶段中国出口导向型贸易主要以技术含量较低的加工贸易为主。加工贸易企业较低的生产率且占据中国贸易一半以上的份额（范子英和田彬彬，2014），是构成中国出口企业“生产率之谜”的主要原因（李春顶，2010；Dai et al.，2016；Yu 和 Tian，2012）。同时，出口导向型贸易模式大多处于低附加值、低技术和低资源的行业。长此以往，不仅会造成中国企业在出口市场上倾向于选择“低价格、微利润”的价格竞争模式，还会导致中国在国际分工和全球价值链中被锁定在低附加值环节。因此在新时代背景下，中国对外贸易的粗放式数量增长模式已难以维系，高质量转型升级势在必行。

二元经济结构是中国外贸转型升级面临的重要内部约束。姚洋和余淼杰（2009）指出中国出口导向增长模式是由人口特征和低城镇化水平决定的。虽然加工贸易是一种低效率的贸易，但是加工贸易企业可以吸收二元经济中大量剩余低技能劳动力增进社会福利水平（刘晴和徐蕾，2013）。剩余劳动力在被企业吸收后又会促进城镇化的发展。1978—2014 年间，中国城镇化率从 17.9%提升到 54.77%。然而，伴随着城镇化和工业化的发展，中国的二元经济结构逐渐弱化，劳动力要素价格不断上升，传统的出口导向型贸易模式发展需要转型。

国际经贸新规则是新时代背景下中国外贸转型升级面临的重要外部约束。跨大西洋贸易与投资伙伴关系协定（Transatlantic Trade and Investment Partnership Agreement，简称 TTIP）、区域全面经济伙伴关系（Regional Comprehensive Economic Partnership，简称 RCEP）和服务贸易协定（Trade in Service Agreement，简称 TISA）等一系列高标准自由贸易投资协定的达成，促使国际贸易新规则得到进一步发展，这些协定对知识产权、环境和劳动标准有着严苛的规定，这可能会使中国出口企业面临更高的贸易成本和更大的转型压力。

那么，二元经济结构和国际经贸新规则究竟如何决定对外贸易模式？又如何影响企业外贸转型升级？其中的理论机制是什么？为促进企业转型升级，政府又该制定何种政策？

1.1.2 研究意义

1. 理论意义

(1) 进一步扩展异质性企业贸易理论的需要。

以 Melitz(2003)为代表的异质性企业贸易模型影响深远。凭借简洁的垄断竞争市场结构和稳健的结论,异质性企业贸易模型在多个方面得到拓展与应用(Redding, 2011; Bernard et al., 2012; Grossman and Helpman, 2015)。然而,无论是克鲁格曼的新贸易理论还是异质性企业贸易理论,多是以发达国家的产业内贸易和企业出口事实为研究出发点。发展中国家的贸易事实呈现出很多不同的经验事实(Yu, 2015; Dai et al., 2016; Sever, 2016; Defever and Riano, 2017)。中国作为典型的以"二元经济结构"为特征的发展中国家,长期以来实行出口导向型战略,存在城镇化滞后以及区域贸易发展不平衡的现象。因此,在分析中国对外贸易的问题上不能与发达国家一概而论。相关经验研究就发现中国企业分布呈现出独特的"双峰"特征(Ludan, 2010; Dai et al., 2016),即高强度的出口企业和纯内销企业占据较大比例,而同时进行大规模内外销售的企业较少,这与发达国家的经验事实和经典异质性企业贸易模型的预测不一致。同时,国际经贸新规则对发达国家与发展中国家的影响不同,因此基于异质性企业贸易理论考察"二元经济结构特征"和国际经贸新规则对中国外贸企业贸易边际的影响机制,进而简明剖析其对整个社会平均生产率和社会福利所产生的影响,具有重要的科学意义。

(2) 进一步丰富发展中国家贸易理论的需要。

在过去的40年中,发展中国家之间发生的贸易("南—南"贸易)成为全球增长最快的贸易,"南—北"贸易的发展也保持稳定(Raihan, 2014),中国对发展中国家的对外贸易贡献十分突出(Shafaeddin, 2010)。对发展中国家对外贸易快速增长的原因,现有文献专注于贸易政策有效性和政府干预适用性(Athukorala, 2011)。只有 Greenaway 和 Milner(1990)等少量文献,基于传统贸易理论和政治经济学分析了"南—南"贸易的发生原因。

本书分析了"一带一路"倡议对中国高新技术产品贸易的贸易转移效应。"一带一路"国家和地区以发展中国家为主,其中很多国家也具有二元经济结构特征，因而研究“一带一路”倡议背景下的贸易模式和福利效应对发展南南贸易和维持中国对外贸易平衡具有重要意义。

2. 现实意义

(1) 深化供给侧结构性改革和推进“一带一路”的需要。

十九大报告强调，“实施供给侧结构性改革”“推动形成全面开放新格局”，以“一带一路”建设为重点。二元经济结构等原因引致的加工贸易出口模式造成了现有经济中有效和中高端供给不足，低端供给存在一定的重复和过剩，国内外市场分割明显，且由于现有体制束缚了供给结构调整，潜在供给未能释放。“一带一路”倡议的实施又会对中国出口企业的贸易方式、贸易地理方向和贸易利得产生重大影响。因此，探讨二元经济结构对中国出口贸易模式的影响，分析“一带一路”倡议给中国出口企业带来的改变，对深化供给侧结构性改革和推进“一带一路”有重要的现实意义。

(2) 积极适应和对接国际经贸新规则的需要。

当前国际贸易规则体系处于进展加快和竞争激烈的重塑时期。新规则包括了更高水平的低关税政策，更严格的原产地、劳工、环境和知识产权保护等新规则条款，这无疑会对中国出口企业带来巨大冲击。因而，深入分析国际经贸新规则对中国企业出口贸易带来的影响，对避免中国在贸易规则重塑中被边缘化和推动自贸区建设有重大意义。

(3) 推动中国全球价值链地位提升的需要。

加工贸易主导的贸易模式使得出口企业缺乏自主创新能力，不适应国际经贸新规则，过于依赖外部需求，进而导致中国贸易被锁定在全球价值链低端。近期中美贸易冲突爆发的部分原因，正是由于两国分别处在价值链的不同位置，引致了两国不同的贸易模式和差额。因此，熟悉国际经贸新规则，理解二元经济结构对外贸转型升级的影响机制对提升中国全球价值链的地位有重大意义。

1.1.3 核心概念的界定

1. 二元经济

“二元经济”(Dual Economy)最早由美国经济学家刘易斯(Lewis, 1954)

提出，用来说明工农城乡之间的对立及其发展过程中所出现的分化。他指出发展中国家存在维持生计的传统农业部门和现代化的工业部门两种性质不同的部门，二者的具体特征见表1.1。

表1.1　传统农业部门和现代化的工业部门比较

部门特征	传统农业部门	现代工业部门
组织方式	自给自足	社会化分工
资源状况	土地、劳动	资本、劳动
技术状况	落后、本地技术	先进、进口技术
规模状况	小规模运作	大规模操作
生产方式	手工劳动	机器大生产
生产效果	规模报酬递减	规模报酬递增

资料来源：高帆(2004)。

传统的"二元经济结构"是指以资本生产为主的现代工业部门同以劳动力生产为主的农业部门并存的经济结构。中国具有典型的传统二元经济结构。除此之外，本书第3章还引用了中国贸易"二元经济结构"的概念。Cosar和Fajgelbaum(2016)通过将国家视为一个面而非一个点，进而将一国国内地理引入经典的李嘉图模型，并由此推出一个有趣的二元结构，即对外贸易会被限制在一国的沿海地区，而国内贸易则会集中分布在一国的内陆地区。

本书中另一个与"二元经济"相关的概念是"二元贸易"。"二元贸易"是指加工贸易和一般贸易并存的贸易模式。导致"二元贸易"结构的原因有两种：一是加工贸易享受保税监管政策以及一系列税收优惠和信贷便利等鼓励政策；二是中国独特的"二元经济结构"形成了二元劳动力市场，鼓励政策和充裕的劳动力大大促进了加工贸易的发展。本书将研究如何促进加工贸易转型升级，进而弱化"二元贸易"结构。

2. 国际贸易新规则

本书从两个视角分析国际经贸新规则。一是从发达国家视角，分析零关税、贸易便利化、原产地、劳动、环境、知识产权和"竞争中立"等一系列高水平、高标准、高质量的规则带来的影响。这些规则主要是由发达国家所主导的TPP、美韩FTA、TTIP、RCEP等一系列自由贸易协定所制定的。二是从发展中国家视角,分析中国为主导的“一带一路”倡议对企业贸易模式和转型升级的影响。

3. 外贸转型升级

外贸转型升级的内涵非常丰富。本书所指出的外贸转型升级主要包括两种。第一,从技术升级、产品升级、功能升级和跨产业升级等四个方面衡量企业的转型升级。长期以来,中国企业多是出口劳动密集型产品且出口产品质量低,企业需要雇用大量劳动力而且只能赚取微薄利润。本书将分析国际经贸新规则如何影响企业在技术、产品和功能等方面的转型升级。第二,通过出口密集度和对外贸易方式的选择来衡量企业外贸转型升级的效果。中国出口密集度高的企业往往享受到政府的出口优惠政策,这可能引致中国出口导向型企业的平均生产率较低。本书将分析出口导向型企业行为逻辑,并提出合理政策建议,促进企业转型升级。

1.2 研究思路、研究方法和可能的创新点

1.2.1 研究思路和研究方法

1. 研究思路

本书将沿着“文献综述—理论分析—实证分析—政策建议”的研究思路逐步展开。首先对二元经济结构与外贸转型升级、国际贸易规则与外贸转型升级的国内外相关文献回顾及评述,并在此基础上展开研究。其次笔者通过建立一个以中国“二元经济结构”特征和出口贸易事实为依据的异质性企业贸易模型。从贸易成本的角度剖析企业区位分布和贸易模式选择共同形成“二元经济结构”的理论机制。接着,笔者将利用匹配后的企业层面微观数据,结合相关的计量方法,对二元经济结构下城镇化对企业贸易模式的影响机制进行检验。然后从异质性企业贸易模型和价值链升级的视角,着重分析零关税、贸易便利化、原产地、环境、和“竞争中立”等新规则条款以及“一带一路”倡议对中国企业贸易边际和转型升级的影响。随后运用扩展的引力模型及双边贸易数据,分别分析 TPP 和“一带一路”倡议这两个国际经贸新规则对中国与其他国家和地区高新技术产品贸易的作用效果。为了体现中国独特的二元贸易背

景及其对企业融资约束的影响，本书进一步通过拓展经典异质性企业贸易模型，内生化出口企业在面临融资约束的环境中对贸易模式的选择行为。最后，陈述本文理论与经验研究的主要结论，并提出相应的政策建议。总之，第3章和第4章主要基于二元经济结构的视角，分析外贸转型升级的影响因素。第5章和第6章则专注于分析国际经贸新规则对外贸企业转型升级的影响。第7章考察了二元贸易背景下融资约束对外贸转型升级的影响。第8章总结全书的主要观点。

2. 研究方法

(1) 异质性企业模型研究法。

异质性企业贸易理论的分析框架由克鲁格曼的新贸易理论衍生而来，其分析框架基于垄断竞争的市场结构，强调企业在边际生产成本和固定成本等方面的差异，与现实较为贴近。与寡头垄断模型相比，异质性企业模型在进行一般均衡分析时更简洁，而且基于该模型得出的结论具有更好的针对性和稳健性。在经典异质性企业贸易模型中，企业的异质性体现为企业支付行业进入固定成本后，从独立的分布中随机抽取边际生产率。在知晓自身的生产率后，企业将决定是否进入以及采用何种方式进入市场。企业以不同的方式进入不同的市场需要支付不同的固定和可变贸易成本。在消费者具有不变替代弹性(CES)效用函数和垄断竞争市场结构的假设下，企业将采用固定加成作价，通过比较各种决策带来的利润以确定其最优的市场配置方式。由于模型一般假定企业进入国外市场要支付额外的贸易成本，只有高效率的企业才能进入国外市场获取更大的市场份额。贸易自由化将通过要素市场的出口竞争效应淘汰低效率企业，优化行业内资源配置，提高社会福利水平。

本书第3章以Melitz(2003)为基准分析框架，引入国内贸易成本，并考虑异质性企业同时进行贸易模式和生产区位的二维选择，阐明了国内贸易成本如何引致二元经济结构，以及分析了国内贸易成本的下降如何影响异质性企业的企业行为。第5章基于四个代表性异质性企业贸易模型，分析了国际经贸新规则对中国企业贸易边际的影响机制及其福利效应。

(2) 计量经济学研究法。

本书第3章传统的普通最小二乘法、最小二乘虚拟变量(LSDV)、Logit

回归、Probit 回归这几种现代计量分析方法相结合，定量分析二元经济、城镇化水平对出口企业转型升级的影响，传统的 OLS 回归将作为基准检验。Logit 模型是离散选择法模型之一，是一种简单且使用频率较高的概率选择模型。第 3 章解释变量主要为二元选择变量，由于线性概率模型不能保证估计的概率预测值落入 0—1 之间，导致估计的结果是有偏的，而 Logit 模型假设响应变量服从标准 logistic 分布，克服了线性概率模型的弊端，将概率预测值控制在 0—1 之间，提高了回归结果的可信度。另外，采用正态累积分布函数的 Probit 模型也能满足这样的要求。

本书第 6 章将普通最小二乘法、LSDV、泊松伪最大似然估计（Poisson Pseudo-Maximum-Likelihood，PPML）以及广义最小二乘法（FGLS）结合在一起对国际贸易新规则与外贸转型升级进行实证分型。在计量方法的选择方面，Silva 和 Tenreyro（2006）观察到大多数引力方程采用对数线性化的方法，但由于有 E(ln y)或 ln E(y)，即 Jensen 不等式的存在，这种计量方法会造成误差。这是由于原始误差在指数方程形式中与自变量独立，一旦转化为对数线性，新的误差则通常与自变量相关，只有在非常严格的条件下才独立于自变量，因此普通最小二乘法（OLS）可能得出有偏的结果。Silva 和 Tenreyro 建议直接对相乘形式进行估计，即采用 PPML 作为 OLS 估计量的替代。

（3）调查研究法。

本书通过系统的回顾相关文献，把握国内外关于二元经济与外贸转型升级、国际经贸新规则与外贸转型升级的研究成果和最新动态，总结评述现有研究中可能存在的不足之处，并在此基础上为后续研究提供研究思路和观点。

（4）比较研究法。

本书包括以下几个方面的比较分析：第一，国家之间的差异对企业决策产生影响。对比分析发达国家和中国企业的出口贸易方式及其对社会福利的影响机制；第二，分别比较发达国家和发展中国家制定的国际经贸新规则对企业决策的影响；第三，中国不同区域间的差异对企业决策产生影响。本书第 3 章和第 4 章都比较了中国不同区域之间企业出口模式选择结果的差异及其影响因素。

3. 研究技术路线图

具体的研究思路和方法的技术路线图，如图 1.2 所示：

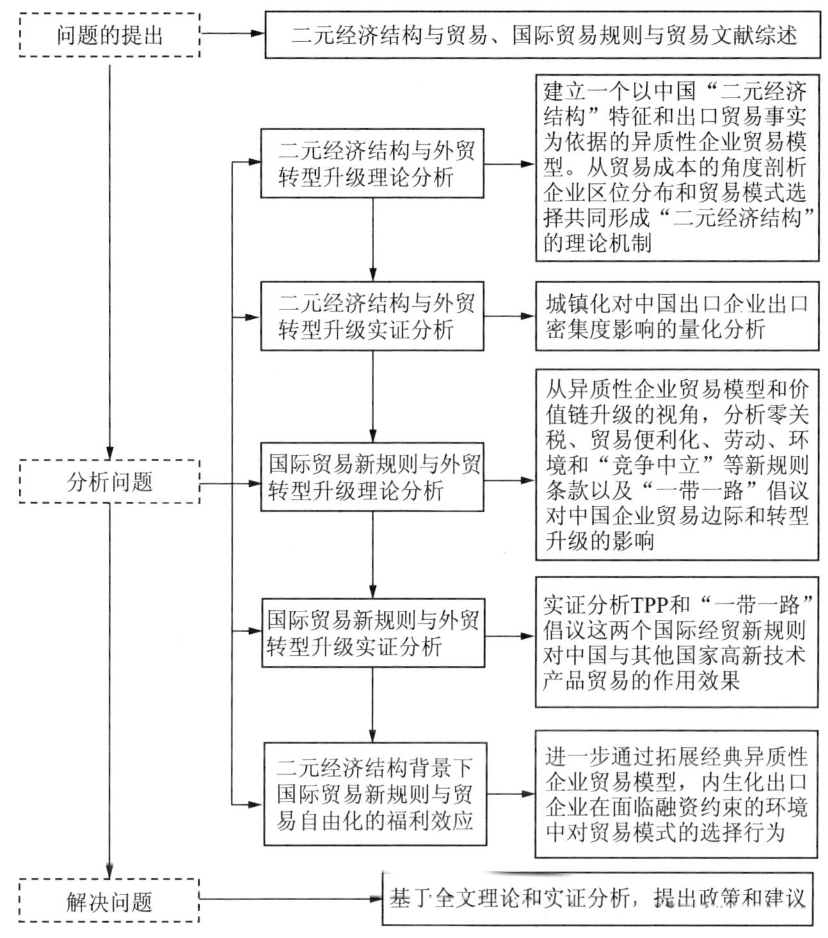

资料来源：笔者根据本书内容整理。

图1.2　研究思路和方法

1.2.2　创新与局限

1. 可能的创新之处

（1）建立一个以中国“二元经济结构”特征和出口贸易事实为依据的异质性企业贸易模型，从贸易成本的角度剖析企业区位分布和贸易模式选择共同形成“二元经济结构”的理论机制。

笔者首先在第3章中，建立了一个内生区位选择的异质性企业贸易模型，并发现国内贸易成本会引致企业将贸易活动集中在沿海地区。与沿海地区相比，内陆地区企业进行贸易需额外支付一笔高昂的国内运输成本，因此内陆地区企业倾向于发展国内市场，沿海地区企业倾向于发展海外市场。随后，笔者将"二元经济结构"与"高密集度出口模式"引入异质性企业模型，阐明了政府或银行的优惠政策使发展中国家的低效率企业可以通过贸易成本共享的方式参与全球分工，并在第 4 章通过实证分析证实了这个观点。第 3 章理论模型结合了中国的特征事实，其结论对中国出口贸易有着较好的解释力。

(2) 基于异质性企业贸易理论分析国际经贸新规则对企业贸易边际的影响以及随之产生的企业间资源再配置等微观效应，并基于价值链升级理论分析国际经贸新规则对中国企业价值链布局的影响。

现有文献主要从国家层面或行业层面分析国际经贸新规则可能产生的经济效应，忽略了对企业各种贸易边际和转型升级行为产生的直接影响，进而忽视了其可能产生的企业间和企业内资源再配置等福利效应。本书第 5 章分别从异质性企业贸易模型和价值链升级的视角，着重分析零关税、贸易便利化、原产地、劳动、环境、知识产权和"竞争中立"等新规则条款和"一带一路"倡议对中国企业贸易边际和转型升级的影响。

(3) 分别分析 TPP 和"一带一路"倡议这两种国际经贸新规则对国际贸易模式的作用效果。

在国际经贸新规则重塑的背景下，一方面是适宜发达国家合作的"投资与原产地规则"等高标准的规则，另一方面是促进发展中国家贸易的新规则，如"一带一路"倡议。本书在第 6 章分析了这两种新规则对异质性企业转型升级的不同影响。

2. 局限性

第一，本书所讨论模型基于 CES 效用函数进行分析，因而无法探讨企业成本加成的变化，将会忽视进口竞争效应引致的福利变化。而且由于模型是静态均衡，外部冲击时模型难以分析均衡路径的变动过程，企业无法及时有效地制定政策，规避冲击，稳定出口。第二，囿于数据的可得性，本书使用的工业企业数据库只到 2007 年。数据的不可得使本书无法描述企业层面最新的贸易动态事实。

1.2.3 研究结构和内容安排

根据研究思路，后文共分为七章。第2章包括二元经济与外贸转型升级、国际贸易规则与外贸转型升级两部分的文献综述。第一部分的文献梳理表明：第一，目前国内学者对中国是否迈入刘易斯拐点还没有统一定论；第二，中国的现实情况并不符合 Melitz(2003)模型的预测，主要表现为中国出口企业的生产率反而较低；第三，现有文献多是从城市化、集聚和就业等二元经济结构的子课题下开展的企业贸易研究，而缺乏对二元经济结构背景下企业贸易的研究。第二部分的文献梳理则发现，现有国际经贸新规则经济效应的研究主要从零关税和贸易便利化角度分析，而忽略了劳工标准、环境标准和知识产权保护标准等新规则这些边界内措施的影响，并且多数文献没有考虑到其对劳动力市场的影响，同时少有文献采用异质性企业贸易模型分析国际经贸新规则的影响。

第3章是对二元经济与外贸转型升级的理论分析。该章通过建立以中国"二元经济结构"特征和出口贸易事实为依据的异质性企业贸易模型，分析了国内贸易成本对企业区位以及贸易方式选择行为的影响机制。基于理论分析，该章主要得出以下结论：国内贸易成本是贸易集中于沿海经济发达地区的主要原因。内陆地区企业参与贸易需比沿海地区企业额外支付一笔国内贸易成本，因而内陆地区企业倾向于发展国内市场，沿海地区企业则倾向于发展海外市场。此外在扩展模型中，将"二元经济结构"与"高密集度出口模式"引入异质性企业模型，阐明了政策扶持的补贴才是低效率企业得以存续并参与贸易的原因。该章理论模型的结论与现有中国出口企业的特征事实基本保持一致，在一定程度上也为"出口企业生产率悖论"提供了解释。

第4章是二元经济结构与外贸转型升级的实证分析。该章通过合并中国31个省、市、自治区的城镇化水平数据与工业企业数据库，实证检验城镇化水平与企业出口密集度选择之间的关系，并得出以下结论：城镇化水平的提高对企业转型升级有抑制作用，其内在原因是城镇化水平的提高实际上是农村剩余低技能劳动人口向城镇的转移，只是人口的城镇化，而后大量的低技能劳动力为低效率企业提供了一个契机，使企业在吸收劳动力后选择从事高密集度模式的概率增加，从而抑制了企业在外贸的转型升级，而且该章发现异质性企业在不同城镇化水平的地区有不同的选择。实证分析结果也符合第 3 章理论分析的结论。结论表明减小对出口导向型企业的扶持力度是企业转型升级的关键。

第 5 章是国际贸易新规则与外贸转型升级的理论分析。主要结论包括以下两点：第一，零关税、贸易便利化和“竞争中立”原则会改善中国企业贸易边际，并通过企业间与企业内资源再配置效应、技术与质量升级效应和结构调整效应增进社会福利。虽然高标准的原产地、劳工、环境和知识产权保护新规则会通过改变中国企业贸易边际而恶化行业内资源配置，但能通过倒逼企业进行全球价值链动态升级和吸收更多农业剩余劳动力就业而优化行业间资源配置。第二，国际经贸新规则会促使中国对外贸易企业实现技术升级、产品升级以及跨行业升级。

第 6 章是国际贸易新规则与外贸转型升级的实证分析。本章通过扩展的引力模型，分析 TPP 及“一带一路”倡议对中国外贸转型升级的影响。结果表明：TPP 对中国的外贸转型升级产生了负面影响，而“一带一路”倡议会对中国的高新技术产品贸易产生静态和动态的贸易创造与转移效应，并在总体上对中国外贸转型升级产生正面影响。因此，优化高科技技术设施设备，提高高新技术产品质量，促进与发达国家之间的贸易以及进一步加强与“一带一路”国家和地区贸易等方面的合作是促进外贸转型升级的关键。

第 7 章专注于分析二元贸易背景下融资约束与外贸转型升级的关系。该章通过拓展经典异质性企业贸易模型，内生化出口企业在面临融资约束的环境中对贸易模式的选择行为，并发现一个有趣的结论：融资约束不但不会抑制中国的出口贸易总量，而且可以引致中国出口贸易的增长。其中的经济学逻辑是：在中国独特的二元贸易背景下，面临银行融资约束的异质性企业将以更大的概率选择出口导向型贸易模式而非利润率较高的通常贸易。这一结论具有一定的现实意义：由于加工贸易和高出口密度企业的贸易成本较低，经典异质性企业贸易模型中的自我选择效应会驱使低效率的企业选择这些贸易模式。因此，银行融资约束和自我选择效应的共同作用会阻碍出口行业平均劳动生产率和利润水平的提高，抑制对外贸易转型升级。

第 1 章是对全书的总结，包括结论与政策建议。

第 2 章　文献综述

2.1　二元经济结构文献

2.1.1　二元经济结构与经济增长文献

美国发展经济学家刘易斯(Lewis, 1954)为了刻画发展中国家劳动力市场的特征,摒弃了传统经济学中关于要素市场的假设,将劳动力无限供给的假设引入理论模型,进而在一个两部门经济中开创性地提出了"二元经济结构理论"(dual-economy model)。

刘易斯通过归纳发现:不同于高度工业化的发达国家,发展中国家工业化程度较低,传统农业部门仍普遍存在,经济中存在大量的剩余劳动力。为了描绘发展中国家这类独特的经济发展现象,刘易斯刻画了一个两部门经济体:现代工业部门和传统农业部门并存于同一经济体中。为了更贴近发展中国家的现实情形,刘易斯假设现代工业部门虽然生产技术较为先进但在整个经济中占比很小,而传统农业部门即使生产技术落后、劳动边际生产率很小,但却在国民经济体系中占有很大的比重。此外,为了刻画发展中国家大量剩余未就业劳动力的存在,模型还假设劳动力无限供给,劳动的边际生产率非常低以至于可以忽略不计。刘易斯认为在一个现代工业部门和传统农业部门并存的封闭二元经济中,无限的劳动供给会促使农业部门的剩余劳动力向现代工业部门转化,直至所有的剩余劳动力完全被现代工业部门所吸纳。而随着现代工业部门蓬勃发展，不断吸纳农业部门的剩余劳动力，经济中的剩余劳动力数量下降使得劳动力不再趋向于无限供给，劳动边际生产力逐渐提升，进而提升了整体经济的生产力水平和收入水平，实现了由“二元经济结构”向“一元经济结构”的转化。而劳动力由无限供给转变为有限供给的点称为“刘易斯拐点”(Lewis Turning Point)，该点意味着劳动力由过剩转为短缺，用工成本增加，人口红利逐渐消失。刘易斯二元经济理论为发展中国家的经济转型提供了一个规律性的理论基础。

Ranis 和 Fei(1961)基于古典主义学派视角，改进了刘易斯模型，通过将经济增长分为三个阶段:第一阶段特征是传统农业部门的劳动力无限供给，现代工业部门以不变工资水平吸纳农业剩余劳动力;第二阶段特征为现代工业部门仍继续吸纳传统农业部门的剩余劳动力，但此时劳动力已经由无限供给转为有限供给，过剩劳动力的工资水平逐步增加;第三阶段特征是传统农业部门的剩余劳动力被完全吸纳，现代工业部门和传统农业部门的工资相同;模型强调了农业对于经济发展的重要意义，在一定程度上完善了刘易斯二元经济理论。随着经济学的发展，新古典学派的流行使得后续有关二元经济结构模型的研究大多基于新古典经济学的视角。如 Jogenson(1967)在新古典经济学的研究框架下，反思了刘易斯等人的二元经济结构理论。Jogenson 指出，如果经济中不存在隐蔽性失业，工业会占据二元经济结构的主导地位，工业就业和工业产出最终将控制整个经济。Ramanathan(1967)则基于非中性的技术进步和技术进步依赖于过去投资的假设，进一步推演了 Jogenson 模型。Dixit(1970)通过比较古典和新古典两种视角下的二元经济理论，发现新古典主义框架下的 Jogenson 模型经济增长路径与古典主义刘易斯模型相一致。Todaro(1970)的研究则发现在城市部门存在大量失业，且农村部门没有劳动力剩余的情况下，劳动力向城市流动非但不会刺激工业化进程，反而会加剧城市失业，同时危及农业发展。

刘易斯(1979)重新回顾了二元经济结构及其发展，并着重探讨了传统农业和现代工业两部门之间的相互作用、过剩劳动力的来源和劳动力市场上工资差距的持续性。Fields(1993)则在二元经济结构下研究了收入增长的不均等，并将整体的不均等分为部门内部收入增长不均等和部门间收入增长不均等。Banerjee 和 Newman(1998)将信息不对称引入二元经济结构,通过假设现代部门存在信息不对称而传统部门不存在信息不对称,由代理费引致了一个效率与信贷约束的权衡取舍,进而指出并非所有人都会选择进入现代工业部门,自由放任的现代化难以最大化社会福利。Fields(2004)、Kirkpatrick 和 Barrientos(2004)分别从劳动力市场二元性视角和经济结构二元性视角重新检验了刘易斯二元经济结构,发现模型的核心结论仍然稳健。Islam 和 Yokota(2008)则在刘易斯的二元增长框架下考察了中国的工业化进程,重点探讨了传统农业部门的工资与劳动生产率之间的关系,并认为中国正迈向刘易斯拐点。Zhang 等(2011)指出中国工资水平快速上升,认为中国经济已经到达刘易斯拐点。

近期国外学者的研究致力于从微观角度解释二元经济。Wang 和 Piesse (2013)尝试为二元经济结构建立微观基础,分析了传统农业部门的生产和人口增长,证明并区分了剩余劳动力,内生了现代部门工资决定机制,考虑了劳动力转移的动态并定义了两类"刘易斯拐点"。Fergusson(2013)强调农村地区存在不止一种产权制度,通过内生化产权制度选择,说明了劳动力的流动惰性与二元经济结构的持续性。Gollin(2014)通过人力资源在部门间的分配刻画了二元经济,并指出农业部门工作者受教育程度更低。Wingender(2015)的研究同样证实了人力资源分配的影响机制,指出正是由于农业部门中高技能劳动力与低技能劳动力的强可替代性导致了农业部门的生产率低于非农业部门。Yuki(2016)则动态化了二元经济结构,指出经济体的长期产出如何依赖于最初的财富和部门生产率分布。Diao 等(2017)指出发展中国家的经济增长主要来自部门内劳动生产率的增长或结构调整式的增长,其中结构调整式的增长意味着劳动力由低生产率行业到高生产率行业的重新分配,是亚洲国家经济增长的主要方式。

国内学者对于二元经济结构理论的研究,多集中在我国经济是否越过刘易斯拐点。刘易斯拐点指传统农业部门的劳动力由无限供给转向有限供给,是劳动力由过剩转向短缺的分水岭。中国作为世界上最大的发展中国家,长期以来依赖于密集的劳动力推动经济发展,享受人口红利,其是否步入了刘易斯拐点在国内外学者间引起了很大的争论。

部分学者认为我国经济已经越过刘易斯拐点。蔡昉（2007，2010，2015）发现中国经济转型的新阶段，正面临由劳动力供给过剩转为劳动力供给不足的困局，如果刘易斯拐点不仅仅特指一个时间点而是描绘某一个时间段，那么中国已经迈入了“刘易斯拐点区”。曾国平和曾三（2008）考量了二元经济结构下的服务业与经济开放，发现二元经济结构的改善是服务业增加的主要原因。姚上海（2009）根据近期我国农村劳动力市场的供给变现情况推测我国正在迈入刘易斯第一拐点，尝试为我国农民工的“用工荒”现象提供解释。张永丽和景文超（2012）则认为我国已经迈过了刘易斯拐点，劳动力已经由过剩转向短缺，并不断向充分就业、劳动力供给不足迈进。

与此同时，也有一大批学者认为我国目前劳动力供给充足，并没有迈入刘易斯拐点。樊纲（2007）认为我国农村仍存在大量劳动力剩余，因此我国将会长期处于劳动力过剩阶段，步入刘易斯拐点还为时尚早。刘洪银（2009）的经验研究证明我国尚未真正进入刘易斯转折点，张广婷等（2010）也认同了这一观点。周燕和佟家栋（2012）的经验研究证实了行业和地区间的工资差距仍然存在，经济并未越过刘易斯拐点。王必达和张忠杰（2014）同样证实了我国传统农业部门中仍存在剩余劳动力。周建锋（2014）认为“民工荒”浪潮并未能缩小城乡收入差距，因而我国并未迈入刘易斯拐点。薛继亮（2016）则认为中国部分区域步入了刘易斯拐点，另一部分区域仍存在充裕劳动力供给，比如东部和中西部地区由于不同的原因都已经迈入了刘易斯拐点，而东北地区仍然处在劳动力净流出的状态。杨帆等（2017）认为我国经济中仍存在巨大的人口红利，中国经济并没有到达刘易斯拐点。

2.1.2 二元经济结构与贸易文献

尽管对中国等发展中国家企业贸易和二元经济结构的研究文献都较为丰富，但对于二元经济结构背景下企业贸易的研究探索则不多见。原因可能在于二元经济结构文献注重考查资源和效率在不同部门间的分配效应以及由此引致的经济增长，而企业贸易研究的专注点则在于单一部门内企业间的资源再分配以及由此引致的福利增进。现有文献多是从城市化、集聚和就业等二元经济结构的子课题下开展的贸易研究。

基于 Krugman(1991)的新经济地理学和 Ottaviano(2010)的新新经济地理学,贸易与城市化的命题经久不衰。Krugman(1991)首先提出了贸易与城市化之间的理论模型,探讨了贸易引致城市化集聚的“中心—外围”效应。Krugman 和 Elizondo(1996)则借助于墨西哥的城市案例,发现外向型自由贸易会降低发展中国家城市集中度。Behrens 等(2007)指出一国或地区的内部运输成本保持不变,自由贸易会降低城市集中度,这验证了 Krugman 和 Elizondo(1996)的结论,Karayalcin 和 Yilmazkuday(2014)的研究同样支持这一结论。19 世纪末阿根廷的数据支持空间巴拉萨—萨缪尔森效应,即更接近世界市场的地区人口密度更高,非贸易部门就业份额更高,非贸易品相对价格更高,地租—工资比更高(Fajgelbaum 和 Redding, 2014)。李云娥(2014)认为贸易开放与二元经济结构之间并不是一个单向关系:城市化水平达到某一临界阈值后,贸易开放会促进二元经济结构向一元经济结构转化;城市化水平低于这一临界水平时,贸易反而会抑制二元经济结构的改善。杨丹和章元(2016)的实证研究证明了贸易开放会有效缓解发展中国家大城市的城市集中度,进而缓解区域间的巨大收入差距。Gollin 等(2016)的研究证明了自然资源出口与城市化存在很强的正相关关系,在更依赖自然资源出口的国家中,城市化会集中在“消费型城市”,难以促进国家走上工业化道路。

部分学者则专注于论述二元经济结构下就业与贸易的关系。吕剑(2007)实证考量了二元经济结构下非农就业人口的比例以及汇率对中国进出口贸易的影响。研究发现二元经济结构是导致我国巨大贸易顺差的主要原因。刘艺卓和吕剑(2009)沿用吕剑(2007)的方法,实证检验发现改善我国二元经济结构是缓解农产品贸易逆差的有效方法。张习宁和关艳丽(2010)则发现国际贸易的蓬勃发展会显著扩大我国城乡居民收入差距。Matsuyama(2009)则指出开放经济中价格更低的部门会因大量出口而提高自身就业比重。孙淑琴(2013)基于哈里斯—托达罗二元经济模型分析了再生资源贸易与社会福利水平之间的关系。卢晶亮和冯帅章(2015)的经验检验发现贸易开放会扩大不同性别之间的低技能劳动力工资差距。郭凯明等(2017)在 Eaton 和 Kortum(2002)的贸易模型基础上,分析了国际贸易对我国三部门间产业升级的影响。Swiecki(2017)的论证支持了 Matsuyama 的低价部门因出口提升就业比重的论断，并指出国际贸易活动会变相通过鲍莫尔效应影响产业结构的转型升级。Abe 和 Ogawa(2017)在二元经济结构的背景下探讨了全球化与农村童工以及城市失业的关系，并指出 FDI 会减少童工雇用，消费者抵制贸易将会同时降低童工雇用和城市失业问题。

2.2 国际经贸新规则相关文献

基于全球价值链的国际经贸新规则主要通过以 TPP、TTIP 和 TISA 等协定为代表的、面向 21 世纪的“第二代”贸易与投资政策的议题体现出来(盛斌，2014；东艳，2014)。在发达国家重构国际经贸规则的同时，中国也通过“一带一路”倡议积极构建适宜发展中国家的国际经贸新规则。因此，本部分提到的国际经贸新规则包括两层含义：一是发达国家主导的高标准国际经贸规则；二是“一带一路”所倡导的国际经贸新规则。本部分将国际经贸新规则相关文献归为四类议题：福利效应、贸易效应、其他效应以及对中国的经济效应研究。

2.2.1 福利效应

该类研究主要采用 CGE 模型探讨国际经贸新规则与社会福利的关系。国外学者 Petri 等(2012)最先运用 CGE 模型模拟分析了 TPP 对相关国家的福利影响。Petri 等采用一个包含 24 个国家和 18 个部门的 CGE 模型，将关税减少、FTA 利用率、商品服务的非关税壁垒减少、原产地规则引发的成本等因素纳入其中，还细致地考虑到各国经济随时间的变化和各类国际经贸协定的发展情况，将 CGE 模型动态化，假定韩国和日本在 2020 年加入 TPP，比较分析了 TPP 和 RCEP 两条亚太区域一体化路径在 2010 至 2025 年内所产生的福利效应。模拟结果发现，两种路径在初期所产生的福利较小，但随着时间的推移，两种路径所带来的福利效应是逐渐增加的，在 TPP 路径上世界总体福利由 2012 年的 20 亿美元增加到 2025 年的 1 040 亿美元，且同时处于两种路径上的国家获益最大。

自 Petri 等(2012)开启采用 CGE 模型评估 TPP 经济效应的先河后，越来越多的学者采用 CGE 模型来分析国际经贸新规则的经济效应。Petri 和 Plummer(2012)在 Petri 等(2012)的基础上充分考虑实际的非关税壁垒减让幅度和 TPP 发展的合理时间线，假定韩国和日本在 2015 年加入 TPP，进一步模拟估计了 TPP 带来的包括对外直接投资效应和贸易扩展边际效应在内的福利影响，得出在 TPP 产生的全球福利增加中，33%是由对外贸易投资效应带来的，44%是由贸易扩展效应带来的。在接下来的研究中，Petri 等(2014)假定中国、印度尼西亚、韩国、菲律宾及泰国会加入 TPP，包括 16 国的 TPP 会使所有成员国获益，尤其是中国和美国的收入差别更大。进一步地，Petri 和 Plummer(2016)在 Petri 等(2012)的基础上模拟了关税与非关税壁垒、对外直接投资壁垒减少下 TPP 的福利效应，并发现到 2030 年美国福利增加最大，竟达到了 1 310 亿美元(占 GDP 的 5%)。此外，日本、马来西亚、越南福利增加也比较明显。运用一个包含 17 个国家和 14 个部门的静态 CGE 模型，Areerat 等(2012)模拟了 7 种不同的 TPP 情形下，零关税带来的福利影响，得出包含中日韩三国的 TPP 将使得各成员国获得福利收益(除秘鲁之外)，但使非成员国遭受福利损失的结论。且在福利增加的国家中，越南和韩国的福利收益较大。Strutt 等(2015)则采用一个包含 21 个国家和 31 个部门的动态 CGE 模型，模拟得出零关税情境下加入 TPP 的新西兰福利将增加 3.71 亿美元；除零关税外，非关税壁垒减少、贸易便利化水平提升的情境下新西兰福利增加 18 亿美元。不同于以往采用等值变化刻画福利效应，Carrère 等(2015)引入了一个包含政府对社会不平等态度的新福利标准，模拟了零关税背景下 TTIP、TPP 对相关国家的包含真实工资和就业变化的福利影响。研究结果表明，TTIP、TPP 对成员国福利有正面影响，而对非成员国有负面影响。2016 年 5 月 18 日，美国国际贸易委员会发布加入 TPP 的经济影响的报告。该报告同样采用动态 CGE 模型比较分析了 TPP 于 2017 年生效的情形下与没有 TPP 的基准情形下对美国福利的影响。报告显示，相比基准情形，到 2032 年美国福利增加 573 亿美元(0.23%)，到 2047 年增加 825 亿美元(0.28%)。Buongiorno 和 Zhu(2017)模拟得出 TPP12 国情形下，美国、越南的木材生产商和森林产品消费者将会获得较大的福利增加，而中国、韩国的福利损失最大；但在中、韩、印度加入 TPP 的 TPP15 国情形下，全球福利增加更大，但对美国及其他非成员国不利。Lee 和 Itakura(2017)假定零关税和非关税壁垒减少 20%的情形下,模拟发现当美国退出 TPP 时其 2034 年的福利收益会减少 0.7%,而当它 5 年后重新加入 TPP 时福利收益会减少 0.3%。其中,福利效应包含了资源配置效率、贸易条件、资本投资品价格变化对等值收入变化的贡献及股权收入变化对等值收入的贡献。

也有许多国内学者采用 CGE 模型分析国际经贸新规则的福利效应。万璐(2011)采用静态 CGE 模型模拟了零关税背景下美日加入 TPP 的福利效应,并发现加入 TPP 会使美国福利增加,且当日本也加入其中时,美国获得的福利正效应将进一步扩大。彭支伟和张伯伟(2013)同样模拟了中日加入 TPP 或 FTAAP 背景下,零关税政策对中美日韩分别可能造成的福利影响。得出这样一个结论:不包含中韩的 TPP 将使两国福利受到冲击,而加入 FTAAP 可使两国福利增加。除了对零关税福利效应的分析外,也有学者研究了其他新规则带来的福利效应。如佟家栋和李连庆(2014)考察了提高贸易政策透明度的贸易便利化对 APEC 各成员国的福利影响,结果发现提高透明度会使得全球福利增加 2 000 亿美元,尤其使得中国、俄罗斯等国的福利收益增加最明显。陈虹和杨成玉(2015)假定"一带一路"贸易倾向和非贸易倾向的行业进口关税减让幅度不同的四种情形,并预测了"一带一路"倡议对中国与"一带一路"沿线各国各地区的福利效应,得出其对双边福利有负面影响(除中国外),尤其是在零关税情形下负面影响最大。具体来说,以居民收入绝对值衡量的福利水平虽在增加,以希克斯等值变化衡量的福利却在减少,且前者变动幅度大于后者。张静中和王文君(2016)却得出关税减让 50%和 100%的两种情形下,无论是以居民收入绝对值还是以希克斯等值变化衡量福利,中国和"一带一路"沿线西亚各国的社会福利水平都会增加,而世界其他国家和地区的社会福利则会减少。

2.2.2 贸易效应

现有研究多采用引力模型和 CGE 模型分析国际经贸新规则对贸易的影响。高标准自由贸易区达成的一系列国际经贸新规则必然会对区域内国家造成贸易创造效应,而对区域外的国家产生贸易转移效应。因此,一类研究多采用CGE模型从区域一体化的角度分析国际经贸新规则带来的贸易影响。Petri等(2012)认为TPP所产生的贸易创造效应大于贸易转移效应,且贸易创造效应是逐年上升的,由2012年的50亿美元增加到2025年的2 220亿美元。其中,TPP会对越南、日本、美国和韩国产生较大的贸易创造效应,而会对欧洲、中国等非成员国产生贸易转移效应,且中国遭受的贸易损失最大,达到了1.2%。Strutt等(2015)模拟得出在零关税下作为TPP成员国的新西兰2030年出口将增加0.4%,进口增加0.9%,而在非关税壁垒减少和贸易便利化提升下出口增加2.2%,进口增加2.5%。陈虹和杨成玉(2015)研究发现中国与"一带一路"沿线国家和地区建成自由贸易区后会促进参与国的双边贸易,其中对中国的贸易创造效应最大,中国出口将增加3.04%—9.55%,进口增加4.59%—14.42%。Petri和Plummer(2016)也发现TPP将会对成员国或地区的贸易产生正面影响,其中到2030年美国出口额将增加3 570亿美元,占总出口的9.1%,日本、越南、马来西亚出口增加在20%以上;而对非成员国或地区的贸易影响是非常模糊的,有些非成员国或地区遭受损失而有些却会经历贸易增加,如中国、俄罗斯。Karacaovali和Deveraux(2017)利用引力模型采用1980—2015年的双边贸易数据,实证得出TPP显著促进了美国、加拿大、墨西哥与TPP其他成员国或地区的出口。

另一部分研究则从贸易便利化影响贸易成本的角度分析其对贸易种类和贸易流量的影响,可归纳为扩展边际效应和集约边际效应。首先梳理贸易便利化的扩展边际效应。利用世界银行营商数据库(Doing Business),Dennis和Shepherd(2011)采用市场进入成本、出口成本及运输成本作为贸易便利化的指标分析了其对出口多样化的影响,通过对118个国家的实证检验得,市场进入成本、运输成本及出口成本每下降10%,其出口多样化水平分别上升1%、4%和3%。Persson(2013)则以出口所需天数作为贸易便利化的代理变量,检验得出贸易便利化对降低异质产品交易成本、促进异质产品出口比对同质产品作用更为明显。具体地,出口交易成本每降低1%,异质产品出口种类将增加0.7%,同质产品出口种类增加0.4%。WTO《2015年世界贸易报告》同样也发现积极落实WTO《贸易便利化协定》(Trade Facilitation Agreement)将通过降低成员国平均14.5%的贸易成本,进而增加发展中成员国20%的新产品种类出口，而最不发达成员国这一比列将达到35%。Beverelli等(2015)利用经济合作与发展组织(以下简称OECD)的贸易便利化指数(Trade Facilitation Index，以下简称TFI)测算得出，TFI每提高10%，发展中国家出口目标市场将增加3.8%，出口产品种类将提高3%。不同于上述文献，汪戎和李波(2015)基于异质性企业贸易模型理论分析了贸易便利化会通过减少企业出口固定成本而降低企业出口临界生产率，促使出口企业数量增加，进而促进出口产品种类多样化。同样选取出口所需天数作为贸易便利化的代理变量，利用跨国跨部门数据检验发现出口所需天数每降低1%，出口产品种类将增加0.77%。

除了研究贸易便利化对出口多样化的影响外，也有学者对贸易便利化与贸易流量的关系进行深入研究。OECD(2013)发现WTO《贸易便利化协定》将会使发展中国家贸易成本降低13.2%—15.5%，同时使出口每年增长9.9%。李斌等(2014)则选取了口岸效率、商业环境、海关环境、制度环境、电子商务和市场准入6个指标测算了109个国家的贸易便利化水平，并实证检验了贸易便利化对服务贸易出口有显著的正面影响，尤其对低水平国家服务贸易出口的促进作用更大。孔庆峰和董虹蔚(2015)运用港口效率、海关环境、制度环境和电子商务四个指标测算了“一带一路”沿线亚欧国家和地区的贸易便利化水平，同时利用扩展的引力模型实证分析得出贸易便利化水平每提高1%，“一带一路”沿线亚欧国家和地区之间贸易流量将增加1.49%，且贸易便利化的贸易促进作用显著大于关税减免。同时采用引力模型和地理加权回归模型，刘俊和张亚斌(2016)考察了“丝绸之路经济带”沿线国家贸易便利化水平对中国与其双边贸易流量影响的空间特征，研究表明贸易便利化的贸易促进效应自东向西逐渐减小。

2.2.3 其他效应

国际经贸新规则不仅包括国际贸易新规则，还包括国际投资新规则。贸易与投资新规则有效消除了双边贸易障碍，还致力于减少对外直接投资障碍。Petri和Plummer(2012)首先考虑到TPP除贸易效应之外，还会通过对外直接投资效应影响相关国家和地区的经济。他们认为在TPP产生的全球福利增加中，33%是由对外贸易投资效应带来的，44%是由贸易扩展效应带来的。佟家栋和李连庆（2014）还发现了提高贸易政策透明度的贸易便利化会使得APEC各成员国的资本存量和资本回报率均上升，中国、俄罗斯和越南的上升趋势尤其显著。许培源和魏丹（2015）运用多国自由资本模型，直接假定TPP与RECP的达成会带来贸易自由度的提高，并数值模拟了它们的投资区位效应。结果表明，TPP会产生双重投资区位效应，即TPP成员国中的经济大国将拥有更多的工业品市场份额，成为核心国，而TPP中的经济小国存在被边缘化的风险；非TPP成员国的投资也会流向TPP成员国，进一步放大投资区位效应。孙晓霓和刘晴（2015）基于异质性企业贸易投资模型理论分析了TPP给中美两国企业带来的投资效应，认为TPP使得非成员国的中国企业进行对外直接投资临界生产率变大，进而抑制中国的对外直接投资；而使得非成员国企业将对外直接投资转移到美国，对美国产生对外直接投资吸收效应。魏丹和许培源（2016）基于双重差分得出TPP不仅使得成员国缩减对非TPP成员国的投资，还使得区域外的直接投资向TPP区域内转移。Petri和Plummer（2016）模拟得出投资壁垒的减少使得TPP所有成员国在2030年的对内投资份额上升3.5%，对外投资份额上升2%；对内FDI主要流向日本、马来西亚、越南，而对外FDI主要流向越南、马来西亚、日本；总的来说，得益于投资环境的改善，TPP国家吸引对内FDI超过他们对其他国家的对外FDI，获得了净投资效应。Latorre和Yonezawa（2017）将对外直接投资壁垒的减少引入CGE模型，得出TTIP产生的总福利收益中将近一半是由对外直接投资效应带来的，TTIP将使得美国福利增加大于欧盟。

另一类研究则从就业与工资视角分析国际经贸新规则带来的影响。通过采用一个包含劳动市场摩擦的结构动态均衡模型，Carrère等（2015）理论分析了贸易改革对一国均衡就业率的影响取决于扩展效应和分配效应的竞争结果，并实证检验了在TTIP、TPP情形下，成员国经历了真实工资的上升和失业率的下降，而非成员国遭受了真实工资的轻微下降和失业的轻微上升。Petri和Plummer（2016）也估计了TPP如何影响美国各行业的就业分配，得出商品服务行业的就业增长速度快于制造业部门，TPP抑制了五分之一的制造行业就业增长率；高技能劳动力工资上升速度（0.63%）也快于低技能劳动力工资上升程度(0.37%)。在2016年美国官方发布的加入TPP的经济影响的报告中还发现到2032年,与基准情形相比,TPP将使美国整体就业增长0.07%;而到2047年时,TPP也仅使美国整体就业增长0.09%。

2.2.4　对中国的经济效应

中国作为世界第二大经济体和第一大贸易国,将不可避免地会受到国际经贸规则变化的影响。因此,有许多学者从中国视角着重分析了国际经贸新规则对中国经济造成的影响。一类文献从零关税角度分析。许庆等人(2011)利用系统动力学模拟了中国—东盟自贸区农产品零关税政策对中国经济的影响,并发现零关税政策会显著促进双边农产品贸易,但对中国固定资产投资、就业等其他经济变量没有明显影响。陆圣(2013)采用CGE模型定量分析了TPP和美洲及亚洲纺织品服装区域性生产贸易网络(RPTN)共同作用下,零关税给我国纺织服装品贸易带来的影响。结果表明,在TPP12国情形下,中国服装出口额预计每年将减少18.8亿美元,纺织品出口额每年将减少1.9亿美元。杨立强和鲁淑(2013)得出零关税背景下,中韩FTA、中澳FTA和中日韩FTA的政策效应可以抵消不加入TPP给中国带来的负面效应。刘朋春(2014, 2015)则模拟了TPP与中韩FTA、TPP与中日韩FTA背景下,零关税对中国经济的影响,结果表示中国经济受到的负面影响随着TPP成员国的扩大而加强,但中国可以通过加强与日韩的合作来缓解我国未加入TPP所带来的负面影响。不同于大多数文献采用CGE模型来测算TPP的贸易效应,Devadason(2012)采用扩展的引力模型估计了中国加入TPP的情形下其对中国的贸易影响,并发现中国与TPP成员国的出口扩张潜力主要来源于农业部门,且中国的出口扩张潜力大部分是由中国与秘鲁、文莱、智利的贸易带来的。Xiang等(2017)发现中澳FTA会促进中国对澳大利亚的煤炭出口,尽管这会提高消费者福利,但由于关税减让引致的煤炭生产商福利下降和关税收入减少最终会使中国福利每年净损失2亿美元。

也有学者研究了诸如贸易便利化等其他国际经贸新规则对我国经济的影响。基于动态CGE模型,陈虹等(2013)模拟了进口关税和非关税削减不同程度的两种情形下TTIP对中国宏观经济和各行业的影响,结果显示TTIP会对中国GDP、福利、进出口等宏观经济变量造成负面冲击，尤其会对资本技术密集型产品与服务业的产出和出口贸易造成负面影响。Aslan等(2014)则分析了TTIP和TPP在三种不同谈判结果的情形下对中国经济的影响，得出与只有TTIP达成时相比较，TTIP和TPP同时达成而中国被排除在外会使得中国GDP和出口所遭受的负面损失进一步加深，而中国加入TPP可以弥补未加入TTIP所受到的负面冲击，在贸易成本全免除的情形下加入TPP会使中国的GDP增加2.44%，出口增加11.34%。Li和Whalley(2014)引入货币供给结构内生化贸易不平衡打破传统CGE模型贸易平衡的假定，还引入贸易成本并分解为关税壁垒和非关税壁垒，模拟了TPP零关税政策对中国经济的影响。研究发现，日本加入的TPP会使未加入TPP的中国总产出减少0.056%，福利下降0.084%，出口减少0.371%，进口减少0.244%。但要是中国加入TPP会使中国的总产出增长3.816%，福利增加1.125%，出口增加15.603%，进口增加11.218%。杨军等(2015)采用CGE模型模拟了缩减通关时间的贸易便利化对中国各宏观经济变量的影响，发现在中等贸易便利化方案下，中国实际GDP在2014年相比基准方案将上升0.27%，福利增加192亿美元，除此之外，进出口、投资和工资也将正向变化。许培源和魏丹(2015)认为即使TPP与RECP都达成，中国的工业品市场份额还是会下降，但加入RECP在一定程度上可以规避TPP的高标准贸易规则的冲击，使其国内的市场份额有所提高。孙晓霓和刘晴(2015)基于异质性企业贸易投资模型，理论分析了TPP给中国、美国带来的贸易投资效应。结果表明TPP将提高中国企业出口和对外直接投资的生产率临界值，抑制了中国企业的出口与对外直接投资，进而对中国产生贸易投资转移效应；却能扩大美国出口与直接投资，而对美国产生贸易投资创造效应。张晓静和李梁(2015)从市场准入、边境管理、运输和基础设施及商业环境四个方面测算了“一带一路”沿线国家和地区的贸易便利化水平，并利用引力模型实证分析了不同区域的不同贸易便利化措施对中国出口贸易的影响。研究结果表明，从贸易便利化视角来看，“21世纪海上丝绸之路”较“丝绸之路经济带”对中国的出口促进作用最为显著；商业环境的改善对中国出口促进作用最大。李春顶和石晓军(2016)全面分析了非关税壁垒减免和新的国际贸易和投资规则形成带来的短期效应和长期效应、一般影响和形成国际经贸新规则的影响。在TPP可能会形成新的国际经贸规则，并提高成员国与非成员国间10%非关税壁垒的情景下，中国出口会下降3.566%，但整体福利会上升0.428%。孙楚仁等(2017)利用1996—2014年间的中国海关进出口统计数据库发现“一带一路”倡议将显著增加使中国与沿线国家和地区的出口，且对异质性产品出口促进的影响要大于对同质性产品的影响。

2.3 贸易转型升级文献

2.3.1 异质性贸易企业转型升级文献

微观层面企业数据的收集与易获得性将国际贸易领域的实证研究引入了企业层面。Melitz(2003)基于Krugman(1979，1980)的新贸易理论模型，同时借鉴了Dixit和Stiglitz(1977)垄断竞争模型中消费者不变替代弹性(CES)效用函数形式，开创性地提出了异质性企业贸易理论。在Melitz(2003)的异质性企业模型中：企业必须先支付一笔沉没的研发成本，才能观测到自身生产率进而决定是否参与生产；如果进行生产则必须支付一笔固定成本和生产的可变成本；在企业想额外进入出口市场也需要先支付一笔出口固定成本。在高昂的固定成本门槛下，不同生产率的企业有不同的市场行为：生产率最低的企业会因无法支付生产所需的固定成本而退出行业；生产率居中的企业则因无法支付出口的固定成本而被迫只能选择内销；生产率最高的企业则可以克服高昂的固定成本门槛，参与出口进而获取高额利润。因此，贸易自由化会促进市场竞争，通过迫使低效率企业退出使得行业内资源配置到高效率企业，进而提升整个社会的福利水平。为了克服Melitz(2003)模型企业加成率外生给定的缺陷，Melitz和Ottaviano(2008)将Melitz(2003)模型中的不变替代弹性(CES)效用函数替换为拟线性(quasi-linear)效用函数，Mayer等(2014)同样采取了这一做法，模型的主要结论并未改变。

Helpman等(2004)在异质性企业模型中引入对外直接投资选择，由于对外直接投资的低可变成本和高固定成本，只有高效率企业才能选择对外直接投资。Antras(2003，2005，2017)则将异质性企业贸易模型应用于企业生产行为的选择，即企业是选择出口还是直接投资，或者是外包。Yeaple(2005)系统比较了非出口企业和出口企业之间的差异并给出了详细解释，研究结果表明企业异质性是由技术特征、贸易成本和工人之间的异质性共同作用所产生的结果。Bustos(2011)通过将 Yeaple(2005)中企业支付固定成本进行技术升级的假设引入 Melitz(2003)的经典异质性企业贸易模型，在内生化企业技术升级选择的基础上确定了异质性企业的分类模式，并探讨了贸易自由化对异质性企业技术升级行为的影响。研究发现企业的市场进入和技术升级选择均依赖于企业的自身生产率水平：效率最低的企业选择不升级技术并内销，效率中等的企业选择不升级技术并参与出口，效率最高的企业选择升级技术并参与贸易。而贸易自由化仅促使中间生产率的企业更容易选择技术升级和进入出口市场。Bernard 等(2010, 2011)将 Melitz(2003)模型拓展为多产品情形，构建了一个多产品异质性企业贸易模型。发现企业在进行自由贸易的过程中，逐渐放弃生产低利润的产品而专注于高利润的产品，促使企业的生产率得到提高。此时生产率的提高除来源于行业整体生产率的提高，还部分地来自于企业内部生产率的提高。Defever 和 Rinao(2012)的模型强调政府对纯出口企业的鼓励措施会补贴企业出口所需支付的固定成本，这将导致一部分低效率企业通过纯出口的模式参与国际分工。Sampson(2016)则强调了在位贸易企业技术扩散这一路径引致的生产率增长。Brandt 和 Morrow(2017)发现中间品进口关税的下降会促进企业从加工贸易转向一般贸易。

遗憾的是，国内学者在将 Mclitz(2003)异质性企业模型应用于中国经济时，发现中国的现实情况并不符合 Melitz 模型的预测。李春顶和尹翔硕(2009)基于中国工业企业数据，发现中国出口企业的生产率水平显著低于非出口企业，违背了 Melitz 模型的预测，并将此现象称为“生产率悖论”。李春顶(2010)进一步利用制造业企业数据对此进行了全面检验，进一步验证了这一事实。Ludan(2010)则发现了中国企业出口强度存在“双峰分布”，即大量的纯内销企业和纯出口企业并存。Lu 等(2010)则发现外资企业中，出口企业的生产率普遍低于非出口企业；但本土企业的表现却符合异质性企业模型的预测，并不存在“生产率悖论”。盛丹(2013)的经验研究发现“生产率悖论”的存在与企业所有制有关。外资出口企业存在明显的“生产率悖论”，而本土企业则是出口企业生产率高于非出口企业，这一点与 Lu 等人的结论一致。范剑勇和冯蒙(2013)根据不同出口密集度将出口企业分类,发现只有高出口密集度的分组中才会出现“生产率悖论”。在此之后,Dai 等(2016)依托中国工业企业数据库和海关数据库,强调了低成本的加工贸易对“生产率悖论”存在的解释能力。

2.3.2 基于全球价值链的企业转型升级行为

“价值链”的概念最早由 Porter(1985)正式提出,随后得到广泛发展。根据链条驱动力的不同,Gereffi(1994)将企业升级定义为企业通过创新和整合来实现在产业链和价值链上位置的提升,且认为对于新兴工业化国家的企业而言,可以由简单的“委托—代工”制造到研发设计再到自主品牌的建立来实现企业基于全球价值链的转型升级。Humphrey 和 Schmitz(2000)将企业价值链升级的表现划分为四个阶段:过程升级、产品升级、功能升级和跨行业升级。企业的转型升级普遍遵循过程升级、产品升级、功能升级再到跨产业升级的一条路线。其中,技术升级是指企业通过采用更为先进技术生产原先产品;产品升级是企业从现有技术基础上生产更大单位价值、更高质量的产品;功能升级是指简单的“委托—代工”制造到自行研发设计再到自主品牌的建立;跨产业升级是指企业把从一个特定产业环节中获得的能力应用到新的产业领域。他们对巴西鞋业集群进行研究后发现发展中国家的企业很容易实现工艺流程升级、产品升级,但功能升级、跨行业升级却很难。Gereffi 等(2005)认为交易的复杂性、处理交易的能力以及供应基地的容量对企业转型升级是否成功具有重要作用。黄永明等(2006)针对中国纺织服装制造企业提出了基于技术能力、市场扩张能力和技术与市场相组合的三种企业升级路径。瞿宛文(2007)和刘志彪(2008)认为技术能力的提升可以促进代工企业的转型升级。闫国庆等(2009)提出制约我国加工贸易企业转型升级的关键因素是技术创新,而推动技术创新的关键就是要加快品牌建设。刘晴和徐蕾(2013)提出适度加强知识产权的保护,加工贸易企业进行功能升级或者跨行业升级的可能性将会增加。Antràs 和 Chor(2013)构建了一个含有序贯生产函数的价值链模型,分析了价值链中企业一体化行为怎样受到其所处位置的影响,并深入剖析了一体化行为与“下游”的关系取决于最终产品生产商所面临的需求弹性。Kee 和 Tang(2016)解释了贸易自由化如何促使中国企业更深地嵌入全球价值链,进而提升国内出口增加值、完成企业转型升级。Gereffi 和 Fernandez-Stark(2016)进一步指出全球价值链中不同组织形式对企业转型升级的影响。

2.4 对现有文献的评述

2.4.1 忽视国内地区间差异对企业贸易的影响

虽然现有的企业贸易理论研究与经验研究已十分丰富,并为解释现有的贸易现象做出了巨大贡献。但遗憾的是,无论是经典贸易模型还是现代贸易模型都将国家视作一个点,因而难以刻画国内地区间的巨大差异。中国作为发展中大国,幅员辽阔,地区间存在明显差异,如东部沿海靠近海港、运输便利,西部内陆地广人稀、工业化进程缓慢。不同地区的经济发展水平、基础设施建设和区位优势差异巨大,因而将国家视为一个点既不符合中国的经济现实,也难以解释贸易企业在不同区位间的分布。

Cosar 和 Fajgelbaum(2016)通过将经典的李嘉图模型中引入国内地理,仅允许国内少数地区可以直接参与贸易,而国内其他地区则必须通过这些地区才能接入国际市场。并依此内生了一个有趣的二元结构:一国的沿海地区参与国际化分工,而内陆地区则自给自足,并利用中国的贸易数据提供了经验支撑。但由于 Cosar 和 Fajgelbaum(2016)扩展的是经典李嘉图模型,并非 Melitz 异质性企业贸易模型,因而难以刻画异质性企业在地区间的分布及其差异化表现。人们不禁要问:当国家不是一个点而是一个面时,异质性企业将如何选择区位及其经营行为?而贸易自由化是否对不同区位的企业有差异化的影响?如何更好地刻画地区间差异,建立基于中国经济现实的异质性企业贸易模型是亟待解决的问题。

2.4.2 缺乏内生二元经济结构的企业贸易研究

现有研究多是关注企业贸易与城市化,低技能劳动力就业等二元经济结构子课题之间的相互关系,而没有关注贸易是通过何种渠道吸收了低技能劳动力,引致了城市化,内生化形成了二元经济结构。不厘清企业贸易作用二元经济的理论机制,就难以制定有效政策辅助经济转型,增进社会福利。

刘晴和徐蕾(2013)虽然将发展中国家的二元经济结构与加工贸易都纳入了经典异质性企业贸易模型,在一个内生的异质性劳动力企业贸易模型中指出了加工贸易企业会吸收经济中的剩余劳动力进而改善整个社会的福利水平,缓解我国"二元经济结构",尝试为"出口企业生产率悖论"和"劳动力需求悖论"提供解释。但没有从根本上内生"二元经济结构"与企业贸易的关系,"二元经济结构"作为中国最典型的经济特征,更好地破解其与企业贸易之间的内生关系,有利于国家调整对外开放布局和推动经济结构转型。

2.4.3 缺乏国际经贸新规则对异质性企业的影响

综上所述,现有国际经贸新规则经济效应的研究主要从零关税和贸易便利化角度分析,而忽略了边界内措施,特别是劳工标准、环境标准和知识产权保护标准等新规则的影响。且现有文献主要关注新规则对相关经济体的福利、GDP、进出口、贸易条件变化等的影响,尤其是从贸易效应方面估计国际经贸新规则的经济影响,很少有文献分析国际经贸新规则带来的投资效应。此外,现有研究假定就业不变,忽视了国际经贸新规则给相关国家的就业和工资带来的影响[除 Carrère 等(2015 外)]。如 Carrère 等(2015)所说,新规则对劳动力市场的影响是一个持续多年的调整过程,贸易福利效应会因为这一调整而减弱。还少有文献采用异质性企业贸易模型分析国际经贸新规则的影响,除 Petri 等人(2012)以及孙晓霓和刘晴(2015)外。将异质性企业贸易模型引入传统 CGE 模型的分析中,新规则对贸易和福利的影响有显著的增加(Petri 等,2012)。学界需要采用更贴近现实的异质性企业贸易模型,更加全面地分析国际经贸新规则对中国贸易投资就业工资等经济变量的影响。

第3章　二元经济结构与外贸转型升级的理论分析

3.1　引言

经典贸易模型和现代贸易模型都将国家视为一个点，因而企业无需支付额外的国内贸易成本即可参与出口（Cosar and Fajgelbaum，2016）。模型难以解释贸易企业在不同区位间的分布，更难以体现国内贸易成本影响企业贸易的机制。更为重要的是，中国作为发展中国家，其经济具有典型的“二元经济结构”（蔡昉，2007），经济中存在大量剩余劳动力，且地区间经济发展极不均衡，因而不同地区的企业面临差异化的经济环境。若忽略地区间差异化的经济环境，则难以有效地推动企业转型升级，进而拉动经济增长。那么不禁要问：当国家被视为一个面而非一个点时，国内贸易成本如何影响贸易企业的区位分布？“二元经济结构”背景下，企业如何实现转型升级？

本章通过建立一个以中国“二元经济结构”特征和出口贸易事实为依据的异质性企业贸易模型，从贸易成本的角度剖析企业区位分布和贸易模式选择共同形成“二元经济结构”的理论机制。本章的主要结论是：贸易活动更加集中于沿海地区的主要原因是企业为了规避国内贸易成本。由于内陆地区企业参与贸易需比沿海地区企业额外支付一笔国内贸易成本，进而内陆地区企业倾向于发展国内市场，沿海地区企业则倾向于发展海外市场。此外由于政府的扶持政策,发展中国家的低效率企业可以通过贸易成本共享的方式以加工贸易方式参与全球分工。尽管这会降低行业平均生产率水平,但会吸收二元经济结构中剩余劳动力增进社会福利。

与本章密切相关的异质性企业贸易文献可被分为两类:第一类文献将专注点放在贸易成本对异质性企业进出口和投资行为的影响机制上。Helpman等(2004)在异质性企业模型中引入对外直接投资选择,由于对外直接投资的低可变成本和高固定成本,只有高效率企业才能选择对外直接投资。朱希伟等(2005)基于国内市场分割的视角分析发现,较高的国内市场进入成本可能是企业选择出口的原因。张杰等(2008)证明了制度的扭曲使得低效率企业能以加工贸易的方式存续。Ludan(2010)通过引入市场进入成本使得企业得以选择纯内销或纯出口模式存续。Bustos(2011)通过在 Yeaple(2005)的异质性企业贸易模型基础上引入支付成本的出口技术升级,讨论了贸易自由化对企业技术升级行为的影响。Defever 和 Rinao(2012)的模型强调政府对纯出口企业的鼓励措施会补贴企业出口所需支付的固定成本,这将导致一部分低效率企业通过纯出口的模式参与国际分工。李志远和余淼杰(2013)通过在经典异质性企业贸易框架中引入信贷约束,指出宽松的信贷约束会促进企业选择出口。Dai 等(2016)则强调了低成本的加工贸易对发展中国家贸易现象的解释能力。Sampson(2016)则强调了在位企业技术扩散这一路径引致的生产率增长。

第二类文献则主要强调二元经济结构下的对外贸易。其中部分文献探讨了中国作为发展中大国本身的经济二元性。自刘易斯(1954)通过无限制的劳动供给假设论述了发展中国家现代工业部门和传统农业部门的对立,建立了二元经济结构模型。后经 Ranis 和 Fei(1961)、Schultz(1961)、Jorgenson(1967)以及 Harris 和 Todaro(1970)等人不断完善和发展,进一步探讨了农村剩余劳动力向城市部门迁移、城市工资水平、城乡两部门发展和城市失业率的决定机制等。而有关中国二元经济或是城镇化的文献也层出不穷,蔡昉(2007)指出中国是典型的以“二元经济结构”为特征的国家,劳动力无限供给是其主要特点。张桂文和袁晖光(2012)认为目前中国二元经济转型面临着产业结构升级与劳动密集型产业发展的两难抉择、资源环境与市场需求的双重约束以及市场与政府的双重失灵等诸多难点问题。Song(2014)指出拥有农村户口对劳动力意味着在城镇高薪部门的低就业率以及低工资率，特别是国有企业，这严重阻碍了劳动力从农村到城镇的转移。而且相比本地工人，农村到城市的转移人口受教育程度偏低(Knight 等,2010)。宁光杰和段乐乐(2017)提出户籍制度改革可以降低流动人口进入正规部门(国有企业性质)工作的门槛。

另一部分文献则讨论了中国贸易方式存在的二元性。近期的研究发现中国的经验数据并不支持 Melitz(2003)的出口企业自选择效应，反而是非出口企业效率较高，即存在“生产率悖论”(李春顶,2010;汤二子和刘海洋,2011;Dai et al., 2016)。学者们尝试从不同角度解释，其中主流的解释之一是中国的加工贸易占据中国外贸的半壁江山(余淼杰,2011;戴觅等,2014)。王怀民和李凯杰(2010)指出加工贸易是导致我国区域间收入差距的主要原因之一。邢予青(2012)则认为加工贸易导致了长期的贸易顺差。Koopman 等(2012)指出加工贸易的出口增加值更低。刘晴和徐蕾(2013)则认为加工贸易虽然会拉低行业的平均生产率，但可以通过吸收经济中的剩余劳动力进而增进社会福利。范子英和田彬彬(2014)则从差异化出口退税政策的视角给出了加工贸易繁荣的解释。此外，企业基于出口量和自身绩效的增长考虑会选择加工贸易(孙少勤等,2014;逯宇铎等,2015)。Manova 和 Yu(2016)、马述忠等(2017)和刘晴等(2017)则从融资约束视角探讨了企业选择加工贸易的原因。Brandt 和 Morrow(2017)则指出中间进口投入关税的下降是促进中国加工贸易企业转型为一般贸易企业的主要原因。

还有一些文献则强调了中国贸易的地区二元性。Cosar 和 Fajgelbaum (2016)通过将国家视为一个面而非一个点，进而将国内地理引入经典的李嘉图模型，并由此推出一个有趣的二元结构：贸易被限制在一国的沿海地区，而内销则分布在一国内陆，并利用中国的数据提供了经验支撑。Ma 等(2009)、Ma 和 Assche(2010)的文献利用中国加工贸易的省级数据，讨论了距离成本如何影响发达国家企业外包的区位选择。Arkolakis 等(2013)的异质性企业贸易模型则强调了企业面临的“靠近销售市场节约运输成本，还是外包获取比较优势”的权衡取舍。刘生龙和胡鞍钢(2011)认为交通基础设施水平提升虽然有助于区域贸易的发展,但主要是促进了省际贸易而非对外贸易的增长;并主要影响贸易的广延边际而非集约边际,且有助于一国出口技术复杂度的提升(王永进等,2010;盛丹等,2011)。相关研究证实其他发展中国家有也类似的结论。阿根廷19世纪末的数据支持空间巴拉萨—萨缪尔森效应,即更接近世界市场的地区人口密度更高,非贸易部门就业份额更高,非贸易品相对价格更高,地租工资比更高(Fajgelbaum and Redding,2014);土耳其在21世纪初的大量交通基础设施建设投资支持了贸易发展(Cosar and Demir, 2016);秘鲁和巴基斯坦企业数据证实交通基础设施改善显著促进企业出口,当国内运输成本下降时,出口企业数量和出口产品种类都将增加(Martincus et al., 2017; Ali, 2017)。

与上述文献不同,本章的理论模型以中国的二元经济结构和出口特征事实为基础,专注点在于企业的区位选择如何形成了贸易的二元结构以及二元经济结构背景下企业的贸易模式选择。本章的主要特点和边际贡献体现在以下两个方面:(1)建立了一个包含区位选择的异质性企业贸易模型,并证明了只要不再将国家视为一个点,将国内贸易成本纳入异质性企业贸易模型,中国贸易的二元结构就可以得到很好的解释:沿海区域更注重海外市场开拓,内陆地区则更专注国内市场份额。与 Cosar 和 Fajgelbaum(2016)认为中国内陆地区完全不参与国际贸易相比,本模型更贴近现实经济,更好地解释了中国贸易的地区二元分布现象。(2)将"二元经济结构"与"高密集度出口模式"引入异质性企业模型,阐明了政策扶持的补贴才是低效率企业得以存续并参与贸易的原因。"二元经济结构"作为中国经济的典型特征,"高密集度贸易模式"也是中国企业参与外贸的主要方式,本研究强调了中国的特征事实,增强了对中国出口贸易的解释力。

本章剩余部分结构如下:第二部分将建立一个包含区位选择的异质性企业决策基准模型,阐述国内贸易成本形成贸易二元结构的理论机制。第三部分将评估模型的稳健性,使之更贴合现实经济,并探讨贸易自由化对贸易企业转型升级的影响。第四部分将引入经典的"二元经济结构",分析剩余劳动力对企业转型升级的影响。最后是结束语。附录则主要包括理论命题和部分式子的数学推导。

3.2　基准模型

与多数异质性企业贸易模型一样，本节将在Melitz(2003)的基准分析框架下，通过引入国内贸易成本以及异质性固定成本与出口密集度的关系，进而考虑异质性企业同时进行贸易模式和生产区位的二维选择，简洁地阐明企业生产率与区位选择及出口行为的内在机制。

3.2.1　经济环境设定

假定存在完全对称的两个国家：本国和外国。根据Krugman(1979)所述，此时外国可看作除本国外的世界其他国家的集合，模型不失一般性。为了专注于产业内贸易的分析，假定每个国家内均只存在一个相同的部门，且该部门市场结构具有垄断竞争的特点，部门内的产品之间只存在品牌的水平差异而不存在质量上的垂直差异。由于贸易利得在不同生产要素持有者之间的分配并不是模型的关注重点，因而简化模型，假定生产过程仅使用劳动作为唯一的投入要素，且劳动力同质，劳动力市场完全竞争，因此可标准化工资水平，选取劳动力作为计价物。同时，根据Krugman(1979)的描述，国家规模可以由劳动力禀赋刻画。由于两国对称，因此拥有相同的劳动力禀赋L，L同时代表两个国家的劳动力数量。然而，无论是经典贸易模型还是现代贸易模型，国家都被视为一个点，一国内任何地点都可以无成本地参与国际贸易，这与普遍存在的高昂的国内贸易成本现象相违背。为了刻画这种普遍存在的高昂国内贸易成本，本章假定一国的货物只有通过沿海港口才可以参与国际贸易，这样一国内不同地区将面临不同的贸易成本。为简化分析，我们假定本国存在沿海地区与内陆地区两个区域，沿海地区可以无成本通过国际港口参与国际贸易，而内陆地区则必须在支付一笔国内贸易成本之后，才可以通过国际港口参与国际贸易。鉴于本国和外国完全对称，因此下文将专注于本国情形的分析。

3.2.2　效用与需求

为了刻画消费者对不同产品的偏好以及边际效用递减规律，我们借鉴了

Dixit 和 Stiglitz(1977)的设定,假定本国代表性消费者具有标准的不变替代弹性(CES 型)效用函数:

$$U=[\int_{v\in V}x(v)^{\alpha}\mathrm{d}v]^{1/\alpha} \tag{3.1}$$

其中,$x(v)$表示本国消费者对最终差异化产品 v 的消费量,V 是部门中差异化产品的种类集合,$\varepsilon=1/(1-\alpha)$ 外生给定,并刻画了差异化产品之间的替代弹性,与多数异质性文献相似,本文假定 $\varepsilon>1$。根据这种标准的 CES 效用函数,可求得消费者对每种差异化产品的需求函数:$x(v)=Ap(v)^{-\varepsilon}$,其中 $A=E/\int_{V}p(v)^{1-\varepsilon}\mathrm{d}v$ 表示本国消费者对差异化产品的总需求水平,其大小取决于总支出 E 和总价格水平 $\int_{V}p(v)\mathrm{d}v$,$p(v)$是产品 v 的消费价格。

3.2.3 成本与生产

本国企业在支付一笔固定的研发沉没成本 f_e 之后进入行业,而研发活动存在很高的不确定性,为了刻画这种不确定性,模型假定企业将从已知的相同分布 $G(\varphi)$中随机抽取边际生产率 φ。企业在观察到自己的生产率 φ 之后,将依据自身生产率在行业生产率分布 $G(\varphi)$中的相对位置决定是进行生产还是退出行业,如果进行生产,将进一步选择产品的销售市场。企业在国内市场销售需要支付固定生产成本 f_d,同时进行一般贸易出口需要支付额外的固定贸易成本 f_x。

然而,为专注于分析贸易企业转型升级,模型假设所有企业都出口,排除了纯内销企业对于外贸转型升级的影响。不同于现有异质性企业贸易模型的地方在于本章中的异质性企业面临着两个权衡取舍,分别是:①国内贸易成本与企业区位之间的权衡取舍;②出口密集度和固定成本之间的权衡取舍。首先,企业在国内贸易成本和企业区位之间面临权衡取舍。具体而言,选择沿海地区进入生产的企业可以无成本地通过国际港口参与国际贸易,但需要支付一笔较高的国内贸易成本来发展国内市场。相反,如果企业选择在内陆地区进入生产则可以较低的国内贸易成本进入国内市场,与之而来的代价是必须支付一笔可观的国内贸易成本,进而通过国际港口参与出口贸易。其次,企业面临出口密集度与异质性固定成本之间的权衡取舍。具体而言，出口密集度高于一定比重的企业可以通过享受优惠政策降低固定成本（包括固定生产成本和固定贸易成本）。反之，如果出口密集度达不到规定比重，企业就不能享受到优惠政策。

因此，异质性企业在考虑了区位选择与异质性固定贸易成本之后，将面临一个二维选择：生产区位和贸易模式。一方面，企业可以选择在沿海地区或者内陆地区进行生产；另一方面，企业可以选择一般出口贸易（低密集度）和高密集度出口贸易（为专注于分析贸易企业转型升级，模型假定所有企业都会出口，不存在纯内销企业）。则异质性企业共有四种"生产区位—贸易模式"组合可供选择（见表3.1），分别是：（沿海地区，一般出口贸易）、（内陆地区、一般出口贸易）、（沿海地区、高密集度出口）以及（内陆地区、高密集度出口）。

表3.1　"生产区位—贸易模式"组合

		生产区位	
		沿　海	内　陆
贸易模式	一般出口贸易	沿海，一般出口贸易	内陆，一般出口贸易
	高密集度出口	沿海，高密集度出口	内陆，高密集度出口

资料来源：笔者根据模型整理。

本部分将简要探讨异质性企业面临两个权衡取舍假设的合理性，以说明本模型的现实基础。首先，国内市场存在严重的分割，地方保护盛行，国内贸易成本普遍存在且费用高昂。Bai等（2004）认为中国明显存在地方保护主义。朱希伟（2005）则认为中国企业参与外贸并不是国内市场的自然延伸，而是国内市场的严重扭曲分割迫使企业从事贸易。行伟波和李善同（2012）测算边界效应后发现地方政府会出于保护本地国有企业的目的阻碍地区间贸易。其次，国家为促进出口创汇和引进先进技术等目的，制定颁布了一系列对于高密集度出口企业的信贷和税收优惠政策，其中尤以出口导向型外资企业享受的优惠政策为甚；而加工贸易企业除享受优惠政策外，还可通过企业员工技能培训和技术转移等方式与国外企业共同分担成本（刘晴等，2014）。

为简化分析，假定沿海地区企业进入国际市场仅需要支付国际冰山贸易成本 τ_0，进入国内市场需要支付国内冰山贸易成本 τ_1；相反，内陆地区的企业进入国际市场需要同时支付国内冰山贸易成本 τ_1 和国际冰山贸易成本 τ_0，而进入国内市场则不存在冰山贸易成本。此外，无论企业所处区位如何，当其选择进入国际市场出口产品时，可以通过选择高密集度的出口方式以利用优惠政策节省固定成本中比例为 d_s 的部分，$0 < d_s < 1$，即高出口密集度企业实际需要支付的固定成本为 $f_h \equiv (1-d_s)(f_x + f_d)$。

3.2.4 企业的行为

在前文所设定的经济环境下，利润最大化原则要求企业使用不变加成的定价规则，具体而言，边际生产率为 φ 的企业对于产品 v 的国内销售和出口分别定价为 $p_d(v) = \tau_{1d}/(\alpha\varphi)$ 和 $p_x(v) = \tau_{1x}\tau_0/(\alpha\varphi)$，其中下标 d 代表国内销售，下标 x 代表出口。

本国生产率为 φ 的企业选择在沿海地区和内陆地区进行国内贸易的利润函数分别为：

$$\pi_d^C = (\varphi/\tau_1)^{\varepsilon-1}B - f_d \tag{3.2}$$

$$\pi_d^I = \varphi^{\varepsilon-1}B - f_d \tag{3.2*}$$

式(3.2)和式(3.2*)右边第一项表示从事国内贸易的可变利润，第二项是企业从事国内贸易所必需承担的固定成本。其中，$B = (1-\alpha)A/\alpha^{1-\varepsilon}$，上标 C 和上标 I 分别表示企业处于沿海地区和企业处于内陆地区。

在沿海地区和内陆地区进行国内销售的企业，同时进行一般出口贸易可获得的额外利润分别为：

$$\pi_x^C = (\varphi/\tau_0)^{\varepsilon-1}B^* - f_x^C \tag{3.3}$$

$$\pi_x^I = (\varphi/\tau_1\tau_0)^{\varepsilon-1}B^* - f_x^I \tag{3.3*}$$

式(3.3)和式(3.3*)右边第一项表示企业从事一般出口贸易的额外可变利润，第二项是企业从事一般出口贸易所必须承担的额外固定成本。

此时，在沿海地区和内陆地区从事一般贸易的出口企业总利润分别为：

$$\pi_l^C = \pi_x^C + \pi_d^C = (\varphi)^{\varepsilon-1}[(B^*/(\tau_0)^{\varepsilon-1}) + (B/(\tau_1)^{\varepsilon-1})] - f_l^C \tag{3.4}$$

$$\pi_l^I = \pi_x^I + \pi_d^I = (\varphi)^{\varepsilon-1}[(B^*/(\tau_1\tau_0)^{\varepsilon-1}) + B] - f_l^I \tag{3.4*}$$

其中，$B^{*}=(1-\alpha)A^{*}/\alpha^{1-\varepsilon}$（$*$表示外国），$f_{l}^{C}\equiv f_{x}^{C}+f_{d}$，$f_{l}^{I}\equiv f_{x}^{I}+f_{d}$。由于模型设定本国和外国完全对称，所以$B^{*}=B$。结合Melitz(2003)的分析，当沿海地区企业和内陆地区企业选择出口时，它们的出口密集度分别为：$exint^{C}=(\tau_{0})^{1-\varepsilon}/(\tau_{1})^{1-\varepsilon}+(\tau_{0})^{1-\varepsilon}$和$exint^{I}=(\tau_{1}\tau_{0})^{1-\varepsilon}/1+(\tau_{1}\tau_{0})^{1-\varepsilon}$，且很容易证明（具体推导见附录）：

$$exint^{C}>exint^{I} \tag{3.5}$$

根据Kee等(2008)等文献的估计，企业的最优出口密集度一般小于40%，本章将企业的这种经营模式称为低出口密集度模式。现在考虑企业的高出口密集度模式。在高密集度出口模式下，企业可以利用政府优惠政策等外部资源部分地支付固定成本，在沿海地区和内陆地区进行高密集度出口企业的总利润函数分别被表示为：

$$\pi_{h}^{C}=\upsilon_{h}^{C}(\varphi)-(1-d_{s})(f_{x}^{C}+f_{d})=\upsilon_{h}^{C}(\varphi)-f_{h}^{C} \tag{3.6}$$

$$\pi_{h}^{I}=\upsilon_{h}^{I}(\varphi)-(1-d_{s})(f_{x}^{I}+f_{d})=\upsilon_{h}^{I}(\varphi)-f_{h}^{I} \tag{3.6*}$$

其中，$\upsilon_{h}^{C}(\varphi)$和$\upsilon_{h}^{I}(\varphi)$分别表示沿海地区企业和内陆地区企业在高出口密集度模式下的可变利润，$f_{h}^{C}\equiv(1-d_{s})(f_{x}^{C}+f_{d})$和$f_{h}^{I}\equiv(1-d_{s})(f_{x}^{I}+f_{d})$则分别是企业在沿海地区和内陆地区进行高密集度模式出口所需负担的固定成本。如前文所述，当企业采用高密集模式出口以期降低固定成本时，则必须扭曲其经营行为，使企业的出口密集度偏离最优水平，从而降低出口企业的总可变利润。因此，将式(3.6)及式(3.6*)重新表述如下：

$$\pi_{h}^{C}=\gamma^{C}[(1/\tau_{1})^{\varepsilon-1}B+(1/\tau_{0})^{\varepsilon-1}B^{*}]\varphi^{\varepsilon-1}-f_{h}^{C} \tag{3.7}$$

$$\pi_{h}^{I}=\gamma^{I}[B+(1/\tau_{1}\tau_{0})^{\varepsilon-1}B^{*}]\varphi^{\varepsilon-1}-f_{h}^{I} \tag{3.7*}$$

其中，$\gamma^{C}<1$和$\gamma^{I}<1$分别表示沿海地区企业和内陆地区企业经营行为的扭曲程度，其具体定义为经营行为扭曲后企业的总可变利润占最优情形下国内销售和出口总可变利润的份额。γ越小，表示企业经营行为扭曲的程度越严重。根据前文式(3.5)的分析，有$exint^{C}>exint^{I}$，即低出口密集度模式下，沿海地区企业的出口密集度要高于内陆地区企业出口密集度，意味着相较于国内销售，沿海地区企业更倾向于发展海外市场；这也意味着为达到相同的高出口密集度，沿海地区企业经营行为的扭曲程度要小于内陆企业，即当面临相同的出口优惠政策刺激时，沿海地区企业仅需支付较小的成本即可达到政策要求规定的高出口密集度，进而利用政策优惠支付企业固定成本。所以，本节有 $\gamma^I < \gamma^C < 1$（具体证明见附录）。需要指出的是，由于企业也可以通过加工贸易的方式降低固定成本，γ 也可被视为企业讨价还价能力。

分别令式(3.4)、式(3.4*)、式(3.7)和式(3.7*)为0，可以得到异质性企业分别在沿海地区和内陆地区进行一般出口贸易和高密集度模式出口的零利润生产率。异质性企业将比较在不同区位的不同贸易模式下的利润，并选择最优"生产区位—贸易模式"的经营模式。与众多异质性贸易模型分类模式相似（Helpman et al.，2004；Bustos，2011；Manova，2013)，为避免过多的企业分类模式，本文对企业成本的大小关系做如下假定：

假定1：

$$f_h^C/\gamma^C\phi^C < f_h^I/\gamma^I\phi^I,$$
$$f_h^C/\gamma^C\phi^C < f_l^I/\phi^I,$$
$$(f_l^I - f_l^C)/(\phi^I - \phi^C) < f_l^I/\phi^I < (f_l^I - f_h^C)/(\phi^I - \gamma^C\phi^C)$$

其中，$\phi^C \equiv (1/\tau_1)^{\epsilon-1} + (1/\tau_0)^{\epsilon-1}$，$\phi^I \equiv 1 + (1/\tau_1\tau_0)^{\epsilon-1}$。

给定假定1，本节可得到如下命题（证明详见附录）。

命题1：给定假定1成立，在存活的企业中，效率较高的企业选择内陆地区低密集度出口的贸易模式，效率较低的企业选择沿海地区高密集度出口的贸易模式。

命题1预测的异质性企业"生产区位—贸易模式"二维选择分类模式的选择行为将利用图3.1进行说明。

命题1蕴含的经济学含义十分直观：如同Melitz(2003)一样，由于低密集度出口模式需要支付高昂的固定成本，只有高效率的企业才能选择此种出口模式。低效率企业则可以通过高密集度出口模式规避高昂的固定成本。然而，高密集度出口模式会扭曲企业选择行为，降低企业的可变利润水平。此外，内陆企业发展国际贸易需要支付额外的国内贸易成本，而沿海地区企业向国内市场拓展时，则无需支付额外国内贸易成本，进而促使沿海企业倾向于进

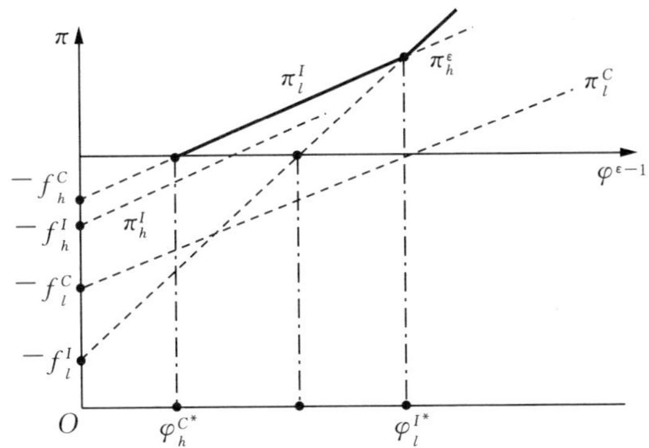

图 3.1　异质性企业的生产区位与贸易模式

驻国际市场，而内陆企业则倾向于发展国内市场，引致一个有趣的贸易二元分布。

如果假定1不成立，命题1所言的分类模式就不一定存在。首先，假定1要求在低密集度出口模式下的企业需要支付较高的固定贸易成本和可变贸易成本(f_x 或 τ 较大)，这一要求与经验研究事实保持一致(Roberts 和 Tybout，1997)。其次，假定1要求在高密集度出口模式下企业支付的固定成本比较低(d_s 比较大)，由于高密集度出口模式下企业可以利用政府优惠政策以及外国企业的鼓励扶持，这一要求也不算特别苛刻。朱希伟等(2005)、刘晴和徐蕾(2013)、Manova 和 Yu(2013)也曾强调加工贸易企业无需支付大量固定营销成本。再次，假定1要求高出口密集度下企业经营行为的扭曲程度比较高(γ 比较小)。政府和银行的一些文件要求企业出口密集度要达到70%以上才能享受政策优惠，而企业最优的出口密集度一般低于40%。同时，由于加工贸易企业一般具有较低的讨价还价能力，只能获得较小的利润分成，因此 γ 比较小的假定并不苛刻。最后，假定1要求内陆地区企业在参与出口时，需要支付较高的固定贸易成本和额外的可变贸易成本($f_x^I > f_x^C$ 或 $\tau_1 > 1$)。如前文所述，内陆企业只能通过沿海港口出口商品，也较为符合中国出口的现实情形；而地处内陆的企业为开展国际贸易活动，需要支付比沿海地区企业更高昂的国际市场调研费用等固定投入。因此这一要求也并不苛刻。

3.2.5　一般均衡条件

上述分析仅考虑了已经存在的异质性企业所面临的临界零利润条件。为了将行业中企业的自由进出行为纳入模型，使一般均衡更为完备，本小节刻画了企业的自由进入条件。自由进入条件要求均衡时本国企业进入市场的预期利润与进入成本相等。由下式刻画：

$$\int_{\varphi_h^{C*}}^{\varphi_l^{I*}} \pi_h^C \mathrm{d}G(\varphi) + \int_{\varphi_l^{I*}}^{\infty} \pi_l^I \mathrm{d}G(\varphi) = f_e \tag{3.8}$$

式(3.8)左边两项分别表示企业进行高密集度出口和低密集度出口贸易的预期平均利润，两项之和意味着企业在进入行业而不知道自身生产率的情形下可预见的平均利润；式(3.8)右边是企业进入行业的沉没成本，刻画了企业不确定的研发行为。垄断竞争的市场结构意味着企业可预期的平均利润应该等于该行业的进入沉没成本。式(3.4)、式(3.4*)、式(3.7)、式(3.7*)和式(3.8)共同组成了本国企业的临界零利润条件和自由进入条件。它们一起决定了 φ_h^{C*}、φ_l^{I*} 和 B 三个未知数。同理，根据两国对称，可求得外国企业的临界零利润条件和自由进入条件。本国和外国的临界零利润条件和自由进入条件共同决定了部门均衡时进入企业和存活企业的数量。在生产率分布服从经典帕累托分布的假设下，Melitz(2003)的分析确定模型有且仅有唯一均衡解。

3.2.6　比较静态分析

本小节将在前文均衡模型的基础上，比较分析一系列贸易自由化情形下(如可变成本异质性、外需变动和国内贸易成本下降等)，均衡的变动情况，以评估不同贸易自由化政策可能带来的潜在影响。

1. 可变成本异质性

前文假定企业只能利用外部资源为固定成本进行支付。本部分的分析将放宽这个假定，允许企业利用外部资源同时支付固定成本和可变成本。当本国企业选择高密集度出口模式时，如果政府或国外企业对本国企业的可变成本进行额外补贴或支付，那么在其他条件不变的情况下，本国企业的可变利润将提高，将接近于最优出口密集度时的利润水平。因此，可以把外部资源对企业可变成本支付的影响视为一种“反向的扭曲”或者“扭曲补偿”（即对 γ 的一种补偿，使其更接近于1）（刘晴等，2014），进而用下列代数计算说明可变成本异质性对企业行为的影响。

令式（3.4*）和式（3.7）相等，计算企业在内陆地区从事一般贸易的生产率临界值：

$$\varphi_l^{I*}=\{(f_l^I-f_h^C)/\{[(B^*/(\tau_1\tau_0)^{\varepsilon-1})+B]-\gamma^C[B/(\tau_1)^{\varepsilon-1}+B^*/(\tau_0)^{\varepsilon-1}]\}\}^{1/(\varepsilon-1)} \tag{3.9}$$

同理，令式（3.7）等于0，可得到沿海地区企业以高密集度模式从事出口活动的零利润生产率值：

$$\varphi_h^{C*}=\{f_h^C/\gamma^C[(1/\tau_1)^{\varepsilon-1}B+(1/\tau_0)^{\varepsilon-1}B^*]\}^{1/(\varepsilon-1)} \tag{3.10}$$

为便于分析，本节类似于Melitz（2003）等异质性企业模型，利用模型的局部均衡解进行比较静态分析。分别对式（3.9）和式（3.10）关于 γ^C 求偏导，得 $\partial\varphi_l^{I*}/\partial\gamma^C>0$，$\partial\varphi_h^{C*}/\partial\gamma^C<0$。同时，根据图3.1的分析，如果本国企业可以利用政府的出口导向型优惠扶持政策或者外国企业的出口补助资金同时支付固定贸易成本和可变贸易成本，则 π_h^C 和 π_h^I 利润线的斜率增加，两条利润线发生不同程度的逆时针旋转，而 π_l^C 和 π_l^I 利润线的斜率则不变。由于占优情形没有变化，故企业分类模式没有变化，仍然符合命题1预测。其中 π_h^C 利润线和横轴生产率水平的交点 φ_h^{C*} 左移，即一部分原先不能存活的低效率企业会通过高出口密集度模式存活并参与贸易；π_h^C 利润线和 π_l^I 利润线的交点 φ_l^{I*} 右移，即一部分原先选择一般贸易的企业也会转变为高密集度出口模式的企业。而随着从事高密集度出口贸易的企业数量增多，行业内资源将进一步配置给低效率企业，行业平均生产率水平将会被拉低。

由于企业需要达到一定的出口密集度阈值才可以利用外部资源同时支付固定成本和可变成本，根据上文分析，这一假定的放宽只会使得 γ 增大，而不会影响模型均衡的其他参数。γ 增大使得企业从事高密集度出口贸易可以利用政策优惠或外国企业的扶持资金共享的成本增加，利润水平上升，进而引致部分一般贸易企业转型成为高密集度出口企业和部分不能存活企业选择高密集度出口而存活。

2. 外需变动与企业行为

由于经济运行存在周期性，外部需求可能存在周期性的上涨或下跌，而为讨论本国企业如何应对外需波动，本部分分析需放宽两国对称性假设。本部分将进一步分析外需变动对企业行为的影响。为了简化分析，本小节仅对模型的局部均衡解进行比较静态分析。分别对式(3.9)和式(3.10)两边关于 B^* 求偏导数可得：

$$\begin{aligned} &\partial\varphi_h^{C*}/\partial B^* < 0 \\ &\begin{cases} \partial\varphi_l^{I*}/\partial B^* > 0,\ \gamma^C > 1/(\tau_1)^{\varepsilon-1} \\ \partial\varphi_l^{I*}/\partial B^* < 0,\ \gamma^C < 1/(\tau_1)^{\varepsilon-1} \end{cases} \end{aligned} \tag{3.11}$$

根据式(3.11)的分析，当外需下降时，一方面以高密集度出口模式从事生产的企业临界生产率水平将会提升，一部分低效率的高出口密集度企业被迫退出市场；另一方面从事一般贸易的企业临界生产率水平取决于 γ^C 和 τ_1 的相对大小。当 τ_1 非常大时而 γ^C 接近于 1 时，意味着国内贸易成本高昂和高密集度出口模式对企业行为的扭曲较弱，高昂的国内贸易成本必将为企业占领国内市场带来阻碍，企业更倾向于扩展海外市场，此时扭曲企业经营行为选择高密集度出口模式并不会造成企业利润的很大损失，因而一部分原来从事一般贸易的企业会转型成为高密集度出口企业，从事一般贸易的企业生产率临界水平上升；但当 τ_1 接近于 1 时而 γ^C 非常小时，意味着国内贸易成本低廉和高密集度出口模式对企业行为的较大扭曲，高密集度模式会对企业的经营行为造成较大扭曲，严重压缩了企业的利润空间，低廉的国内贸易成本必将促使更加关注国内市场，因而一部分原来从事高密集度出口的企业会转型升级为一般贸易企业，从事一般贸易的企业生产率临界水平下降。值得注意的是，随着我国大规模的交通基础设施建设投资，我国的国内贸易成本正在逐年下降(刘生龙和胡鞍钢，2011)，而由于处于全球价值链的低端，我国加工贸易企业的利润空间一直较为薄弱(Koopman et al.，2012)，因而 τ_1 接近于 1 时而 γ^C 较小更接近于我国的现实情形。

如果外需出现剧烈的波动时，高出口密集度企业有可能会全部退出出口市场，只有部分相对高效率的企业会变为一般贸易企业。而由于可以存活企业的临界生产率水平提升，行业内资源将由低效率企业配置到相对高效率的一般贸易企业，行业平均生产率水平将会提升。反映在图3.1的分析中则是，π_h^C 利润线的斜率下降，发生顺时针旋转；π_l^I 利润线的斜率可能上升也可能下降，其取决于 γ^C 和 τ_1 的相对大小，按照中国现实情形 π_l^I 利润线的斜率更可能下降，发生顺时针旋转。当外需剧烈波动时（即由于 π_h^C 偏移程度过大导致 π_h^C 和 π_l^I 的交点位于水平轴下方时），高出口密集度企业将会全部退出出口市场，仅有部分相对高效率的企业转变为一般贸易企业。

根据前文分析，外需变动仅仅只会影响参数 B^* 的变动，但当参数 B^* 变动时，两国情形不再对称，即 $B^*=B$ 的假定不再成立，此时低密集度出口模式下企业的最优出口密集度将会发生变化，具体来说是由于外国市场萎缩，企业被迫将更多精力放在国内市场，最优出口密集度水平将会下降。出口企业的总利润减少，且利润的降低完全归因于外国需求水平的下降。

3. 国内贸易成本下降

当国内贸易成本 τ_1 降低时（比如：进行交通基础设施建设），根据式(3.4)、式(3.4*)、式(3.7)和式(3.7*)，利润线 π_h^C、π_h^I、π_l^C 和 π_l^I 的斜率将会上升，在图3.1中则表现为四条利润线发生不同程度的逆时针旋转，但占优情形不会变化，即异质性企业的分类模式依然符合命题1的预测。具体而言，根据式(3.9)和式(3.10)的分析，在沿海地区以高密集度方式出口的企业生产率临界值 $\varphi_h^{C^*}$ 和在内陆地区从事一般贸易企业的生产率临界值 $\varphi_l^{I^*}$ 都会下降。①即在沿海地区以高密集度模式出口的门槛与在内陆地区从事一般贸易的门槛则都会降低，意味着随着国内冰山贸易成本的下降，一部分原先不能存活的低效率企业会通过高出口密集度模式存活并参与贸易，同时，一部分原先选择高密集度出口模式的高效率企业转型升级为一般贸易企业。而由于高密集度出口企业的转型升级，行业内从事一般贸易的企业数量增多，行业内资源将进一步向高效率企业配置，行业平均生产率水平将会提升。

---

① 临界生产率水平上升 $\varphi_h^{C^*}$ 要求沿海地区高密集度出口企业的利润空间 γ^C 与最优出口密集度 $exint^C$ 满足特定的相对大小关系，下文稳健模型中相应的比较静态分析也需要满足同样的条件。本课题组最新的一篇工作论文将会汇报这一关系。

由于企业分类模式不会变化，根据前文分析，低密集度出口企业只在内陆地区从事生产，伴随着国内贸易成本 τ_1 的下降，观察到内陆地区低密集度出口企业的最优出口密集度 $exint^I=(\tau_1\tau_0)^{1-\varepsilon}/1+(\tau_1\tau_0)^{1-\varepsilon}$ 上升，即 $\partial exint^I/\partial\tau_1<0$，企业尝试进一步拓展海外市场，并由海外市场的利润增加引致企业总利润的增加。但沿海地区企业最优出口密集度为 $exint^C=(\tau_0)^{1-\varepsilon}/(\tau_1)^{1-\varepsilon}+(\tau_0)^{1-\varepsilon}$，根据模型比较静态分析有 $\partial exint^C/\partial\tau_1>0$，而由于最优出口密集度 $exint^C$ 的下降，沿海地区高密集度出口企业为达到优惠扶持政策规定的出口密集度阈值则需要进一步扭曲其经营行为（γ^C 下降），这会降低高密集度出口模式下的企业利润，而高密集度企业虽然受政策所限无法拓展国内市场份额，但国内贸易成本下降仍可为高密集度出口企业提升利润。意味着随着国内冰山贸易成本的下降，低密集度出口企业更重视国内市场的发展，而高密集度出口企业则受到优惠扶持政策的限制不能拓展国内市场份额，进而限制了企业总利润的增加。

3.2.7 关于福利效应的讨论

本章在现有异质性企业模型的基础上进行了拓展，通过引入区位选择与异质性固定贸易成本，构建了一个简单的理论模型并阐述了两个新结论：①高密集度出口贸易集中于沿海地区；②高出口密集度企业效率更低。首先，产生这种贸易在区域间“二元分布”现象的关键在于：国内贸易成本的存在限制了内陆企业过多地参与贸易。当国家是一个面而非一个点时，更靠近港口的沿海地区企业无需支付高昂的国内运输成本即可参与国际贸易，而内陆地区企业则必须额外支付一笔高昂的国内运输成本才能进入国际市场。天然的区位差异迫使内陆企业退出国际市场份额的争夺，转而将重心放在国内市场；而沿海地区的企业可近乎无国内成本地参与国际贸易，但若想进军国内市场，反而需要支付一笔国内运输费用，这会迫使沿海企业将重心转移到国际市场，积极发展国际贸易。其次，贸易内部出现“过犹不及”现象的关键则在于：本国企业面临的高出口密集度与贸易成本之间的权衡取舍。然而，这种权衡取舍关系会以扭曲企业的市场选择行为为代价，进而扭曲了企业的盈利能力和利润水平。因此，只有低效率的企业才会选择扭曲经营行为，牺牲利润选择高密集度出口模式。

这两个结论虽然直观，却具有重要意义，其意义在于：

第一，是行业的生产率分配效应。由于高出口密集度企业的效率更低，纯粹的出口鼓励政策和一系列加工贸易政策会激励低效率企业从事高密集出口，这会促使行业内的资源在企业间重新配置，更多资源流入低效率出口企业，进而拉低了行业的平均生产率。

第二，是产品种类增减带来的福利变动。高密集度出口企业，特别是加工贸易企业的最终产品有很大一部分将会出口海外，国外消费者可消费商品的品种和种类都会增加，而国内消费者可得的消费品种类和数量都会下降，不利于国内消费者福利增加，国内外消费者可能面临不同的福利变动。

第三，是企业规模经济带来的利润增长。出口企业需要克服额外的市场进入成本参与贸易，随着企业规模与市场规模的扩大，企业更容易降低生产成本，进而提高利得。但需要注意的是：高密集度出口企业通过扭曲其经营行为，牺牲利润为代价参与国际贸易，大量的高密集度出口必将不利于我国贸易利得的增长，甚至可能导致“贫困化出口”现象的出现。

第四，是区域间资源与福利的再分配效应。由于内陆企业参与贸易需要支付额外的国内贸易成本，这将迫使内陆企业重点关注内销市场；而沿海企业由于参与内贸需要支付额外运输成本，则会重点开拓海外市场。随着国内运输成本的下降，内陆企业开始尝试开拓海外市场，而沿海企业则开始重视国内市场，这会使得企业资源在国内和国外两个市场间重新分配。此外，随着沿海企业逐步重视国内市场份额，内陆地区消费者可得的总消费种类将会增加，会增进内陆消费者的福利水平；而随着沿海企业重视国内市场和内陆企业开拓海外市场，沿海地区消费者可得的消费品种类和数量可能会下降，其福利水平会随之降低。即贸易的区域间“二元分布”可能会促使贸易自由化的利得在区域间重新分配，本课题组最新的一篇工作论文将报告这一效应。

第五，是贸易自由化“二元经济结构”的缓解效应。我们发现，国内贸易成本的下降使得企业以高密集度出口的方式参与国际贸易的门槛降低，同时从事一般贸易的企业数量也会上升。当这部分新出口企业被划归沿海区位时，我们发现部分企业通过高密集度的贸易方式进入了参与国际化分工的沿海地区。同时,企业由高密集度出口方式转型升级为一般贸易出口方式有利于我国在全球价值链中的地位提升,进一步提升我国在贸易自由化浪潮中的利得。

本章模型的主要结论与近期的经验事实保持一致。Cosar 和 Fajgelbaum (2016)指出中国的贸易主要集中于沿海经济发达地区,内陆地区趋向于自给自足,并指出贸易自由化可使得中国的沿海与内陆分界线向内陆方向移动,即部分内陆地区转变为沿海地区。李春顶(2010)、戴觅等(2014)和 Dai 等(2016)的经验研究则证实出口密集度较高的企业、纯出口企业和加工贸易企业的效率较低。本章模型预测贸易存在地区"二元分布"和贸易方式的"二元性",即高密集度出口贸易集中在沿海地区,且其效率较低;效率较高的企业出口密集度较低,分布在内陆地区。

3.3 模型稳健性:引入纯内销企业

上一部分专注于外贸企业转型升级的分析,因而模型中忽略了纯内销企业。为了使模型更具一般性,本部分的分析将引入企业可进行纯内销的决策。

3.3.1 企业的选择

因为企业可以只选择国内贸易模式。在考虑了上一部分异质性企业所面临的两个权衡取舍后,异质性企业将面临一个二维选择:生产区位和贸易模式。企业可以选择在沿海地区或内陆地区以国内贸易、一般出口贸易或高密集度出口模式进行生产经营(与 Melitz 一样,假定所有出口企业都会内销)。则异质性企业共有六种"生产区位—贸易模式"组合可供选择(见表 3.2),比上一部分企业多出的选择组合分别是(沿海地区,国内贸易)和(内陆地区、国内贸易)。

表 3.2 "生产区位—贸易模式"组合(包含纯内销企业)

		生产区位	
		沿海	内陆
贸易模式	国内贸易	沿海,国内贸易	内陆,国内贸易
	一般出口贸易	沿海,一般出口贸易	内陆,一般出口贸易
	高密集度出口	沿海,高密集度出口	内陆,高密集度出口

3.3.2　企业行为的变化与模型均衡

由于企业可以选择仅参与国内贸易而不参与国际贸易，本部分分析将前文沿海企业和内陆企业进行国内贸易的利润函数纳入模型，求解均衡。

分别令式(3.2)、式(3.2*)、式(3.4)、式(3.4*)、式(3.7)和式(3.7*)为 0，我们可以得到异质性企业分别在沿海地区和内陆地区从事纯内销、低密集度一般贸易和高密集度出口的零利润生产率。异质性企业将比较在不同区位的不同贸易模式下的利润，并选择最优"生产区位—贸易模式"的经营模式。同上一部分分析一样，为避免过多分类模式，本文对企业成本的大小关系做出假定：

假定 2：

$$f_h^C/\gamma^C\phi_h^C < f_d < f_l^I/\phi^I,$$

$$f_h^C/\gamma^C\phi_h^C < (f_d - f_h^C)/(1-\gamma^C\phi^C) < (f_l^I - f_d)/(\phi^I - 1)$$

其中，$\phi^C \equiv (1/\tau_1)^{\varepsilon-1} + (1/\tau_0)^{\varepsilon-1}$，$\phi^I \equiv 1 + (1/\tau_1\tau_0)^{\varepsilon-1}$。

给定假定 2，本节可得到如下命题(证明详见附录)。

命题 2：给定假定 2 成立，在存活的企业中，效率最高的企业选择内陆地区低密集度一般贸易模式，效率居中的企业选择内陆地区纯内销的贸易模式，效率最低的企业选择沿海地区高密集度出口的贸易模式。

命题 2 预测的异质性企业"生产区位—贸易模式"二维选择分类模式的选择行为将利用图 3.2 进行说明。

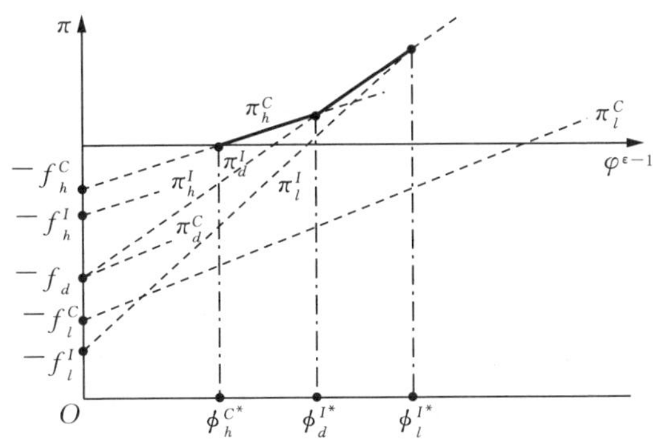

图 3.2　异质性企业的生产区位与贸易模式(包含纯内销)

对比命题 2 与命题 1 发现：当企业可以仅通过内销方式组织生产时，纯内销企业的生产率居于高密集度出口企业和低密集度一般贸易企业中间，且在内陆地区组织生产。由于高密集度出口企业仍集中于沿海地区，低密集度一般贸易企业也仍集中于内陆地区。基准模型的核心结论：贸易在地区间的二元分布并未改变。事实上，如果将纯内销企业看作一类特殊的低密集度出口企业——零密集度出口企业，命题 2 与命题 1 的含义则完全相同：高生产率企业选择在内陆地区组织生产，以期占有更大的国内市场份额，以低密集度的一般贸易参与全球分工；低生产率企业选择在沿海地区组织生产，以期规避高昂的国内贸易成本，选择高密集度出口模式参与贸易。因此，包含企业纯内销决策的扩展模型可以视为基准模型的更一般化情形。

值得注意的是，由于引入了企业的纯内销决策，企业的分类模式发生改变，进而模型一般均衡的 FE 条件也将发生变化。将前一部分基准模型的 FE 条件式(3.8)改写为式(3.12)。

$$\int_{\varphi_h^{C*}}^{\varphi_d^{I*}} \pi_h^C \mathrm{d}G(\varphi) + \int_{\varphi_d^{I*}}^{\varphi_l^{I*}} \pi_d^I \mathrm{d}G(\varphi) + \int_{\varphi_l^{I*}}^{\infty} \pi_l^I \mathrm{d}G(\varphi) = f_e \tag{3.12}$$

式(3.12)左边三项中第一项与第三项均与式(3.8)一致，分别表示企业进行高密集度出口和低密集度出口贸易的预期平均利润，而式(3.12)第二项是企业从事纯内销的预期利润，三项之和意味着企业在进入行业而不知道自身生产率的情形下可预见的平均利润；与式(3.12)右边企业进入行业的沉没成本相等，垄断竞争的市场结构意味着此时行业内企业的进入和退出达到均衡。式(3.2)、式(3.2*)、式(3.4)、式(3.4*)、式(3.7)、式(3.7*)和式(3.12)共同组成了本国企业的临界零利润条件和自由进入条件，它们共同决定了扩展模型的一般均衡。

3.3.3 比较静态分析

对比前一部分基准模型和本部分包含纯内销扩展模型的求解过程，可以发现除沿海地区高密集度出口企业的临界生产率之外，内陆地区纯内销企业和低密集度一般贸易企业的临界生产率都会发生变化。具体而言，三类企业的临界生产率分别为：

令式(3.7)等于0，可求解沿海地区以高密度模式从事出口企业临界生产率：

$$\varphi_h^{C*}=\{f_h^C/\gamma^C[(1/\tau_1)^{\varepsilon-1}B+(1/\tau_0)^{\varepsilon-1}B^*]\}^{1/(\varepsilon-1)} \tag{3.13}$$

同理，令式(3.7)与式(3.2*)相等，可得到内陆地区纯内销企业的临界生产率：

$$\varphi_d^{I*}=\{(f_d-f_h^C)/\{B-\gamma^C[(1/\tau_1)^{\varepsilon-1}B+(1/\tau_0)^{\varepsilon-1}B^*]\}\}^{1/(\varepsilon-1)} \tag{3.13*}$$

令式(3.2*)与式(3.4*)相等，可得到内陆地区低密集度一般贸易企业的临界生产率：

$$\varphi_l^{I*}=\{(f_l^I-f_d)/\{(1/\tau_1\tau_0)^{\varepsilon-1}B^*\}\}^{1/(\varepsilon-1)} \tag{3.14}$$

为进一步解析模型的机制，分析贸易自由化对各类企业的影响，下文将利用模型的局部均衡解进行比较静态分析。首先考虑可变成本异质性。根据前文所述，外部资源对企业可变成本支付的影响视为一种“反向的扭曲”或者“扭曲补偿”(即对γ的一种补偿，使其更接近于1)，即γ的增大。分别对式(3.10)、式(3.13*)和式(3.14)关于γ^C求偏导，得：

$$\partial\varphi_h^{C*}/\partial\gamma^C<0,\ \partial\varphi_d^{I*}/\partial\gamma^C>0,\ \partial\varphi_l^{I*}/\partial\gamma^C=0$$

即随着企业可利用外部资源支付可变成本，沿海地区企业从事高密集度出口的临界生产率下降，一部分原先不能存活的企业则可通过高密集度出口的方式参与贸易；内陆地区纯内销企业的临界生产率水平上升，一部分低效率的纯内销企业转型为高密集度出口企业；而内陆地区低密集度一般贸易企业则不受影响。行业内低效率企业数量增加，行业资源进一步向低效率企业配置，行业平均生产率水平下降。

其次，为便分析外需B^*变动的影响，放宽本国与外国对称的假设。分别对式(3.10)、式(3.13*)和式(3.14)关于B^*求偏导，得：

$$\partial\varphi_h^{C*}/\partial B^*<0,\ \partial\varphi_d^{I*}/\partial B^*>0,\ \partial\varphi_l^{I*}/\partial B^*<0$$

随着外国市场的萎缩，即 B^* 缩减，沿海地区企业从事高密集度出口的临界生产率上升，一部分低效率的高密集度出口企业将被迫退出市场；内陆地区纯内销企业的临界生产率水平下降，一部分高效率的高密集度出口企业转型为纯内销企业；同时内陆地区低密集度一般贸易企业的临界生产率也将上升，一部分低效率的一般贸易企业也会转型为纯内销企业。其中的经济学含义十分明显：由于外国市场萎缩，企业被迫将更多精力放在国内市场，行业中更多的企业选择内销；出口企业的总利润减少，且利润的降低完全归因于外国需求水平的下降。

最后探讨国内贸易成本下降对三类企业的影响。分别对式(3.10)、式(3.13)和式(3.14)关于 τ_1 求偏导，得：

$$\partial\varphi_h^{C^*}/\partial\tau_1 > 0,\ \partial\varphi_d^{I^*}/\partial\tau_1 < 0,\ \partial\varphi_l^{I^*}/\partial\tau_1 > 0$$

随着大规模交通基础设施建设的推进，国内贸易成本 τ_1 下降，沿海地区企业从事高密集度出口的临界生产率下降，一部分原先不能存活的企业则可通过高密集度出口的方式参与贸易；内陆地区纯内销企业的临界生产率水平上升，一部分低效率的纯内销企业转型为高密集度出口企业；且内陆地区低密集度一般贸易企业的临界生产率也将上升，一部分高效率的纯内销企业会转型升级为低密集度一般贸易企业。其经济学逻辑在于随着国内贸易成本的下降，企业接触的国际市场的成本下降，越来越多的企业开始尝试开拓海外市场，内销企业的份额被挤占，行业内内销企业的数量减少，低效率者转型为高密集度出口贸易企业，高效率者转型为低密集度一般贸易企业。

对比本节和基准模型的比较静态分析结果，发现核心结论仍然稳健。本部分引入的纯内销企业生产率居于高密集度出口企业和低密集度一般贸易企业之间，可以视为高密集度出口企业与低密集度一般贸易企业的缓冲地带，高密集度出口企业与低密集度企业之间并不会直接转换，而是通过内销企业的转型完成市场份额的占领。如对国内贸易成本下降的比较静态分析中，在不存在纯内销企业的情况下，模型发现高密集度出口企业和低密集度一般贸易企业的数量都会增加，而企业可以选择纯内销模式的情况下，模型解释了这两类出口企业数量的增加都来自纯内销企业的转型。

引入纯内销企业后，模型更加贴近现实经济，但模型的核心结论并未发生变化，贸易在地区间二元分布的结论仍然稳健。事实上，如果将纯内销企业视为一类特殊的低密集度贸易企业——零密集度出口企业，企业的分类模式将完全相同；比较静态分析中，也可将纯内销企业视为高密集度出口企业和低密集度一般贸易企业之间的缓冲。因而可以将基准模型视为稳健模型的更一般情形。

3.4　扩展模型：放松同质劳动力假定

3.4.1　经济环境设定

"二元经济结构"一个不可忽视的特征是经济中存在大量未就业的低技能劳动力，而基准模型假定所有的劳动力是同质的，劳动力市场完全竞争，不存在市场分割，进而可将工资标准化作为计价物，但此假定与本国的"二元经济结构"现实并不完全相符。因此，在本部分中，我们将放松劳动力同质的假定，转而假定存在高技能劳动力 L_s 和低技能劳动力 L_u，其工资水平分别为 ω_s 和 ω_u，且 $\omega_s > \omega_u$，且根据刘易斯(1954)的经典二元经济结构模型，本小节同时假定经济中存在大量的未就业低技能劳动力 L_u^e，其边际生产力为零。市场中就业的低技能劳动力数量为 $L_u - L_u^e$。鉴于前两节已经建立了一个完整的一般均衡模型，为便于分析，本节将限定在局部均衡的分析上以体现模型的核心运行机制。

随着异质性劳动力假定的引入，企业在生产过程中可以投入高技能劳动力和低技能劳动力的任意组合以生产产品。此时，企业的成本函数为：

$$TC(x, \varphi) = f_d + x\omega_s^{1-\theta}\omega_u^{\theta}/\varphi \tag{3.15}$$

其中，$\theta \in [0, 1]$ 表示生产过程中低技能劳动力的投入占比。θ 越小表明企业生产越依赖于高技能劳动力，当 $\theta = 0$ 时，企业仅使用高技能劳动力投入生产；θ 越大，表明企业生产越依赖于低技能劳动力，当 $\theta = 1$ 时，企业则仅使用低技能劳动力投入生产。

3.4.2　企业行为的变化

根据前两节的分析，企业将以边际成本为基础，采用固定加成作价。具体而言，边际生产率为 φ 的企业对于产品 v 的国内销售和出口分别定价为 $p_d(v)=\tau_{1d}\omega/(\alpha\varphi)$ 和 $p_x(v)=\tau_{1x}\tau_0\omega/(\alpha\varphi)$。其中，$\omega=\omega_s^{1-\theta}\omega_u^{\theta}$。则式(3.4)、式(3.4*)、式(3.7)和式(3.7*)可改写为如下利润函数：

$$\pi_l^C=(\varphi)^{\varepsilon-1}[(B^*/(\omega\tau_0)^{\varepsilon-1})+(B/(\omega\tau_1)^{\varepsilon-1})]-f_l^C \quad (3.16)$$

$$\pi_l^I=(\varphi)^{\varepsilon-1}[(B^*/(\omega\tau_1\tau_0)^{\varepsilon-1})+B]-f_l^I \quad (3.16^*)$$

$$\pi_h^C=\gamma^C[(1/\omega\tau_1)^{\varepsilon-1}B+(1/\omega\tau_0)^{\varepsilon-1}B^*]\varphi^{\varepsilon-1}-f_h^C \quad (3.17)$$

$$\pi_h^I=\gamma^I[(1/\omega)^{\varepsilon-1}B+(1/\omega\tau_1\tau_0)^{\varepsilon-1}B^*]\varphi^{\varepsilon-1}B^*]\varphi^{\varepsilon-1}-f_h^I \quad (3.17^*)$$

其中式(3.16)和式(3.16*)分别表示企业在沿海地区和内陆地区从事低密集度一般贸易可获得的额外利润，式(3.17)和式(3.17*)则分别表示沿海地区企业和内陆地区企业扭曲其经营行为，以高密集度出口模式参与贸易可获得的总利润。

而根据式(3.9)和式(3.10)的局部均衡变化，新的企业生产率临界值分别为：

$$\varphi_l^{I^*}=\{(f_l^I-f_h^C)/\{[(B^*/(\omega\tau_1\tau_0)^{\varepsilon-1})+B]-\gamma^C[B/(\omega\tau_1)^{\varepsilon-1}+B^*/(\omega\tau_0)^{\varepsilon-1}]\}\}^{1/(\varepsilon-1)} \quad (3.18)$$

$$\varphi_h^{C^*}=\{f_h^C/\gamma^C[(1/\omega\tau_1)^{\varepsilon-1}B+(1/\omega\tau_0)^{\varepsilon-1}B^*]\}^{1/(\varepsilon-1)} \quad (3.19)$$

其中式(3.18)表示在内陆地区从事低密集度一般贸易的企业生产率临界值 $\varphi_l^{I^*}$，式(3.19)表示在沿海地区以高密集度模式出口的企业临界生产率 $\varphi_h^{C^*}$。要使得异质性企业按照命题1的分类模式从事生产和贸易，即使 $\varphi_h^{C^*}<\varphi_l^{I^*}$ 得到满足，这就要求除满足假定1的条件之外，还需额外满足假定3。

假定3: $\omega_h<\omega_l$

其中下标 h，l 分别代表不同的企业类型。给定假定1和假定3同时成立，则命题1仍然成立。异质性企业仍按照图3.1的分类模式从事生产和贸易活动。即效率较高的企业选择在内陆地区进行低密集度一般贸易，效率较低的企业选择在沿海地区进行高密集度出口贸易，效率最低的企业退出市场。

假定3的经济学含义非常直观：假定3要求企业生产的劳动力加权成本

排序为：低密集度出口企业较高，高出口密集度企业较低，与生产率临界水平排序相同。由于高技能劳动力和低技能劳动力的工资已由市场给定，故企业生产的劳动力加权成本其实可以看作企业投入两种劳动力的比例（即 θ），由于 $\omega_s > \omega_u$，而 $\omega = \omega_s^{1-\theta}\omega_u^{\theta}$，求得偏导数 $\partial\omega/\partial\theta < 0$，假定 3 意味着 $\theta_h > \theta_l$，θ 代表生产过程中低技能劳动力的投入占比，即高密集度出口企业在生产中更依赖于低技能劳动力，低密集度出口企业在生产中更依赖于高技能劳动力。这与现实经济中高密集度出口企业多是接受外国企业资助，有专门的外国合作伙伴提供技术，而低密集度出口企业多是高生产率企业，有专门的人员从事产品研发、市场调研活动等一系列特征事实不谋而合。因此假定 3 的要求不算苛刻。

3.4.3　比较静态分析

随着经济的逐渐发展，城市化进程加速，劳动力市场中剩余的低技能劳动力将逐渐被吸收，市场中低技能劳动力供给渐渐充裕，企业可以利用更多的低技能劳动力替代部分高技能劳动力从事生产经营活动（即 θ 增大）。根据式(3.16)、式(3.16*)、式(3.17)和式(3.17*)的分析，四条利润线的斜率全部都会增加，在图 3.1 中则表现为四条利润线均会发生不同程度的逆时针旋转，但占优情形不会变化，即异质性企业的分类模式依然符合命题 1 的预测。

为了具体分析临界生产率的变化，分别对式(3.18)和式(3.19)两边关于 θ 求偏导数，得：

$$\partial\varphi_h^{C*}/\partial\theta < 0,\ \partial\varphi_l^{I*}/\partial\theta < 0$$

根据上式的分析，当劳动力市场中剩余的低技能劳动力逐渐被吸收时，无论是高密集度出口模式，还是低密集度一般贸易模式，企业的生产率临界水平都会下降。说明一部分原先不能存活的企业随着低技能劳动力的涌入，以高密集度出口的方式从事生产经营活动；同时低技能劳动力涌入带来的用工成本下降使得一部分高效率的高密集度出口企业转为低密集度一般贸易企业。值得注意的是，在稳健模型的分析中，部分低效率的纯内销企业会吸收剩余劳动力，借助推进城市化的浪潮转型为高密集度的出口企业，参与国际贸易；而部分高效率的纯内销企业则借助吸收剩余劳动力带来的用工成本下降，在城市化进程中转型为低密集度的一般贸易企业。由于可以存活企业的临界生产率水平下降，行业内低效率企业增多，行业内资源将进一步配置给低效率企业，行业平均生产率水平将会被拉低。

3.5 本章小结

3.5.1 结论

与发达国家不同，我国作为发展中国家存在典型的“二元经济结构”，经济中存在大量的剩余劳动力，贸易集中在沿海经济发达地区；同时名目繁多的贸易扶持政策也使得大量的高密集度出口企业如雨后春笋般涌现。这一系列中国特有的贸易现象无法从现有的贸易模型中找到解释。

本章通过建立一个包含区位的异质性企业决策模型，分析了国内贸易成本对企业区位以及贸易方式选择行为的影响机制，阐明了贸易集中与沿海经济发达地区的原因，解释了贸易在地区间二元分布形成的原因：内陆地区企业参与贸易需比沿海地区企业额外支付一笔国内贸易成本，由此内陆地区企业倾向于发展国内市场，而沿海地区企业则倾向于发展海外市场。在扩展模型中，大量的剩余低技能劳动力被高密集度出口企业吸收，尽管这样会降低行业平均的生产率水平，但有利于缓解我国的“二元经济结构”。本章理论模型的结论与现有中国出口企业的特征事实基本保持一致，在一定程度上也为“出口企业生产率悖论”提供了解释。

3.5.2 政策含义

本章的政策含义主要在于以下三个方面：

一是规避国内贸易成本可缓解贸易的地区“二元结构”。一方面，根据理论模型的分析，沿海地区更关注海外市场，内陆地区更关注国内市场。这会导致产业结构的地区性失衡，不利于“供给侧结构性改革”的推进。另一方面，对于经济飞速发展的中国，基础设施建设的不断推进有利于我国内陆企业“走出去”，有计划地推动内陆地区基础设施建设会降低国内贸易成本，促使内陆企业走向国际市场。

二是差异化制定贸易扶持政策，削弱内陆企业出口阻力。内陆企业参与国际市场本身就面临较大的阻力（如更高的国内贸易成本等），如果贸易扶持政策实行"一刀切"政策，内陆企业需要更严重的扭曲其经营行为才能达到政策扶持标准，这进一步增加了内陆企业参与国际市场的阻力。对内陆企业制定更低的贸易扶持阈值，有利于吸引外资进入内陆地区，部分地削弱内陆企业参与国际市场的阻力。

三是改革户籍制度，进一步推进城市化进程。随着农业人口的市民化，低技能劳动力逐渐被低生产率的企业所吸收。这一方面会推动中国"二元经济结构"的调整，吸收劳动力市场中的剩余劳动力，促进就业；另一方面会降低企业的用工成本，使更多的企业可以参与国际贸易，促进社会福利水平的增进。

3.5.3　研究局限

本章只是对现有异质性企业分类模型进行了一个简单的拓展，以解释中国出口企业的部分特征事实。但我们必须指出的是，本章的理论模型存在局限性。首先，本章模型的分类模式中沿海地区不存在低密集度一般贸易（包括纯内销）企业，这与经验事实不符。其次，模型基于 CES 效用函数进行分析，因而无法探讨企业成本加成的变化，将会忽视进口竞争效应引致的福利变化。最后，本章只是在理论上分析了中国出口企业的分类模式，并没有使用微观数据进行经验检验。本书将在下一章进行经验估计以评估模型预测。

3.A　第3章附录

3.A.1　式(3.5)的推导

与 Melitz(2003)类似，本文推出每个企业面临的市场需求为：

$$x(v)=Ap(v)^{-\varepsilon} \tag{3A.1}$$

而边际生产率为 φ 的企业对于产品 v 的国内销售和出口分别定价为：

$$p_d(v)=\tau_{1d}/(\alpha\varphi) \tag{3A.2}$$

$$p_x(v)=\tau_{1x}\tau_0/(\alpha\varphi) \tag{3A.3}$$

首先计算沿海地区企业在国内市场所面临的需求：

$$x_d^C(v)=A[p_d^C(v)]^{-\varepsilon}=A[\tau_1/(\alpha\varphi)]^{-\varepsilon} \tag{3A.4}$$

沿海地区企业在国际市场所面临的需求：

$$x_x^C(v)=A^*[p_x^C(v)]^{-\varepsilon}=A^*[\tau_0/(\alpha\varphi)]^{-\varepsilon} \tag{3A.5}$$

由于两个国家对称，即 $A=A^*$，所以沿海地区企业出口密集度为：

$$exint^C=(\tau_0)^{1-\varepsilon}/[(\tau_1)^{1-\varepsilon}+(\tau_0)^{1-\varepsilon}] \tag{3A.6}$$

同理，可求得内陆地区企业出口密集度为：

$$exint^I=(\tau_1\tau_0)^{1-\varepsilon}/[1+(\tau_1\tau_0)^{1-\varepsilon}] \tag{3A.6*}$$

为比较不同地区企业出口密集度的大小，令式(3A.5)减去式(3A.6)，可得：

$$\begin{aligned} exint^C-exint^I&=\{(\tau_0)^{1-\varepsilon}/[(\tau_1)^{1-\varepsilon}+(\tau_0)^{1-\varepsilon}]\}-\{(\tau_1\tau_0)^{1-\varepsilon}/[1+(\tau_1\tau_0)^{1-\varepsilon}]\}\\ &=\frac{[(\tau_0)^{1-\varepsilon}][1+(\tau_1\tau_0)^{1-\varepsilon}]-[(\tau_1\tau_0)^{1-\varepsilon}][(\tau_1)^{1-\varepsilon}+(\tau_0)^{1-\varepsilon}]}{[(\tau_1)^{1-\varepsilon}+(\tau_0)^{1-\varepsilon}][1+(\tau_1\tau_0)^{1-\varepsilon}]}\\ &=\frac{(\tau_0)^{1-\varepsilon}-(\tau_1\tau_0)^{1-\varepsilon}(\tau_1)^{1-\varepsilon}}{[(\tau_1)^{1-\varepsilon}+(\tau_0)^{1-\varepsilon}][1+(\tau_1\tau_0)^{1-\varepsilon}]}\\ &=\frac{(\tau_0)^{1-\varepsilon}[1-(\tau_1)^{2(1-\varepsilon)}]}{[(\tau_1)^{1-\varepsilon}+(\tau_0)^{1-\varepsilon}][1+(\tau_1\tau_0)^{1-\varepsilon}]} \end{aligned} \tag{3A.7}$$

由于 τ_1，τ_0 作为可变贸易成本，其值均大于 1，且差异化产品之间的替代弹性 $\varepsilon>1$，由式(3A.7)推得：

$$exint^C-exint^I>0 \tag{3A.8}$$

即推得式(3.5)：$exint^C>exint^I$。

3.A.2 式(3.9)、式(3.10)、式(3.13)和式(3.14)的推导

要使得企业选择低密集度一般贸易而非高密集度出口模式，企业的临界生产率应为使得一般贸易总利润与高密集度出口利润相等的生产率水平，而

非一般贸易零利润的生产率水平。即令：

$$\pi_l^I = \pi_h^C \tag{3A.9}$$

根据式(3.4*)与式(3.7)相等，可以求得式(3.9)内陆企业选择一般贸易的临界生产率水平：

$$\varphi^{\varepsilon-1}[(B^*/(\tau_1\tau_0)^{\varepsilon-1}) + B] - f_l^I = \gamma^C[B/(\tau_1)^{\varepsilon-1} + B^*/(\tau_0)^{\varepsilon-1}]\varphi^{\varepsilon-1} - f_h^C$$

$$\Rightarrow \{[(B^*/(\tau_1\tau_0)^{\varepsilon-1}) + B] - \gamma^C[B/(\tau_1)^{\varepsilon-1} + B^*/(\tau_0)^{\varepsilon-1}]\}\varphi^{\varepsilon-1} = f_l^I - f_h^C$$

$$\Rightarrow \varphi^{\varepsilon-1} = (f_l^I - f_h^C)/\{[(B^*/(\tau_1\tau_0)^{\varepsilon-1}) + B] - \gamma^C[B/(\tau_1)^{\varepsilon-1} + B^*/(\tau_0)^{\varepsilon-1}]\}$$

$$\Rightarrow \varphi_l^{I^*} = \{(f_l^I - f_h^C)/\{[(B^*/(\tau_1\tau_0)^{\varepsilon-1}) + B] - \gamma^C[B/(\tau_1)^{\varepsilon-1} + B^*/(\tau_0)^{\varepsilon-1}]\}\}^{1/(\varepsilon-1)} \tag{3A.10}$$

其次，单独令式(3.7)为0，可得式(3.10)沿海企业选择高密集度模式出口的临界生产率水平：

$$\gamma^C[(1/\tau_1)^{\varepsilon-1}B + (1/\tau_0)^{\varepsilon-1}B^*]\varphi^{\varepsilon-1} - f_h^C = 0$$

$$\Rightarrow \varphi^{\varepsilon-1} = f_h^C/\gamma^C[(1/\tau_1)^{\varepsilon-1}B + (1/\tau_0)^{\varepsilon-1}B^*]$$

$$\Rightarrow \varphi_h^{C^*} = \{f_h^C/\gamma^C[(1/\tau_1)^{\varepsilon-1}B + (1/\tau_0)^{\varepsilon-1}B^*]\}^{1/(\varepsilon-1)} \tag{3A.11}$$

再次，在稳健模型中，为推导内陆地区纯内销企业的临界生产率式(3.14)，我们令式(3.7)与式(3.2*)相等，可得纯内销企业的临界生产率为：

$$\varphi^{\varepsilon-1}B - f_d = \gamma^C[(1/\tau_1)^{\varepsilon-1}B + (1/\tau_0)^{\varepsilon-1}B^*]\varphi^{\varepsilon-1} - f_h^C$$

$$\Rightarrow \varphi^{\varepsilon-1}\{B - \gamma^C[(1/\tau_1)^{\varepsilon-1}B + (1/\tau_0)^{\varepsilon-1}B^*]\} = f_d - f_h^C$$

$$\Rightarrow \varphi^{\varepsilon-1} = (f_d - f_h^C)/\{B - \gamma^C[(1/\tau_1)^{\varepsilon-1}B + (1/\tau_0)^{\varepsilon-1}B^*]\}$$

$$\Rightarrow \varphi_d^{I^*} = \{(f_d - f_h^C)/\{B - \gamma^C[(1/\tau_1)^{\varepsilon-1}B + (1/\tau_0)^{\varepsilon-1}B^*]\}\}^{1/(\varepsilon-1)} \tag{3A.12}$$

最后，在稳健模型中，为重新推导内陆地区低密集度一般贸易企业的临界生产率式(3.15)，令式(3.2*)与式(3.4*)相等，可得内陆地区低密集度一般贸易企业的临界生产率：

$$\varphi^{\varepsilon-1}B - f_d = \varphi^{\varepsilon-1}[(B^*/(\tau_1\tau_0)^{\varepsilon-1}) + B] - f_l^I$$

$$\Rightarrow \varphi^{\varepsilon-1}\{(1/\tau_1\tau_0)^{\varepsilon-1}B^*\} = f_l^I - f_d$$

$$\Rightarrow\varphi^{\varepsilon-1}=(f_l^I-f_d)/\{(1/\tau_1\tau_0)^{\varepsilon-1}B^*\}$$
$$\Rightarrow\varphi_l^{I^*}=\{(f_l^I-f_d)/\{(1/\tau_1\tau_0)^{\varepsilon-1}B^*\}\}^{1/(\varepsilon-1)} \tag{3A.13}$$

3.A.3 命题的证明

1. 命题 1 的证明

根据附录 3.A.2 节的推导，在基准模型中，我们可得内陆地区从事低密集度一般贸易的企业临界生产率水平为式(3.9)：

$$\varphi_l^{I^*}=\{(f_l^I-f_h^C)/\{[(B^*/(\tau_1\tau_0)^{\varepsilon-1})+B]-\gamma^C[B/(\tau_1)^{\varepsilon-1}+B^*/(\tau_0)^{\varepsilon-1}]\}\}^{1/(\varepsilon-1)} \tag{3.9}$$

沿海地区以高密集度模式从事出口的企业临界生产率水平为式(3.10)

$$\varphi_h^{C^*}=\{f_h^C/\gamma^C[(1/\tau_1)^{\varepsilon-1}B+(1/\tau_0)^{\varepsilon-1}B^*]\}^{1/(\varepsilon-1)} \tag{3.10}$$

根据两国对称，则有 $B=B^*$。

$f_h^C/\gamma^C[(1/\tau_1)^{\varepsilon-1}+(1/\tau_0)^{\varepsilon-1}]<(f_l^I-f_h^C)/\{[(1/(\tau_1\tau_0)^{\varepsilon-1})+1]-\gamma^C[1/(\tau_1)^{\varepsilon-1}+1/(\tau_0)^{\varepsilon-1}]\}$ 得到满足时，我们有 $\varphi_h^{C^*}<\varphi_l^{I^*}$，即企业选择在沿海地区高密集度出口的临界生产率要低于内陆地区一般贸易的临界生产率。

根据假定 1，可得到临界生产率的排序为：

$$\varphi_h^{C^*}<\varphi_l^{I^*} \tag{3A.14}$$

命题 1 证毕！

2. 命题 2 的证明

根据附录 3.A.2 节的推导，可得稳健模型中，沿海地区以高密集度模式从事出口的企业临界生产率水平为式(3.10)：

$$\varphi_h^{C^*}=\{f_h^C/\gamma^C[(1/\tau_1)^{\varepsilon-1}B+(1/\tau_0)^{\varepsilon-1}B^*]\}^{1/(\varepsilon-1)} \tag{3.10}$$

在内陆地区纯内销的企业临界生产率水平为式(3.13)：

$$\varphi_d^{I^*}=\{(f_d-f_h^C)/\{B-\gamma^C[(1/\tau_1)^{\varepsilon-1}B+(1/\tau_0)^{\varepsilon-1}B^*]\}\}^{1/(\varepsilon-1)} \tag{3.13}$$

在内陆地区从事低密集度一般贸易的企业临界生产率水平为式(3.14)：

$$\varphi_l^{I^*}=\{(f_l^I-f_d)/\{(1/\tau_1\tau_0)^{\varepsilon-1}B^*\}\}^{1/(\varepsilon-1)} \tag{3.14}$$

根据两国对称,则有 $B=B^*$ 。

当 $f_h^C/\gamma^C[(1/\tau_1)^{\varepsilon-1}+(1/\tau_0)^{\varepsilon-1}]<(f_d-f_h^C)/\{1-\gamma^C[(1/\tau_1)^{\varepsilon-1}+(1/\tau_0)^{\varepsilon-1}]\}$ 时,我们有 $\varphi_h^{C^*}<\varphi_d^{I^*}$,即企业选择在沿海地区高密集度出口的临界生产率要低于内陆地区纯内销的临界生产率。

$(f_d-f_h^C)/\{1-\gamma^C[(1/\tau_1)^{\varepsilon-1}+(1/\tau_0)^{\varepsilon-1}]\}<(f_l^I-f_d)/\{(1/\tau_1\tau_0)^{\varepsilon-1}\}$ 得到满足时,有 $\varphi_d^{I^*}<\varphi_l^{I^*}$,即企业选择在内陆地区纯内销的临界生产率水平要低于内陆地区一般贸易的临界生产率水平。

根据假定2,得到临界生产率的排序为:

$$\varphi_h^{C^*}<\varphi_d^{I^*}<\varphi_l^{I^*} \tag{3A.15}$$

命题2证毕!

3.A.4　比较静态分析

1. 可变成本异质性

允许企业利用外部资源支付可变成本,即意味着一种"反向的扭曲",反映在模型中即是使 γ 增加,更接近于1。在基准模型中,分别以 $\varphi_h^{C^*}$,$\varphi_l^{I^*}$ 对 γ 求偏导,得:

$$\partial\varphi_h^{C^*}/\partial\gamma^C=\frac{1}{\varepsilon-1}\varphi_h^{C^*}\left(-\frac{1}{\gamma^C}\right)<0 \tag{3A.16}$$

$$\partial\varphi_l^{I^*}/\partial\gamma^C=\frac{1}{\varepsilon-1}\varphi_l^{I^*}\left(-\frac{-[B/(\tau_1)^{\varepsilon-1}+B^*/(\tau_0)^{\varepsilon-1}]}{\{[(B^*/(\tau_1\tau_0)^{\varepsilon-1})+B]-\gamma^C[B/(\tau_1)^{\varepsilon-1}+B^*/(\tau_0)^{\varepsilon-1}]\}}\right)>0 \tag{3A.17}$$

当允许企业使用外部资源支付可变成本时,随着 γ 增大,临界生产率水平 $\varphi_h^{C^*}$ 减小;$\varphi_l^{I^*}$ 增大。

在稳健模型中,分别再以 $\varphi_h^{C^*}$,$\varphi_d^{I^*}$,$\varphi_l^{I^*}$ 对 γ 求偏导,得:

$$\partial\varphi_h^{C^*}/\partial\gamma^C=\frac{1}{\varepsilon-1}\varphi_h^{C^*}\left(-\frac{1}{\gamma^C}\right)<0 \tag{3A.18}$$

$$\partial\varphi_d^{I^*}/\partial\gamma^C=\frac{1}{\varepsilon-1}\varphi_d^{I^*}\left(-\frac{-[(1/\tau_1)^{\varepsilon-1}B+(1/\tau_0)^{\varepsilon-1}B^*]}{\{B-\gamma^C[(1/\tau_1)^{\varepsilon-1}B+(1/\tau_0)^{\varepsilon-1}B^*]\}}\right)>0 \tag{3A.19}$$

$$\partial\varphi_l^{I^*}/\partial\gamma^C=0 \tag{3A.20}$$

当允许企业使用外部资源支付可变成本时，随着 γ 增大，临界生产率水平 $\varphi_h^{C^*}$ 减小；$\varphi_d^{I^*}$ 增大；$\varphi_l^{I^*}$ 不受影响。在稳健模型中可将内销企业视为高密集度出口企业和低密集度一般贸易企业之间的缓冲。

2. 外需变动

当企业面临的外需变动时，反映在模型中就是 B^* 的波动。同样，在基准模型中，分别以 $\varphi_h^{C^*}$，$\varphi_l^{I^*}$ 对 B^* 求偏导，得：

$$\partial\varphi_h^{C^*}/\partial B^*=\frac{1}{\varepsilon-1}\varphi_h^{C^*}\left(-\frac{(1/\tau_0)^{\varepsilon-1}}{(1/\tau_1)^{\varepsilon-1}B+(1/\tau_0)^{\varepsilon-1}B^*}\right)<0 \tag{3A.21}$$

$$\partial\varphi_l^{I^*}/\partial B^*=$$
$$\frac{1}{\varepsilon-1}\varphi_l^{I^*}\left(-\frac{[1/(\tau_1\tau_0)^{\varepsilon-1}]-\gamma^C(1/\tau_0)^{\varepsilon-1}}{[(B^*/(\tau_1\tau_0)^{\varepsilon-1})+B]-\gamma^C[B/(\tau_1)^{\varepsilon-1}+B^*/(\tau_0)^{\varepsilon-1}]}\right) \tag{3A.22}$$

值得注意的是式(3A.22)的正负号并未确定，其取决于 γ^C 和 τ_1 的相对大小，当 $\gamma^C>1/(\tau_1)^{\varepsilon-1}$ 时，式(3A.22)符号为正；当 $\gamma^C<1/(\tau_1)^{\varepsilon-1}$ 时，式(3A.22)符号为负[式(3.11)的推导]。根据现有文献的描述，$\gamma^C<1/(\tau_1)^{\varepsilon-1}$ 的情形更符合中国当前的经济现实。因此，当国外市场需求发生波动时，B^* 下降，$\varphi_h^{C^*}$ 将会上升；$\varphi_l^{I^*}$ 也会上升，即企业通过转向关注国内市场来分散外需波动带来的冲击。

在稳健模型中，分别以 $\varphi_h^{C^*}$，$\varphi_d^{I^*}$，$\varphi_l^{I^*}$ 对 B^* 求偏导，得：

$$\partial\varphi_h^{C^*}/\partial B^*=\frac{1}{\varepsilon-1}\varphi_h^{C^*}\left(-\frac{(1/\tau_0)^{\varepsilon-1}}{(1/\tau_1)^{\varepsilon-1}B+(1/\tau_0)^{\varepsilon-1}B^*}\right)<0 \tag{3A.21}$$

$$\partial\varphi_d^{I^*}/\partial B^*=\frac{1}{\varepsilon-1}\varphi_d^{I^*}\left(-\frac{-\gamma^C(1/\tau_0)^{\varepsilon-1}}{B-\gamma^C[(1/\tau_1)^{\varepsilon-1}B+(1/\tau_0)^{\varepsilon-1}B^*}\right)>0 \tag{3A.23}$$

$$\partial\varphi_l^{I^*}/\partial B^* = \frac{1}{\varepsilon - 1}\varphi_l^{I^*}\left(-\frac{1}{B^*}\right) < 0 \tag{3A.24}$$

当国外市场需求发生波动时，B^* 下降，$\varphi_h^{C^*}$ 将会上升；$\varphi_l^{I^*}$ 也会上升，而 $\varphi_d^{I^*}$ 则会下降。行业中纯内销企业数量的增加进一步验证了贸易企业通过关注国内市场来分散外需波动带来的冲击。

3. 国内贸易成本下降

国内贸易成本的下降反映在模型中就是 τ_1 的下降。值得注意的是 τ_1 的变化会影响企业的出口密集度进而影响高密集度出口模式下的企业行为扭曲程度，即 $\partial\gamma^C/\partial\tau_1 > 0$。

为分析临界生产率水平如何变化，在基准模型中，分别以 $\varphi_h^{C^*}$，$\varphi_l^{I^*}$ 对 τ_1 求偏导，得：

$$\partial\varphi_h^{C^*}/\partial\tau_1 > 0,\ \partial\varphi_l^{I^*}/\partial\tau_1 > 0 \tag{3A.25}$$

当国内贸易成本 τ_1 下降时，临界生产率水平 $\varphi_h^{C^*}$ 将会上升；$\varphi_l^{I^*}$ 上升，即随着贸易成本的下降，更多的企业尝试开拓国际市场。

在稳健模型中，分别以 $\varphi_h^{C^*}$，$\varphi_d^{I^*}$，$\varphi_l^{I^*}$ 对 τ_1 求偏导，得：

$$\partial\varphi_h^{C^*}/\partial\tau_1 > 0,\ \partial\varphi_d^{I^*}/\partial\tau_1 < 0,\ \partial\varphi_l^{I^*}/\partial\tau_1 > 0 \tag{3A.26}$$

当国内贸易成本 τ_1 下降时，临界生产率水平 $\varphi_h^{C^*}$ 将会上升；$\varphi_l^{I^*}$ 上升，而 $\varphi_d^{I^*}$ 则下降，进一步说明了新增的贸易企业大多来自纯内销企业的转型，验证了贸易成本的下降会促使更多的企业参与国际贸易。

4. 城市化

城市化的推进带来了农村的剩余劳动力，此时不能在基准模型和稳健模型中分析城市化对企业临界生产率水平的影响，需要在包含"二元经济结构"的扩展模型中分析农村剩余劳动力涌入引致的企业行为变化。在扩展模型中，两类临界生产率水平 $\varphi_l^{I^*}$，$\varphi_h^{C^*}$ 分别由正文中式(3.18)和式(3.19)表示。其中 $\omega = \omega_s^{1-\theta}\omega_u^{\theta}$，表示加权的用工成本；$\theta$ 代表生产过程中低技能劳动力的投入占比。以 ω 对 θ 求偏导，得到：

$$\partial\omega/\partial\theta = \omega_s^{1-\theta}(-\ln\omega_s)\omega_u^{\theta} + \omega_s^{1-\theta}\omega_u^{\theta}(\ln\omega_u) = \omega\left(\ln\frac{\omega_u}{\omega_s}\right) \tag{3A.27}$$

由于 $\omega_s > \omega_u$，所以有：

$$\partial\omega/\partial\theta < 0 \tag{3A.28}$$

随着城市化水平的提高，θ 的值会相应升高，加权的用工成本相应会下降。分别以 $\varphi_h^{C^*}$，$\varphi_d^{I^*}$，$\varphi_x^{C^*}$ 对 θ 求偏导数，得：

$$\partial\varphi_h^{C^*}/\partial\theta = \left\{\frac{f_h^C}{\gamma^C[(1/\tau_1)^{\varepsilon-1}B + (1/\tau_0)^{\varepsilon-1}B^*]}\right\}^{1/(\varepsilon-1)}\frac{\partial\omega}{\partial\theta} < 0 \tag{3A.29}$$

$$\partial\varphi_l^{I^*}/\partial\theta =$$

$$\frac{1}{\varepsilon-1}\varphi_l^{I^*}\left\{-\frac{(1-\varepsilon)\omega^{-\varepsilon}B^*/(\omega\tau_1\tau_0)^{\varepsilon-1} - \gamma^C[B/(\tau_1)^{\varepsilon-1} + B^*/(\tau_0)^{\varepsilon-1}](1-\varepsilon)\omega^{-\varepsilon}}{[(B^*/(\omega\tau_1\tau_0)^{\varepsilon-1}) + B] - \gamma^C[B/(\omega\tau_1)^{\varepsilon-1} + B^*/(\omega\tau_0)^{\varepsilon-1}]}\right\}^{1/(\varepsilon-1)}$$

$$\frac{\partial\omega}{\partial\theta} < 0 \tag{3A.30}$$

随着城市化的逐步推进，农村剩余劳动力的涌入，企业的用工成本下降，临界生产率水平 $\varphi_h^{C^*}$，$\varphi_l^{I^*}$ 都会下降，更多的企业将参与生产和贸易。若考虑企业可以进行纯内销选择，则发现部分低效率的纯内销企业会吸收剩余劳动力，借助推进城市化的浪潮转型为高密集度的出口企业，参与国际贸易；而部分高效率的纯内销企业则借助吸收剩余劳动力带来的用工成本下降，在城市化进程中转型为低密集度的一般贸易企业。

第 4 章　二元经济结构与外贸转型的实证分析

4.1　引言

改革开放以来，中国积极促进二元经济融合，城镇化进程不断加快，带动农村劳动力不断向城市迁移。同时，中国对外贸易快速增长，尤其是出口导向的贸易模式让中国经济发展迅猛，那么我们不禁要问：城镇化与出口导向型贸易的变化趋势之间是否存在某种联系？农村向城市的大量转移人口是否促进了出口导向型企业的发展？

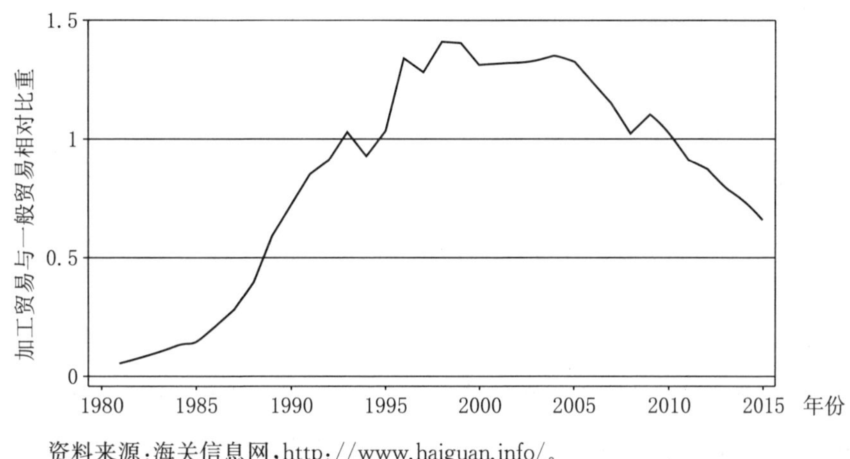

资料来源：海关信息网，http://www.haiguan.info/。

图 4.1　中国 1980—2015 年加工贸易与一般贸易出口比值

表4.1汇报了1996—2015年中国城镇化水平变化趋势，主要是年末城镇人口比重和农村人口比重两部分，图4.1汇报了中国1980—2015年加工贸易与一般贸易出口比值。从表4.1可见，二十多年来，城镇人口比重一直在上升，农村人口比重呈现下降趋势，说明城镇化水平一直呈现增长态势。由图4.1可以看出在1980—2004年间加工贸易出口占据主要地位，2004年后，一般贸易比重开始上升，但加工贸易占总出口额占比依然很高，说明中国出口导向型贸易的发展依然活跃。

表4.1　中国1996—2015年城镇化水平数据

时间（年份）	年末总人口（万人）	城镇人口（万人）	乡村人口（万人）	年末城镇人口比重(%)	年末农村人口比重(%)
1996	122 389	37 304	85 085	30.48	69.52
1997	123 626	39 449	84 177	31.91	68.09
1998	124 761	41 608	83 153	33.35	66.65
1999	125 786	43 748	82 038	34.78	65.22
2000	126 743	45 906	80 837	36.22	63.78
2001	127 627	48 064	79 563	37.66	62.34
2002	128 453	50 212	78 241	39.09	60.91
2003	129 227	52 376	76 851	40.53	59.47
2004	129 988	54 283	75 705	41.76	58.24
2005	130 756	56 212	74 544	42.99	57.01
2006	131 448	58 288	73 160	44.34	55.66
2007	132 129	60 633	71 496	45.89	54.11
2008	132 802	62 403	70 399	46.99	53.01
2009	133 450	64 512	68 938	48.34	51.66
2010	134 091	66 978	67 113	49.95	50.05
2011	134 735	69 079	65 656	51.27	48.73
2012	135 404	71 182	64 222	52.57	47.43
2013	136 072	73 111	62 961	53.73	46.27
2014	136 782	74 916	61 866	54.77	45.23
2015	137 462	77 116	60 346	56.10	43.90

资料来源：中国统计局，http://www.stats.gov.cn/。

本章从微观视角分析城镇化与出口导向型贸易之间的关系，即探讨由农村到城市的劳动力转移人口的增加与企业出口密集度（企业的出口交货值与总销售收入之比）之间的关系，并得出一个有趣的结论：城镇化水平的提高可以增加企业选择成为高出口密集度企业的概率。其中的经济学逻辑是：城镇化水平的提高为城市带来了大量低技能且廉价的劳动力供给，这些劳动力通常被一些效率低下或原本难以存活的企业所吸收，导致这些企业选择成为高出口密集度企业的概率大幅增加。

该结论具有一定的现实意义。相比发达国家,中国城镇化水平偏低,劳动力丰富且受教育程度偏低,导致一些低效率企业在吸收剩余低技能劳动力后选择成为高出口密集度企业,因此,可以得出:城镇化水平虽然有所提高,但是其中大量的剩余低技能劳动力从农村到城市的转移抑制了企业对外贸易转型升级。因此优化劳动力资源,加快推进新型城镇化以及深化供给侧结构性改革是外贸转型升级关键之所在。本章利用了2000—2007年城镇化数据和中国工业企业层面的数据,检验了城镇化水平与企业出口密集度之间的关系,并发现在控制其他影响企业出口模式因素的条件下,城镇化水平的提高确实会使企业选择成为高出口密集企业的概率增加。

与本章相关的文献可分为三类:第一类文献研究二元经济结构与城镇化。刘易斯(Lewis, 1954)论述了发展中国家现代工业部门和传统农业部门的对立。该模型后经 Ranis 和 Fei(1961)、Jorgenson(1967)、Todaro(1970)以及 Schultz(1961)等人不断完善和发展,进一步探讨了农村剩余劳动力向城市部门迁移、城市工资水平、城乡两部门发展和城市失业率的决定机制等。有关中国二元经济或是城镇化的文献也层出不穷,蔡昉(2007)指出中国是典型的以"二元经济结构"为特征的国家,劳动力无限供给是其主要特点。张桂文和袁晖光(2012)认为目前中国二元经济转型面临着产业结构升级与劳动密集型产业发展的两难抉择、资源环境与市场需求的双重约束以及市场与政府的双重失灵等诸多难点问题。郭进和徐盈之(2016)、王曦和陈中飞(2015)指出中国的城镇化发展是不完全的,城镇化水平滞后于工业化水平与经济发展地位,滞后的原因在于户籍制度与土地制度对劳动力转移的限制(Lu and Wan, 2014)。沈可和章元(2014)对中国城镇化长期落后于工业化给出一个新解释:中华人民共和国成立后优先发展重工业导致中国资本密集型的投资倾向增加。而随着工业化的发展,大量的农民工也随之进入城镇,城镇化也得到发展,城镇化和工业化一起促进了中国经济增长(万广华,2013)。Song(2014)指出拥有农村户口对劳动力意味着在城镇高薪部门的低就业率以及低工资率,特别是国有企业,这严重阻碍了劳动力从农村到城镇的转移。而且相比本地工人,农村到城市的转移人口受教育程度偏低(Knight, 2011;伍山林,2016)。

宁光杰和段乐乐(2017)提出户籍制度改革可以降低流动人口进入正规部门(国有性质)工作的门槛。从以上文献可以看出,中国二元经济结构的存在严重限制了人口流动。

第二类是在异质性贸易理论框架下分析企业的出口选择行为。经典的Melitz(2003)模型发展了一个异质性产业动态模型,分析国际贸易的产业内作用,模型显示只有高生产率的企业可以克服高额固定成本进而进入出口市场,低效率的企业选择内销或退出市场。Dai等(2016)利用中国数据,得出效率低的企业可用通过加工贸易出口,因为加工贸易固定成本较小。邱斌和闫志俊(2015)发现出口固定成本抑制了企业出口,而全要素生产率促进了企业出口。吴飞飞和邱斌(2015)研究得出,实施产品创新的企业更能满足国外消费者偏好,进而更容易进入出口市场。Helpman等(2004)基于Melitz(2003)模型,并且假定FDI的固定成本相较于出口更高,得出出口企业中效率最高的企业才能从事FDI的结论。Chaney(2016)、李志远和余淼杰(2013)通过在Melitz(2003)模型中纳入信贷约束,探讨了企业信贷约束的大小如何影响企业的出口决策。同样是从信贷约束的视角分析,Manova和Yu(2016)得出受信贷约束较小的企业倾向于选择一般贸易或进料加工。另外,在企业已经进入国外市场的条件下,Lu等(2010)、范剑勇和冯猛(2013)发现和发达国家不同,中国出口密集度高的企业反而生产率越低。田巍和余淼杰(2013)指出中间品关税的下降通过影响企业进口品种类而显著提高了企业出口密集度。施炳展等(2013)、刘晴等(2014)、Defever和Riano(2017)发现中国多是高出口密集度企业,原因在于高出口密集度企业可以享受到国家的补贴(信贷和税收优惠)。但是政府的补贴行为扭曲了出口市场上的资源配置(钱学锋等,2016)。以上这类文献多是从固定成本的角度分析异质性企业的出口选择行为。

第三类文献主要探讨了出口企业的对外贸易转型升级行为。外贸转型升级涉及内容繁多,现有文献并没有统一的定义。首先Humphrey和Schmitz(2000)认为,企业升级分为以下四种:过程升级、产品升级、功能升级和跨部门的升级。刘晴和徐蕾(2013)考虑到中国的特殊贸易模式,将加工贸易企业和"二元经济结构"纳入经典的异质性企业贸易模型,探讨了加工贸易企业的转型升级行为。马述忠等(2017)将来料加工和进料加工贸易方式纳入Carluccio和

Fally的理论模型，得出生产率高以及融资约束较小的企业选择从事全球价值链较高环节的进料加工，而低生产率的企业选择从事低环节的来料加工。Brandt和Morrow(2017)指出中国贸易方式由加工贸易转向一般贸易主要由于投入品关税的下降。林立(2012)强调加工贸易转型升级关键在于技术创新。Bustos(2011)指出只有生产率最高的企业才能采用最先进的技术，并且发现贸易自由化会使出口收入的增加多于国内收入的减少，导致有更多企业选择技术升级。此外，与本章相似，从企业对出口密集度选择的角度讨论外贸转型升级的有：Tian和Yu(2015)发现中间投入品关税的下降通过节省成本引致更多企业出口，同时也导致已经出口的企业增加它们的出口密集度；刘晴等(2017)将银行融资约束和异质性企业对贸易方式的选择行为纳入Manova(2013)的分析框架，得出融资约束虽然不会抑制企业出口，却抑制了部分加工贸易企业的转型升级，阻碍了高出口密集度企业向低出口密集度企业的转型升级。

与上述文献不同，本章考虑的是二元经济结构与外贸转型升级的关系。刘晴等(2013)与本章关注点最为相似，同样考虑到中国存在"二元经济结构"的背景与外贸转型升级，刘晴等(2013)指出加工贸易可以吸收二元经济结构中的剩余低技能劳动力来改善社会福利水平，但本章重点分析的是低技能劳动力在城乡之间的转移如何抑制了高出口密集的企业向低出口密集度企业的转型升级，即研究城镇化水平的变化对企业转型升级的影响机制。

本章的贡献包括以下三个方面：第一，本章在考虑了中国存在"二元经济结构"的事实，控制了企业异质性指标的情形下，对城镇化水平的变化对企业转型升级的影响机制进行了经验分析。第二，从劳动力角度对企业转型升级提出意见。目前，已有学者分析融资约束、技术创新等对企业转型升级的影响，但鲜有学者分析二元经济、城镇化发展与企业转型升级之间的关系，即劳动力转移对企业转型升级的影响。第三，是中国经济"供给侧"改革的重要内容。目前中国仍处在全球价值链的底端，想要从贸易大国晋级为贸易强国，再继续实施出口导向型战略恐怕已经不适宜中国现阶段的发展，通过对经济进行供给侧结构性改革，即"提高供给体系质量和效率"，增强经济持续增长动力，从出口导向型战略转向国内外兼顾，从而真正实现经济的平衡发展。

本章结构安排如下：4.2节为二元经济、城镇化与贸易之间的关联机制分析;4.3 节是城镇化与企业转型升级的经验分析;4.4 节是结论与针对本章提出的问题给出的政策建议。

4.2 机制分析

本书第 3 章将"二元经济结构"与"高密集度出口模式"引入异质性企业模型,并得出低效率的企业通过吸收剩余低技能劳动力选择高出口密集度方式出口。由于第 3 章专注于抽象的理论分析,缺乏详细的文字说明,而本章将利用文字具体详细地阐述二元经济结构与企业转型升级的机制。

国际贸易在全球范围内进行要素的重新配置,是联系国内市场与国外市场的重要纽带,它与城镇化一样推动了资源在产业和空间维度的流动。城镇化进程中,资源的流动仅仅局限于从农村向城市、从农业向非农业,逆向的流动十分微弱,国际贸易不受此限制,资源可在不同地域范围、不同产业间内流动。由于城镇化与国际贸易均代表了资源的配置效率,所以二者在理论上必然存在着某种联系。

4.2.1 二元经济和城镇化的特点

二元经济结构意味着大量的农村剩余劳动力、较低的人力资本、巨大的城乡收入差距以及狭窄的国内市场。赫克歇尔—俄林(Heckscher and Ohlin, 1933)理论表明一国的要素禀赋(Factor Endowment),即一国所拥有的生产要素的相对比率决定了生产要素的相对价格,所以在产品生产技术和各种要素投入比例既定的情况下,生产要素的相对价格就决定了产品的生产成本和价格水平,进而决定了某种产品在不同国家间的价格比较优势和贸易格局。该理论强调了不同国家的要素禀赋、产业选择以及对外贸易格局之间的关系,指出一个经济体的产业结构和出口贸易结构内生决定于该时点上各生产要素的相对充裕度。因此,二元经济结构背景下,中国大量农村剩余劳动力导致的生产要素成本低廉,是中国在劳动密集型相关产业上具有比较优势的重要来源。

大量剩余劳动力的存在也会导致工资收入增长缓慢,近年来中国劳动收入在国民收入内的比重日益下降,即相对于中国 GDP 的高速增长,人们却变得越来越穷了，对产品的需求创造功能无法充分发挥，从而造成国内市场狭窄。改革开放以来，中国经济社会得到了快速的发展，但资源匮乏、内需不足等局面仍然存在，发展处于工业化中期、部分地区甚至处于工业化初期的状况本质上没有改变。而且由于国内市场的增长受到较大局限，不少制造业行业处于产能过剩状态，单纯依赖国内市场很难解决产能释放以及由此带来的劳动力就业问题。

二元经济向一元经济转换的过程就是城镇化的发展过程，城镇化会释放大量的农村剩余劳动力，也会带动中国新一轮的建设和大量的就业需求、资金需求和产业发展需求。首先，城乡收入的巨大差距会吸引大量农村人口进入城镇，从而产生较大的就业需求。这些剩余劳动力基本上属于低技能劳动力，而城镇的就业要求劳动者具备一定的人力资本。长期来看，可以通过教育和培训来提高劳动者的人力资本水平，但是在短期内，劳动者的人力资本若不能满足雇主的要求就会导致结构性失业。其次，城镇化过程中不仅要向相应的劳动力支付工资，还需要进行大量的工业投资、基础设施建设等，因而也带来了资金的大量需求。对此，除了可以依靠自身积累缓解资金紧张之外，还可以通过利用外资等方式来满足。最后，城镇化是工业化在人口空间分布上的反馈和体现，城镇化的过程涉及技术选择等产业发展的一系列问题，产业集聚带来的规模经济效应能够促进城镇化的发展。

4.2.2　出口导向型贸易的特点

拉动经济增长的三驾马车有消费、出口和投资，尤其是在过去 40 年来中国一直实行出口导向型战略，使中国经济飞速增长。出口导向型贸易正好可以达到促进出口工业的发展、促进出口产品的多样化、达到增加外汇收入和促进经济增长的目的。中国出口导向型贸易模式主要以技术含量较低的加工贸易为主。

中国出口导向型贸易的特点及其对经济发展的作用体现在以下几个方面：第一，出口导向型贸易模式大多处于依赖简单劳动与资本的低附加值、低技术和低资源的制造行业，其对于劳动者的学历、技术和经验等要求不高，可以帮助解决大批农民工就业的问题。所以，出口导向型战略对中国的城镇化发展起到了重要作用。第二，外资企业是我出口导向型企业的主力军，因为外资企业可以在中国享受政策优惠，而且中国有充裕的劳动力资源。但从事出口导向型贸易模式的外资企业往往效率低下。第三，由于中国具有劳动力丰富、要素成本低廉和制造业基础较好等优势，以加工贸易为主的出口导向型贸易模式是承接国际产业转移的重要载体。

4.2.3 二元经济、城镇化与出口导向型贸易的供求匹配关系

二元经济结构的转化不可避免地对中国生产要素市场产生重要影响，而要素禀赋是中国产业结构选择的重要基础，那么以产业结构为基础的中国出口贸易结构，也必然会随着要素资源格局变化引发的产业结构调整而出现相应的变化。生产要素的流动、积累和重新配置会带来生产要素的供给、效率和成本的变化，这些可以直接作用于企业的生产结构和竞争策略，进而影响产业结构以及对外贸易。

结合以上分析不难发现，由于二元经济、城镇化与出口导向型贸易各自的特点，它们在就业、资金、产业发展等方面恰好能够进行相关的供需匹配，而且姚洋和余淼杰(2009)提出中国的出口导向战略是由目前的人口特征与低城镇化率共同决定的结果。与发达国家相比，中国城镇化率偏低，且农村有大量剩余劳动力，致使国内消费不足，不得不依赖国际市场，实施出口导向型战略。本节用图 4.2 简单总结二者之间存在的联系。

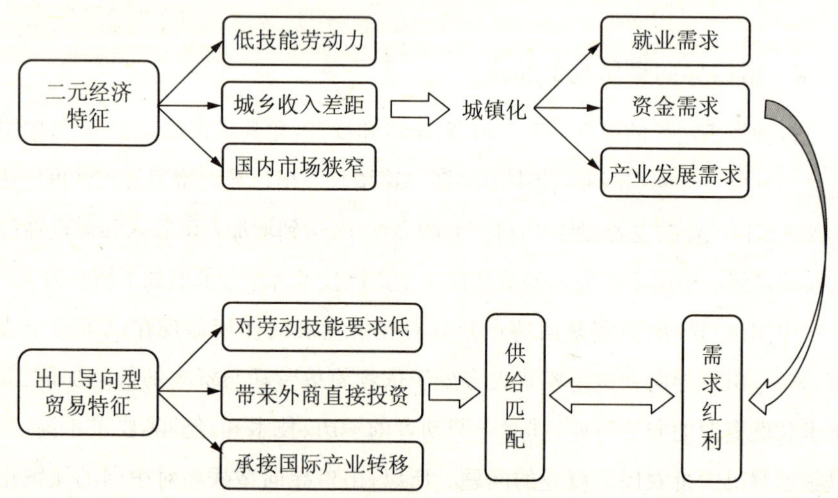

图 4.2 二元经济、城镇化与出口导向型贸易联系

根据图4.2,二元经济、城镇化与出口导向型贸易之间的联系可以总结为:在城镇化发展的过程中会产生大量的需求红利,促进出口导向型贸易的发展,而出口导向型企业在接受大量转移低技能劳动力的同时,也会反过来促进城镇化的发展。同时,由于中国存在区域发展不平衡的现象,出口导向型企业大多分布在东部沿海地区,而且东部省份的城镇化水平也较高,因此,城镇化水平的发展对不同地区的企业可能会有不同程度的影响。下文将对城镇化水平与出口导向型企业之间的相关性进行细致的经验分析。

4.3 实证分析

4.3.1 数据来源

本节企业微观数据来源于2000—2007年中国工业企业数据库,2000—2007年城镇化水平的数据来源于《中国统计年鉴》。中国工业企业数据库由国家统计局建立,涵盖了所有的国有企业与年主营业务收入在500万元以上的非国有企业,2000—2007年的工业企业数据库包含了近190万个样本观测值,包含了企业登记注册类型、企业区位、企业年龄、所属行业、出口交货值、主营业务收入、营业利润、职工工资等企业基本情况和财务数据方面的详细信息,其中以2004年的数据最为全面,涵盖了企业的新产品产值、职工的不同学历、不同职称等信息。但是工业企业数据库不包括企业生产率的数据,不过可以根据已知信息进行计算。

4.3.2 数据处理及指标选取

1. 数据处理

首先,对2000—2007年的工业企业数据库与31个省的城镇化数据进行匹配。由于工业企业数据库存在测度误差明显、指标缺失、指标大小异常等若干问题,为排除数据库中的异常数据对实证结果的干扰,本部分根据余淼杰和智琨(2016)的做法以及国际会计准则,对数据进行了以下处理:删除满足下列条件的样本:(1)就业人数小于8;(2)实收资本、利息支出、固定资产净值年均余额、工业总产值、总销售收入、出口交货值、工业增加值中至少有一项为负;

(3)出口交货值大于总销售收入;(4)工业增加值大于工业总产值;(5)总资产小于流动资产;(6)总资产小于固定资产净值;(7)累计折旧小于当年折旧。处理后的数据包含了1 894 543个观测样本。

2. 指标选取

(1) 被解释变量。

用*highexpint*表示企业出口密集度的二元哑变量,根据Defever和Riano(2017)所述,在企业的出口额超过销售额70%的情况下,企业可享受到地方所得税和企业所得税税率的减免,因此本部分定义出口密集度大于70%,企业为高出口密集度模式,是出口导向型企业,*highexpint*为1,反之为0。

(2) 解释变量。

不同学者对城镇化水平测度有不同的见解。目前,城镇化被划分为人口城镇化、经济城镇化、社会城镇化等多个层次的内容,除了人口城镇化外,其他城镇化水平的测度受到较大争议。而且考虑到本部分研究的问题,笔者认为用人口城镇化来反映二元经济结构转换程度的城镇化水平比较合适。本部分借鉴了王曦和陈中飞(2015)的做法,用年末城镇人口数占总人口的比重(*urb*)来表示人口城镇化。前面提到中国城镇化水平落后于工业化和经济发展水平,因此参考孙久文和周玉龙(2015)的做法,用非农产业就业人口比重(*nagr*),即二三产业就业人数占总就业人数的比值作为城镇化水平的不同测度。

(3) 控制变量。

现实情况中,影响企业出口密集度的因素很多,本部分不能一一加入。因此,只选择了以下几个具有代表性的控制变量。标准化的企业生产率(*tfp*),根据多数学者的结论:相比低出口密集度企业,高出口密集度企业的生产率反而更低(李春顶,2010;刘晴,2014; Lu et al., 2010),预期该指标系数为负。企业规模(*scale*),借鉴Bernard和Jensen(1999)的做法,以对数化从业人员数量衡量企业规模。根据第3章理论分析可知,中国出高出口密集度企业更依赖于大量的低技能劳动力,因而企业从业人员越多,越有可能是高出口密集度企业,预期该指标估计系数为正。资本劳动比(*lnklratio*),即总资产与劳动力的比值,并取对数处理,资本劳动比可以反映企业的要素密集程度。根据传统的H-O理论,中国是劳动力丰裕型国家,因此劳动密集度越高的企业,越倾向于选择高出口密集度出口方式。是否外资企业(*foreign*),当企业是外资企业时,*foreign* 为 1,反之为 0。由于中国对外资企业实行税收减免政策,且劳动力充沛,因此一些低效率的外资企业很有可能选择在中国从事高出口密集度贸易方式,余森杰(2012)也强调,中国 58%的加工企业是外资企业,因此预计系数为正。

综上,本部分选取的变量指标可以总结如表 4.2。

表 4.2　变量说明

变量	样本量	均值	标准误	最小值	最大值	变量解释
highexpint	1 831 535	0.162	0.368	0	1	高出口密集度企业虚拟变量
urb	1 767 965	49.343	14.085	17.695	86.800	年末城镇人口比重
nagr	1 767 965	62.275	14.131	23.500	94.496	非农业就业人口比重
tfp	1 770 334	0.012	0.036	0	1	标准化的企业生产率
scale	1 770 391	4.805	1.079	2.773	12.145	对数化从业人员
ln *klratio*	1 767 728	4.937	1.089	−7.279	14.219	对数化资本劳动比
foreign	1 831 535	0.126	0.332	0	1	外资企业虚拟变量

4.3.3　回归模型及估计策略

1. 回归模型

为估计城镇化水平对企业出口密集度的影响,设立如下回归模型:

$$highexpint_{ijp} = \beta_0 + \beta urb_{ijp} + \delta X + \varepsilon_{ijp} \tag{4.1}$$

被解释变量 *highexpint* 表示企业出口密集度的哑变量,下标 i、j 和 p 分别表示企业、行业和省份,出口密集度介于 0.7 到 1 之间,*highexpint* 为 1,否则为 0。解释变量 *urb*(年末城镇人口占总人口比重)表示省级城镇化水平,X 表示其他控制变量,如 *tfp*(标准化的企业生产率)、*scale*(企业规模)、*lnklratio*(资本劳动比)等,ε_{ijp} 为随机扰动项。由于线性概率模型可能会出现被解释变量大于 1 或者小于 0 的情况,因此本部分以线性概率模型回归结果作为初步回归,主要回归方法为 Logit 回归。

2. 估计策略

为更好地分析城镇化如何影响企业出口密集的选择,本部分将采取如下策略,解决回归中可能出现的问题。

首先是遗漏变量问题。由于影响企业采取何种贸易模式的因素很多,除了上文提到的控制变量，企业还可能由于所处行业、省份等的不同，而选择不同的贸易模式。因此，本部分在所有回归中都控制了年份固定效应、省份固定效应以及行业固定效应，又逐步控制了 *tfp*、*scale* 等企业异质性指标。

其次，关键变量的测度误差问题。与发达国家相比，中国城镇化水平长期存在滞后现象，用年末城镇人口比重衡量城镇化水平（*urb*）可能存在误差。因此，本部分用非农业就业人口比重（*nagr*）代表城镇化水平进行稳健性检验。

再次，模型误设问题。常用的二值选择模型包括 Logit 模型和 Probit 模型，本部分使用 Logit 模型作为基准检验，同时使用 Probit 模型作为稳健性检验。

最后，考虑企业异质性的影响，异质性企业受到城镇化水平的影响可能不尽相同，致使企业会选择不同的出口模式。因此，本部分拟加入城镇化水平与企业异质性指标（*tfp*、*foreign*、*scale*）的交互项来进行稳健性检验。

4.3.4 回归结果

1. 基准回归

本部分首先使用 OLS 进行线性概率模型（LPM）估计，回归结果见表 4.3。

表 4.3 企业出口密集度与城镇化水平 LPM 回归结果摘要

变 量	(1) highexpint	(2) highexpint	(3) highexpint	(4) highexpint	(5) highexpint
urb	0.000 1 (0.000 1)	0.000 1 (0.000 1)	0.000 2 (0.000 1)	0.000 1 (0.000 1)	−0.000 3* (0.000 1)
tfp		−0.088 9*** (0.006 8)	−0.216 9*** (0.006 9)	−0.181 6*** (0.007 6)	−0.191 1*** (0.007 4)
scale			0.039 8*** (0.000 2)	0.038 4*** (0.000 2)	0.033 1*** (0.000 2)
ln *klratio*				−0.023 4*** (0.000 2)	−0.031 5*** (0.000 2)
foreign					0.202 0*** (0.001 1)
年份固定效应	是	是	是	是	是
省份固定效应	是	是	是	是	是
行业固定效应	是	是	是	是	是
N	1 767 965	1 767 909	1 767 909	1 765 368	1 765 368
R^2	0.169 9	0.170 0	0.184 6	0.190 3	0.218 5

注：括号内为稳健性标准误；*、**、***、分别表示 10%，5%，1%水平上显著。

表4.3前四列城镇化水平的 *urb* 系数为正，但统计上不显著，第五列系数显著为负，与本部分前面讨论的结果相反，这是由于线性概率模型可能出现错误估计被解释变量 *y* 的情形（*y* 的估计值大于1或小于0）。但控制变量的系数非常显著，且符合预期。因此对于线性概率模型的估计结果本部分只是当作参考。下面本部分用Logit模型估计，企业出口密集度与城镇化水平回归结果如表4.4所示。

表4.4　企业出口密集度与城镇化水平(*urb*)Logit回归结果摘要

变　量	(1) highexpint	(2) highexpint	(3) highexpint	(4) highexpint	(5) highexpint
urb	0.014 1*** (0.002 8)	0.014 0*** (0.002 8)	0.011 7*** (0.002 8)	0.005 6* (0.002 9)	0.005 5* (0.002 9)
tfp		−0.738 8*** (0.089 7)	−2.491 7*** (0.105 0)	−2.954 58*** (0.107 2)	−2.121 5*** (0.106 5)
scale			0.408 5*** (0.002 4)	0.372 0*** (0.002 4)	0.349 4*** (0.002 5)
foreign				1.324 2*** (0.007 1)	1.452 0*** (0.007 5)
ln *klratio*					−0.300 6*** (0.002 8)
年份固定效应	是	是	是	是	是
省份固定效应	是	是	是	是	是
行业固定效应	是	是	是	是	是
N	1 767 965	1 767 909	1 767 909	1 767 909	1 765 368
(拟)R^2	0.205 3	0.205 4	0.226 4	0.252 6	0.263 4

注：括号里为稳健性标准误。*、**、***分别表示10%，5%和1%水平上显著。

表4.4所有回归结果的被解释变量为企业出口密集度是否大于0.7的二元哑变量。第一列解释变量 *urb* 系数显著为正，因此认为城镇化水平的提高可以增加企业选择成为高出口密集度企业的概率，表示一部分原先不能存活的企业随着低技能劳动力的涌入，以高密集度出口的方式从事生产经营活动，与第3章理论分析结果相符。第二列回归中控制了企业生产率，结果显示生产率系数显著为负，说明生产率较低的企业通常出口密集度越高，与刘晴等(2014)结果一致，并且可以解释李春顶(2010)提出的“生产率悖论”现象。第三列回归控制了企业规模 *scale*，其系数显著为正，这是由于劳动密集型企业的出口较多，因此劳动力丰富的企业越倾向于从事高出口密集度贸易。后两列回归依次加入是

否外资企业 *foreign*、对数化资本劳动比 ln *klratio*，结果显示 *foreign* 系数正向显著，表明外资企业多是利用中国的劳动力优势从事高出口密集度贸易模式，ln *klratio* 负向显著同样是因为中国高出口密集度企业以劳动密集型为特征，劳动密集度高的企业在国外市场的竞争性反而小于国内市场，因此劳动密集型企业倾向于选择高出口密集度贸易模式，符合 H-O 理论的预期。

总之，表 4.4 的回归结果完全符合本部分的预期，且逐步加入控制变量后，城镇化水平与企业选择成为高出口密集度企业的可能性之间的正相关关系依然稳健。

2. 稳健性检验

(1) 城镇化水平的不同测度。

不同于发达国家，中国城镇化水平存在滞后现象，这主要是因为户籍制度的存在。因此，用城镇人口比重作为衡量城镇化的指标会可能会对城镇化水平有所低估。由于城镇化不但是农村人口向城市的迁移，也是第二、三产业向城市的集聚，因此，本部分用第二、三产业就业人口比重作为城镇化水平的不同测度进行稳健性检验。回归结果如表 4.5 所示。

表 4.5 企业出口密集度与城镇化水平(*nagr*)回归结果摘要

变　量	(1) highexpint	(2) highexpint	(3) highexpint	(4) highexpint	(5) highexpint
nagr	0.006 0***	0.006 1***	0.007 8***	0.007 3***	0.004 4**
	(0.001 7)	(0.001 7)	(0.001 7)	(0.001 7)	(0.001 7)
tfp		−0.741 2***	−2.494 2***	−2.957 0***	−2.123 7***
		(0.089 7)	(0.105 0)	(0.107 2)	(0.106 5)
scale			0.408 6***	0.372 2***	0.349 5***
			(0.002 4)	(0.002 4)	(0.002 5)
foreign				1.324 3***	1.452 1***
				(0.007 1)	(0.007 5)
ln *klratio*					−0.300 6***
					(0.002 8)
年份固定效应	是	是	是	是	是
省份固定效应	是	是	是	是	是
行业固定效应	是	是	是	是	是
N	1 767 965	1 767 909	1 767 909	1 767 909	1 765 368
(拟)R^2	0.205 3	0.205 4	0.226 4	0.252 7	0.263 4

注：括号里为稳健性标准误。*、**、*** 分别表示 10%，5%和 1%水平上显著。

表4.5回归结果显示，用二、三产业就业人口比重 *nagr* 回归后，*nagr* 的系数在统计上依然显著，但系数值小于 *urb* 回归结果，即同样是提高增加企业选择成为高出口密集度的概率，但人口城镇化率的影响更大。下面本部分用 Probit 回归方法对城镇化水平与企业出口密集度之间的关系进行稳健性检验。

(2) 使用不同的估计模型。

对于非线性模型来说，用 Logit 估计方法更加灵活、易解释，但 Probit 估计也不失为一种好办法。因此，本部分更换 Probit 估计方法以检验结果是否稳健，结果如表4.6所示。

表4.6 城镇化水平与企业出口密集度 Probit 回归结果摘要

变量	(1) highexpint	(2) highexpint	(3) highexpint	(4) highexpint	(5) highexpint
urb	0.007 6*** (0.001 5)	0.007 5*** (0.001 5)	0.006 6*** (0.001 5)	0.003 0** (0.001 5)	0.002 8* (0.001 5)
tfp		−0.480 1*** (0.048 9)	−1.342 7*** (0.057 5)	−1.604 3*** (0.058 3)	−1.204 2*** (0.058 4)
scale			0.213 0*** (0.001 3)	0.195 2*** (0.001 3)	0.181 8*** (0.001 4)
foreign				0.762 1*** (0.004 0)	0.823 7*** (0.004 1)
ln *klratio*					−0.155 4*** (0.001 5)
年份固定效应	是	是	是	是	是
省份固定效应	是	是	是	是	是
行业固定效应	是	是	是	是	是
N	1 767 965	1 767 909	1 767 909	1 767 909	1 765 368
(拟)R^2	0.205 0	0.205 2	0.224 2	0.252 3	0.262 1

注：括号里为稳健性标准误。*、**、*** 分别表示10%，5%和1%水平上显著。

表4.6将 Logit 估计方法更换为 Probit 估计方法，而且保持被解释变量、解释变量和控制变量与 Logit 估计方法相同。结果显示，利用 Probit 方法进行回归，结果依然稳健，但是解释变量系数估计值小于 Logit 回归结果。这是因为 Probit 模型采用正态累计分布函数，Logit 模型是逻辑分布的累积分布函数，两种模型分布函数的差异导致了回归结果的差异。

(3) 检验企业异质性的影响。

表4.7在回归中引入城镇化水平与企业异质性指标（*tfp*、*scale*、*foreign*）

的交互项，检验城镇化水平对异质性企业的不同影响。

表 4.7 引入交互项的城镇化水平与企业出口密集度回归结果摘要

变 量	(1) highexpint	(2) highexpint	(3) highexpint	(4) highexpint
urb	0.006 4 **	−0.032 5 ***	0.007 9 ***	−0.029 5 ***
	(0.002 9)	(0.003 1)	(0.002 9)	(0.003 1)
urbtfp	0.054 7 ***			0.034 5 ***
	(0.007 7)			(0.008 0)
urbscale		0.007 1 ***		0.007 2 ***
		(0.000 2)		(0.000 2)
urbforeign			−0.007 3 ***	−0.008 5 ***
			(0.000 5)	(0.000 5)
tfp	−5.125 3 ***	−2.143 5 ***	−2.116 2 ***	−4.028 6 ***
	(0.436 7)	(0.107 2)	(0.106 6)	(0.446 3)
scale	0.349 6 ***	−0.031 6 **	0.350 0 ***	−0.035 9 **
	(0.002 5)	(0.011 4)	(0.002 5)	(0.011 4)
foreign	1.451 6 ***	1.448 8 ***	1.859 6 ***	1.919 0 ***
	(0.007 5)	(0.007 5)	(0.031 1)	(0.031 4)
ln *klratio*	1.451 6 ***	1.448 8 ***	1.859 6 ***	1.919 0 ***
	(0.007 5)	(0.007 5)	(0.031 1)	(0.031 4)
年份固定效应	是	是	是	是
省份固定效应	是	是	是	是
行业固定效应	是	是	是	是
N	1 765 368	1 765 368	1 765 368	1 765 368
(拟)R^2	0.263 5	0.264 3	0.263 6	0.264 5

注：括号里为稳健性标准误。*、**、*** 分别表示 10%，5%和 1%水平上显著。

表 4.7 第一列引入城镇化水平 *urb* 与企业生产率的交互项 *urbtfp*，其系数显著为正，说明给定其他条件不变，不同的城镇化水平对于生产率相同的企业有不同程度的影响，生产率水平相同的企业在城镇化水平高的地区选择成为高出口密集度企业的概率更大。这个结论可以解释中国出口贸易的“生产率悖论”现象。已有大量学者得出，“生产率悖论”的之所以存在是由于中国存在大量加工贸易企业，加工贸易企业的快速发展一方面是由于国家的政策支持，另一方面就是充裕的劳动力供给。因此，在城镇化水平高的地区，企业更容易选择高出口密集贸易模式。第二列加入城镇化水平与企业规模 *scale* 的交互项，系数显著为正，表明规模越大的企业，受到城镇化水平提升的影响越明显。第三列引入城镇化水平与是否外资企业的交互项，系数显著为负，这说明在城

镇化水平高的地区，外资企业倾选择成为高出口密集度企业的概率减小。最后一列加入所有交互项，结果仍然稳健。

（4）分样本回归。

考虑到中国对外贸易的发展在不同区域上很不平衡，所以为了更好揭示中国对外贸易模式与城镇化水平的关系，接下来分别对中国东部、中西部地区的企业出口密集度与城镇化水平的关系做了相关回归，结果如表4.8所示。

表4.8　分区域城镇化水平与企业出口密集度回归结果摘要

变　量	(1) 东部地区	(2) 中西部地区
urb	0.001 1 (0.003 4)	0.020 1*** (0.005 8)
tfp	−1.855 2*** (0.109 8)	−6.461 3*** (0.508 6)
scale	0.374 6*** (0.002 7)	0.133 5*** (0.007 7)
ln *klratio*	−0.298 4*** (0.002 9)	−0.275 3*** (0.008 9)
foreign	1.431 4*** (0.007 8)	1.634 9*** (0.025 9)
年份固定效应	是	是
省份固定效应	是	是
行业固定效应	是	是
N	1 240 112	525 047
(拟)R^2	0.227 3	0.171 4

注：括号里为稳健性标准误。*、**、***分别表示10%，5%和1%水平上显著。

表4.8第一列是东部地区企业出口密集度与城镇化水平的回归，在给定其他条件不变的情形下，*urb* 系数为正但不显著，第二列是中西部地区企业出口密集度与城镇化水平的回归，*urb* 系数显著为正。对这个现象可能的解释是：东部地区本身城镇化水平较高，且出口导向型企业大都集中在东部地区，因此存在以下两种情况共同导致 *urb* 系数不显著：第一，东部地区城镇化水平变化幅度较小，即可供转移的剩余劳动力很少；第二，城镇化水平的再提升对企业选择的影响微乎其微，这两点也为东部地区正在或已经出现刘易斯拐点提供了证据。而中西部地区城镇化水平较低，城镇化水平对企业的边际影响较大。

(5) 利用 2004 年数据检验内在影响机制。

前文提到城镇化水平影响企业选择高出口密集度贸易模式的内在机制是:城镇化水平提升的过程也是劳动力由农村向城市转移的过程,且这些劳动力大多是受教育水平较低的劳动力,更容易被一些效率低下的企业吸收,导致这些效率低下的企业更倾向选择高出口密集度贸易模式。为验证这种内在机制,本部分利用工业企业数据库 2004 年的数据进行回归,2004 年的数据包含了企业职工的详细信息。结果如表 4.9 所示。

表 4.9 引入交互项的城镇化水平与企业出口密集度回归结果摘要

变　量	(1) highexpint	(2) highexpint
urbskill	0.004 1***	
	(0.000 6)	
nagrlow		0.003 4***
		(0.000 6)
urb	−0.011 4**	
	(0.005 0)	
nagr		−0.008 6*
		(0.004 8)
lowskill	0.119 5***	0.112 3**
	(0.038 1)	(0.044 7)
tfp	−2.539 3***	−2.534 8***
	(0.402 2)	(0.402 4)
labor	0.006 3	0.003 1
	(0.023 9)	(0.023 9)
foreign	1.535 5***	1.534 8***
	(0.019 4)	(0.019 4)
ln *klratio*	−0.278 7***	−0.279 5***
	(0.007 2)	(0.007 2)
年份固定效应	是	是
省份固定效应	是	是
行业固定效应	是	是
N	245 028	245 028
(拟)R^2	0.265 0	0.264 9

注:括号内为稳健性标准误;*、**、***、分别表示 10%,5%,1%水平上显著。

表 4.9 第一列在保持原有自变量和控制变量的基础上,引入对数化的企业低技能劳动力数量(高中及高中以下)*lowskill* 以及城镇化水平与对数化低

技能劳动力数量的交互项。回归结果发现，城镇化水平与低技能劳动力数量交互项的系数为正，并在统计上显著，说明低技能劳动力数量多的企业更容易受到城镇化水平的影响，致使其倾向于选择高出口密集度贸易模式。第二列用二、三产业就业人口比重代替年末城镇人口比重衡量城镇化水平，结果依然稳健。

(6) 外贸转型升级的不同衡量。

前文提到，外贸转型升级有多种衡量方式，本部分已经用企业是否是高出口密集度出口模式作为回归被解释变量衡量企业是否进行了转型升级。下面本部分用企业的其他表现(是否出口、职工工资、是否进行创新、主营业务收入)作为被解释变量进行回归，结果如表4.10所示。

表4.10　城镇化水平与企业各种表现回归结果摘要

变　量	(1) export	(2) lnwage	(3) innovate	(4) lnzysr
urb	−0.011 6***	−0.003 9***	−0.007 0***	−0.005 5***
	(0.002 0)	(0.000 3)	(0.002 3)	(0.001 0)
tfp	−0.538 1***	0.731 0***	0.600 8***	0.939 4***
	(0.078 1)	(0.019 9)	(0.100 9)	(0.022 1)
scale	0.709 5***	0.034 7***	0.604 3***	0.743 4***
	(0.002 1)	(0.000 4)	(0.002 9)	(0.003 1)
ln *klratio*	0.048 4***	0.185 1***	0.395 0***	0.351 1***
	(0.002 1)	(0.000 4)	(0.003 2)	(0.002 2)
foreign	1.581 6***	0.213 3***	−0.232 3***	−0.010 8***
	(0.006 8)	(0.001 5)	(0.011 2)	(0.004 0)
年份固定效应	是	是	是	是
省份固定效应	是	是	是	是
行业固定效应	是	是	是	是
N	1 765 368	1 655 877	1 502 039	1 127 451
(拟)R^2	0.254 9	0.388 7	0.167 0	0.382 4

注：括号里为稳健性标准误。*、**、***分别表示10%，5%和1%水平上显著。

表4.10第一列回归被解释变量*export*为企业是否出口的二元虚拟变量，若企业出口，则*export*取1，反之为0，回归方法为Logit方法。结果显示，在给定其他条件不变的情形下，*export*系数显著为负，说明城镇化水平的提高抑制出口企业数量的增加，一方面是因为城镇化水平的提高加快了人口流动，从而拉动了内需，使出口企业减少；另一方面说明这个结果符合第3章的理论分

析结果，即低技能劳动力涌入带来的用工成本下降使得一部分高效率的高密集度出口企业转为内销，一部分高效率的纯内销企业则转为低密集度出口企业，但总体上表现为出口企业数量减少。第二列回归被解释变量分别为对数化的职工工资，回归结果显示 *urb* 有负向显著系数，说明城镇化水平的提升对企业职工工资的提升有抑制作用，这是因为，城镇化水平的提升使劳动力市场竞争加剧，会促使企业压低职工工资。第三列回归被解释变量是企业是否有新产品产值，即企业是否进行了创新，若有，则二元虚拟变量 *innovate* 取 1，回归方法为 Logit 回归。结果显示，给定其他条件不变，城镇化水平的提升抑制了企业创新，林炜(2013)用新产品产值衡量企业创新能力，结果发现劳动力成本的上升显著提升了企业创新能力。而城镇化水平的提升会使劳动力市场竞争加剧，对企业职工工资水平有抑制作用。因此，城镇化水平的提升会带来企业创新能力的下降。第四列回归被解释变量为对数化主营收入，回归结果发现，*urb* 系数仍然显著为负，说明城镇化水平的提升对企业销售收入存在抑制作用。

总体来看，表 4.10 的回归结果表明城镇化水平的提升虽然可以拉动内需，降低用工成本，却对企业职工工资、创新、销售收入带来不利影响，从侧面反映了城镇化水平了提升抑制了企业对外贸易转型升级。

4.3.5 讨论：福利效应

本部分主要是城镇化水平对企业出口密集度选择的实证研究，包括基准回归和稳健性检验。稳健性检验中通过更换不同解释变量、更换估计方法、检验企业异质性的影响、分样本回归等多种方法，得到符合第 3 章理论分析的结果，即从农村到城镇转移的大量低技能劳动力被低效率的企业吸收后，降低了企业的可变贸易成本，企业以高密集度出口的方式从事生产经营活动，而且随着城镇化水平的提升，内需会增大，出口企业减少，劳动力市场的竞争加剧也会对企业职工工资、创新、销售收入带来不利影响。总体来说，目前中国城镇化发展还很不成熟，只是人口的城镇化，在一定程度上反而抑制了外贸转型升级。

目前关于城镇化发展与贸易之间关系的相关研究较少，本部分通过研究发现城镇化在发展的过程中促进了出口导向型贸易的发展。城镇化对经济增长的作用有目共睹,结合本部分来看,城镇化水平的提升存在以下两种福利效应:第一,提高劳动力工资水平,提升劳动力生活质量。城镇化水平的提升是农村劳动力向城镇转移的结果,而劳动力之所以转移是城镇预期工资高、基础设施完善、生活资料供应充足等,因此,城镇化的发展加快了二元经济向一元经济的转换过程,提升了劳动力的福利水平。第二,扩大内需。农村转移人口在城镇生产率得到提升,带来工资水平的上涨,增强了转移人口的消费能力,可以说消费规模的提升是农民市民化的必然结果,这种福利效应也在本部分实证结果中得到体现。

以加工贸易为主的出口导向型贸易模式是基于中国发展现状的必然选择,可以对中国经济发展带来以下三种不同效应的影响:第一,出口导向型贸易的发展可以促进就业,改善社会福利水平。出口导向型贸易发展的过程中,需要吸纳大量劳动力,为二元经济结构中的低技能劳动力提供了就业机会,可以反过来促进城镇化水平的提升,马述忠等(2016)就指出相对于一般贸易,加工贸易的扩张对就业的正向影响更大,而且更容易发挥中国丰裕劳动力比较优势。第二,减少国内消费品种类,降低本国消费者福利。这是由于出口导向型企业产品大多数在国外,致使本国消费者可消费产品种类大幅减少。第三,导致资源配置效率低下。根据第 3 章和本部分分析结果,出口导向型企业的存活得益于政府的政策支持,行业内出口导向型企业的增多不但会拉低行业平均生产率水平,而且会导致资源向低效率企业配置。

4.4　本章小结

4.4.1　主要结论

与现有文献不同,本章研究的是城镇化水平的变动对企业转型升级的影响。通过合并中国 31 个省、市、自治区的城镇化水平数据与工业企业数据库,在此基础上进行详细的实证检验,得出一个有趣的结论:城镇化水平的提高反而抑制了企业转型升级。其内在机制是城镇化水平的提高实际上是农村低技能劳动人口向城镇的转移,这些低技能劳动力为低效率的企业所吸收,致使其选择成为高出口密集度企业的概率增加，从而抑制了高出口密集度企业转型升级为低出口密集度企业。同时，本章发现，异质性企业在不同城镇化水平的地区有不同的选择。

4.4.2 政策建议

首先根据研究结果可知，城镇化水平的提高反而阻止了企业转型升级的原因在于转移人口大多是低技能劳动力，虽然会降低企业的可变贸易成本但同时也阻碍了企业生产率的提升，这不仅会抑制企业转型升级，更会降低整个行业的效率。因此，应该不断优化劳动力资源，加大教育和职业培训的投资力度，提高劳动者受教育年限，推动人力资本水平与企业职工工资的提高，从而将此前的"人口数量"优势转化为现在和将来的"人口质量"优势。而且，高等教育的发展也能促进一国城镇化水平的提升（王曦和陈中飞，2015）。事实上，人力资本的积累和增加对经济增长与社会发展的贡献要远比物质资本、劳动力数量的增加重要得多。

其次，推进新型城镇化的建设。根据本章结论，城镇化水平的提高不利于外贸转型升级，这是因为以往的城镇化只是注重城市规模的扩大，是人口的城镇化。不同于传统城镇化，新型城镇化强调农民的市民化，更注重城镇化的质量和水平，是科学发展、注重创新、城乡协调发展的城镇化，而不断地创新是中国外贸转型升级的关键。

再次，适当减少对高出口密集度企业的补贴。目前已有很多学者分析得出政府补贴是造成中国出口导向型经济模式的主要原因之一。虽然高出口密集度企业的增多促进了中国对外贸易的发展以及国内经济的快速增长，但随着市场环境的变化和劳动力成本的上升，高出口密集度贸易模式终究不利于中国对外贸易的可持续发展。而且第 3 章理论分析指出，本国企业可以利用政府的出口导向型优惠扶持政策或者外国企业的出口补助资金同时支付固定贸易成本和可变贸易成本，致使高密集度出口模式下企业的利润增加来自政策优惠或外国企业的扶持资金，并非来自贸易，高出口密集度企业的增多最终会导致行业内资源将进一步配置给低效率企业，行业平均生产率水平将会被拉低。

最后，深化供给侧结构性改革，积极适应国际经贸新规则（如 TPP、“一带一路”倡议等）。对内进行户籍制度改革、国企改革、加强企业创新能力建设，在人口红利消失之际，帮助劳动密集型企业实现转型。对外实现贸易畅通，加强与“一带一路”国家和地区贸易等方面的合作，一方面有利于中国高新技术产品出口，缓解中国制造业处在全球价值链中低端的局面，另一方面可以使中国从出口导向型贸易转为内外兼顾。

4.4.3　进一步研究方向

本章的研究也存在很多不足。首先本章从企业对出口密集度的选择、职工工资、是否进行了创新以及企业主营收入这几个方面作为企业转型升级的衡量指标。虽然结果显示城镇化对企业外贸转型升级有抑制作用，但是影响企业外贸升级的因素还有很多，本章未能一一考虑。同时外贸转型升级的外在表现也很丰富，比如：企业由低生产率变为高生产率，出口产品由低质量变为高质量，由于篇幅有限，本章也未能涉及。其次本章研究数据来源于 2000—2007 年的工业企业数据库和中国统计年鉴，缺乏最新数据，这也可能使得实证结果存在一定的偏误。最后，本章主要用年末城镇人口比重和非农业就业人口比重衡量城镇化水平，但由于中国户籍制度的存在等其他因素，这两个指标还不能很好地代表城镇化发展水平。因此，实证结果也会存在一定的偏误，对此，笔者将进一步寻找更好的替代指标，持续关注城镇化的发展。

第5章　国际经贸新规则与外贸转型升级的理论分析*

5.1　引言

在国际经贸新规则(以下简称新规则)重构的背景下,积极参与制定新规则成为我国对外贸易新战略的重要内容。美国退出 TPP 和英国公投脱欧标志着以贸易保护主义为主要特征的"逆全球化"(Deglobalization)思潮明显加剧,这进一步为中国通过"一带一路"倡议参与新规则的制定提供了新契机。发达国家主导的高标准国际经贸新规则不仅包括了更高水平的低关税政策和更高水平的贸易便利化,还强调更严格的原产地、劳工、环境和知识产权保护等新规则条款,这显然会对主要依靠廉价劳动力等传统比较优势发展起来的中国出口企业产生巨大影响,进而改变中国宏观经济的增长趋势。

在当前国内制造业产能过剩和内需不足的背景下,中国提出"一带一路"合作倡议,加强与"一带一路"国家和地区的多方面合作,致力于构建一个开放包容协调可持续发展的国际经贸新规则体系(刘志彪,2017)。发达国家主导的高标准国际经贸新规则是以规则为导向的,而我国"一带一路"倡议推行的国际经贸新规则是以发展为导向的(李向阳,2017a)。中国可以通过"一带一

---

* 本章部分内容发表于《区域与全球发展》2017 年第 1 期,见刘晴等(2017)。

路"倡议下的国际产能合作加强与沿线国家之间的要素流动与贸易往来，进而影响中国经济的发展趋势。因此，分析新规则对中国企业贸易与投资边际的影响具有重要的现实意义。

本章梳理了新规则的主要内容及其特点，随后归纳了我国对外贸易的典型特征事实，并分别从异质性企业贸易模型和价值链升级的视角，着重分析零关税、贸易便利化、原产地、劳动、环境、知识产权和"竞争中立"等新规则条款和"一带一路"倡议对中国企业贸易边际和全球价值链地位提升的影响。从中国企业贸易边际的研究结果来看，零关税、贸易便利化和"竞争中立"原则会改善中国企业贸易边际，并通过企业间与企业内资源再配置效应、技术与质量升级效应和结构调整效应增进社会福利。高标准的原产地、劳工、环境和知识产权保护新规则尽管会通过改变我国企业贸易边际而恶化行业内资源配置，仍然能通过倒逼企业进行全球价值链动态升级和吸收更多农业剩余劳动力就业而优化行业间资源配置。"一带一路"倡议不仅会通过贸易便利化的推进，也会通过国内产品市场竞争的加剧改善中国企业贸易边际，进而通过资源再配置、技术升级和质量升级而提升社会福利水平。从中国价值链地位提升的角度来看，不管是发达国家主导的高标准国际经贸新规则，还是发展中国家主导的"一带一路"倡议，都会促使我国对外贸易企业实现从低端技术到高端技术的技术升级，从劳动密集型产品到资金技术密集型产品的产品升级，从加工组装到研发与品牌营销的功能升级和从劳动密集型行业到高新技术行业的跨行业升级，有利于中国企业在全球价值链中地位的攀升。

与本文相关的文献有三类。第一类文献主要采用可计算的一般均衡模型(Computable General Equilibrium，以下简称CGE模型)从国家层面或行业层面分析高标准国际经贸新规则对中国经济的潜在影响。Petri等(2012, 2016)将关税和非关税壁垒的削减、FTA利用率以及原产地规则引致的成本等因素纳入动态CGE模型，比较分析了TPP和东盟加中日韩(Association of Southeast Asian Nations，以下简称ASEAN+3)的经济效应，研究发现TPP将对中国产生负面冲击，而ASEAN+3与亚太自由贸易区(Free Trade Area of the Asia-Pacific)会刺激中国出口增长、社会福利提高。Cheong、Tongzon(2013)与Kawasaki(2015)比较了TPP与RECP两条亚太一体化路径，得出实际 GDP 在 RECP 下比在 TPP 下会更高，尤其是新加坡和越南将会获得相当大的收入利得。通过引入货币供给结构内生化贸易不平衡后，Li 和 Whalley(2014)、李春顶和石晓军(2016)模拟得出如果 TPP 形成新规则将使中国出口下降 3.5%，而使整体福利上升 0.4%。Buongiorno 和 Zhu(2017)模拟得出 TPP12 国情形下，美国、越南的木材生产商和森林产品消费者将会获得较大的福利增加，而中国、韩国的福利损失最大；但在中国、韩国、印度加入 TPP 的 TPP15 国情形下，全球福利增加更大，但对美国及其他非成员国不利。

另一类文献则探讨了“一带一路”倡议构建的国际经贸新规则与相关国家贸易、福利等之间的关系。陈虹和杨成玉(2015)、张静中和王文君(2016)都采用 CGE 模型模拟得出“一带一路”倡议会提高中国社会福利水平。不同的是陈虹和杨成玉(2015)发现“一带一路”倡议对“一带一路”沿线各国各地区的福利有负面影响，而张静中和王文君(2016)认为“一带一路”倡议会增加“一带一路”沿线西亚各国的社会福利水平。基于扩展的引力模型，孔庆峰和董虹蔚(2015)验证了贸易便利化对“一带一路”沿线国家和地区之间的贸易促进作用大于区域经济组织、进出口国家 GDP、关税减免等。同样基于引力模型，张晓静和李梁(2015)研究表明“21 世纪海上丝绸之路”较“丝绸之路经济带”对中国的出口促进作用最为显著。孙楚仁等(2017)利用中国海关进出口统计数据库也得出“一带一路”倡议会显著促进中国对“一带一路”国家和地区的出口的结论。

最后一类文献则主要在 Melitz(2003)的基准模型之上探讨了贸易自由化对更多可供企业调整的边际的影响机制。Helpman 等(2004)在其分析框架下加入异质性企业可以选择对外直接投资的情形，进一步考察了贸易自由化对企业出口和对外直接投资的影响。同样是基于 Melitz(2003)的模型，Bustos(2011)假定企业还面临着生产技术的选择，深入分析了贸易自由化对企业生产技术边际的影响。Bernard 等(2011)将单产品模型扩展到多产品框架下，进一步剖析了贸易自由化对企业产品种类边际的影响，该模型表明贸易自由化通过缩减企业产品种类而改善企业内资源配置。Hallaky 和 Sivadasan(2013)着重分析了贸易自由化对企业产品质量边际而非产品种类边际的影响，并认为贸易自由化可以通过将行业内企业间资源分配给高产品生产率企业而提升整个行业生产率和社会福利水平。通过纳入技术溢出效应和动态选择行为，Sampson(2016)把Melitz(2003)的比较静态模型扩展为动态模型，论证了贸易自由化会通过提升动态选择概率增进社会福利。基于中国企业出口数据，Bai等(2017)则探讨了贸易自由化对中国企业出口模式选择行为的影响，并发现加入WTO使得更多企业选择直接出口而非通过中间商出口。

与上述三类文献相比，本文的主要特点体现在三个方面：第一，分析的理论基础基于异质性企业贸易理论和价值链升级理论。以Melitz(2003)为代表的异质性企业贸易理论强调贸易自由化对企业间资源再分配的影响，其基准模型和拓展模型得到了经验数据的广泛支持。由于现有文献主要从国家层面或行业层面分析国际经贸新规则可能产生的经济效应，其忽略了对企业各种贸易边际产生的直接影响，进而忽视了其可能产生的企业间和企业内资源再配置等福利效应。价值链升级理论一方面强调企业在价值链中的不同位置对其表现的影响(Gereffi, 2001; Gibbon, 2003)，另一方面又剖析企业差异、制度差异对企业在价值链中所处位置的影响(Morschett et al., 2010; Antras, 2017)。由于中国对外贸易企业长期处于价值链低端，利润微薄，如何促进中国对外贸易企业从价值链低端走向高端是亟待解决的问题。本章一方面将利用异质性企业理论分析国际经贸新规则对企业贸易边际的影响以及随之产生的企业间资源再配置等微观效应，另一方面将基于价值链升级理论分析国际经贸新规则对我国企业价值链地位提升的影响。

第二，分析的专注点在于零关税、贸易便利化、原产地、劳工、环境、知识产权和"竞争中立"原则等新规则条款和"一带一路"倡议可能对我国经济产生的影响。如上文所述，现有多数分析国际经贸新规则经济效应的文献主要基于CGE模型和引力模型，且主要关注关税降低与贸易便利化可能产生的经济效应，不能完全反映出新一代国际经贸规则产生的全面影响。而原产地、劳工、环境、知识产权和"竞争中立"原则等新规则条款内容细致、涉及面广、执行标准高，因此可以体现出新一代国际经贸规则的高标准特点。同时，中国传统对外贸易企业主要通过加工贸易的方式嵌入全球价值链，利用廉价劳动力的低成本优势，国内宽松的环境规制，忽视对知识产权的保护，尤其是国有企业通过政府支持享有过度竞争优势，达不到新规则的标准。所以，在原产地、劳工、环境、知识产权和"竞争中立"等方面的新规则将会是对中国企业贸易边际和转型升级产生较大影响和冲击的内容。此外,本文还分析了中国通过"一带一路"倡议构建的包容可持续发展的国际经贸新规则对中国企业贸易边际的影响。现有文献主要剖析了发达国家主导的国际经贸新规则对世界经济的影响,而忽略了"一带一路"倡议可能形成发展中国家主导的国际经贸新规则而带来的影响,而这是当前发达国家经济低迷而发展中国家经济迅猛发展的大背景下最值得重视的问题。

第三,提出微观供给侧视角的政策建议。由于分析方法主要基于异质性企业贸易模型和价值链升级模型等微观经济学理论,本文的政策建议自然也就基于企业行为的微观层面而提出。同时,与传统自由贸易区理论关注市场需求的转变不完全相同,本文的政策建议主要是从企业选择行为和转型升级等供给侧提出的辅助政策建议。

本文其余部分安排如下:5.2 将梳理出新规则的主要内容及其典型特征;5.3 则归纳了中国对外贸易企业的典型特征事实;5.4 基于现代异质性企业贸易理论,重点分析零关税、贸易便利化、原产地、劳动、环境、知识产权和"竞争中立"等新规则条款和"一带一路"倡议对中国企业贸易边际的影响机制;5.5 基于价值链升级理论,重点分析零关税、贸易便利化和原产地、劳动、环境、知识产权等新规则条款和"一带一路"倡议对中国企业全球价值链地位提升的影响机制;5.6 是总结性评论。

5.2 国际经贸新规则主要内容及典型特征

由于国际贸易投资协定是国际贸易与投资规则的载体,其覆盖的条款大致体现了国际贸易投资规则的变化。因此,本文将基于代表性的贸易协定梳理归纳出国际经贸新规则的变化。

5.2.1 国际经贸新规则主要内容

WTO 多哈回合谈判自 2001 年启动以来,在贸易便利化、投资、竞争政策和政府采购等议题上就一筹莫展,直到 2013 年 12 月的第九届部长级会议才达成了WTO成立来首个多边贸易协定——《巴厘一揽子协定》。其中,《贸易便利化协定》是仅有的一个具有新规则性质的议题。与多边主义推进新规则进展缓慢不同,双边及区域主义发展迅速,达成了美韩FTA、TPP、跨大西洋贸易与投资伙伴关系协定(Transatlantic Trade and Investment Partnership Agreement,以下简称TTIP)、区域全面经济伙伴关系(Regional Comprehensive Economic Partnership)和服务贸易协定(Trade in Service Agreement,以下简称TISA)等一系列高标准自由贸易投资协定,引领并主导了新规则的制定。尤其是TPP、TTIP和TISA成为发达国家构建国际贸易投资新规则的“三大支柱”。这些新规则代表了21世纪、高水平、高质量的新规则,不仅包括对传统议题的深化(如货物贸易、服务贸易、投资与原产地规则),在深度一体化议题上提出新标准(如竞争政策、知识产权、劳工与环境),还加入了横向新议题(如国有企业)。对中国影响和冲击较大的新规则条款主要体现在以下几个方面。

第一,货物贸易趋于“零关税”及便利化。在货物贸易关税削减方面,与中国目前关税减让幅度最高的中韩FTA相比,新规则要求关税降为零。张宇燕(2016)对各国关税减让表分析得出了TPP成员国、美韩FTA的美国和韩国、中韩FTA的中国零关税比重(见表5.1)。从表5.1可以看到中韩FTA实施后的第一年,中国零关税比重仅为57.02%,而美韩FTA、TPP实施后的第一年大部分国家零关税比重达到了80%以上。在贸易便利化方面,《贸易便利化协定》、美韩FTA要求成员国建立“单一窗口”以简化清关手续,还在简化海关程序、加强海关合作、提高通关效率等方面做出了具体规定。TPP海关管理与贸易便利化措施不仅对海关处罚做了详细阐述,还扩展了海关合作。

第二,服务贸易和投资走向开放与自由化。TISA在保留市场准入承诺“正面清单”的同时,在国民待遇上采用“负面清单”(Negative List)模式,并增加了国有企业、跨境数据流动等新规则条款。TPP则彻底采用负面清单管理模式,要求扩大更多服务部门的开放,如金融服务和电信等行业。在投资方面,中美2012年双边投资协定(Bilateral Investment Treaty,以下简称BIT)、美韩FTA和TPP等高标准贸易投资协定均采用基于准入前国民待遇加负面清单的外商投资管理模式,增加了投资者在劳工和环境方面的义务,特别强调

表 5.1　TPP、美韩 FTA 和中韩 FTA 的零关税比重

国　家	MFN	第 1 年	第 2 年	第 3 年	第 4 年	第 5 年	第 10 年
澳大利亚	46.19	93.04	93.04	96.54	99.87	99.87	99.87
文　莱	75.4	92.04	92.04	92.39	92.39	92.39	99.9
加拿大	52.23	94.93	—	—	—	—	—
智　利	0.45	94.74	—	—	—	—	—
日　本	40.13	86.11	—	—	—	—	—
马来西亚	60.63	84.71	—	—	—	—	—
墨西哥	56.12	76.99	—	—	—	—	—
秘　鲁	52.92	80.04	—	—	—	—	—
新加坡	99.92	100.00	—	—	—	—	—
美　国	36.42	92.96	—	—	—	—	—
越　南	32.33	64.22	—	—	—	—	—
韩国(美韩)	13.42	80.41	—	—	—	—	—
美国(美韩)	37.48	82.83	—	—	—	—	—
中国(中韩)	31.05	57.02	—	—	—	—	—

资料来源:张宇燕:《〈跨太平洋伙伴关系协定〉文本解读》,中国社会科学院出版社 2016 年版。

“竞争中立”原则,还加入了投资者—东道国争端解决机制(Investor-State Dispute Settlement)。其中,TPP 投资条款内容最为丰富、标准最为严格,在给予外商投资者和国内投资者准入前国民待遇、最惠国待遇和最低标准待遇的基础上增加了企业社会责任等条款。

第三,原产地规则适用范围更广泛及标准更严格。与中国—东盟 FTA 以区域价值含量标准为主不同,欧盟和北美自由贸易区(North American Free Trade Area)原产地规则以税目改变标准为主。在中国—东盟 FTA 基础上升级的《协定书》,不仅规定企业可以自行选择税目改变标准和区域价值含量标准,还增加了符合这一规则的产品种类。①不同于中国—东盟 FTA 采用 40%的区域价值含量标准,TPP 原产地规则更为苛刻,对某些产品(如汽车、鞋和家电)规定了 45%以上的区域价值含量标准,尤其对纺织服装产品实行“纱后”的加工工序标准。

① 2015 年 11 月 22 日,中国与东盟十国在吉隆坡正式签署《中华人民共和国与东南亚国家联盟关于修订〈中国—东盟全面经济合作框架协议〉及项下部分协议的协定书》(简称协定书)。

第四，劳工、环境与知识产权保护规则内容更加全面及标准更严苛。在劳工方面，TPP和中美2012年BIT范本不仅要求在法律和实践中遵循国际劳工组织(International Labor Organization)规定的五项基本劳工权利，还提出不得为促进投资和贸易而放宽国内劳动法，即使在出口加工区内也不得违反。此外，TPP劳工条款还加入了最低工资、工作时长和健康卫生等社会保障内容及相关的争端解决机制。在环境方面，美韩FTA、新加坡—美国FTA和TPP等协定设立专门的环境章节。其中，TPP对环境的规定更为严格、详细，提出不得为促进贸易和投资而弱化或减少环境法律保护，在禁止非法交易野生动植物、非法采伐与捕捞、限制渔业补贴和增强渔业补贴项目透明度等方面做出了更详细、可执行的界定，还建立了严格的争端解决机制。在知识产权保护方面，各种双边或区域FTA包括了比《与贸易有关的知识产权协定》(Agreement on Trade-Related Aspects of Intellectual Property Rights，以下简称TRIPs)标准更严厉的知识产权协定(即TRIPs-plus)。TTP知识产权条款则代表了当今世界知识产权保护的最高水平，其扩大了商标的可注册范围，扩大版权和专利权的保护范围以及延长其保护期限，尤其强调加强互联网保护、提高药物专利保护水平。

第五，"竞争中立"原则内涵更丰富及适用范围更广泛。不同于传统的竞争政策，"竞争中立"原则涉及了国有企业、监管一致性等横向新议题，旨在规制国有企业的过度竞争优势。OECD给出了竞争中立的具体定义及政策目标，许多双边FTA如澳大利亚—新加坡FTA、美国—澳大利亚FTA和韩国—新加坡FTA也明确提出"竞争中立"原则。[①]竞争中立问题也成为中美BIT谈判双方关注的焦点，TPP、TTIP更是将"竞争中立"作为协定的重要组成部分。TPP甚至单列一章对国有企业和指定垄断进行讨论，将国有企业的适用范围扩展至从事商业活动的大型国有企业，并要求取消给予国有企业的直接补贴、融资优惠和担保便利等优惠措施。从维基泄密的TISA《国有企业附件》

① "竞争中立"的定义：当经济市场中没有经营实体享有过度竞争优势或竞争劣势，就达到了竞争中立的状态。"竞争中立"的八个政策目标：(1)合理化政府商业活动的经营模式，(2)识别直接成本，(3)商业回报率，(4)合理考量公共服务义务，(5)税收中立，(6)管制中立，(7)债务中立和直接补贴，(8)政府采购。

文本来看，其国有企业规则比 TPP 要求更严格（周艳和李伍荣，2016）。

5.2.2 国际经贸新规则典型特征

从上述新规则的主要内容中，可以归纳出以下几点新规则的典型特征。

第一，贸易与投资规则交叉，更加突出服务贸易。根据 2011 年 WTO《世界贸易报告》的分类方法，贸易与投资政策被分为处于 WTO 框架下的“第一代”贸易与投资政策和正处于谈判中、尚未被纳入 WTO 框架的“第二代”贸易与投资政策。在“第一代”贸易与投资政策中两者很少有交叉的议题。随着全球价值链的深度发展，服务贸易和跨国公司发挥着越来越重要的作用，投资条款越来越普遍地出现在贸易协定中（如 TPP、TTIP、美韩 FTA），使贸易协定成为制定国际投资规则的一个重要平台，且贸易投资协定谈判越来越注重服务业的贸易投资自由化及便利化。基于全球价值链的新规则主要通过“第二代”贸易与投资政策的议题体现出来（盛斌，2014）。“第二代”贸易与投资政策在原产地、劳工、环境、知识产权和竞争中立等许多议题上有交集。

第二，由边界措施向边界内措施（behind the border barriers）演进，且涉及面广、执行标准高。第一代国际贸易投资规则主要表现在边界措施，强调采用互惠的方式相互消除货物关税和非关税壁垒、提高市场准入水平。而新规则不再重点关注关税减让等边界措施，而是向涉及各国国内政策的议题，如原产地规则、劳工、环境、知识产权保护和竞争中立等边界内措施倾斜，通过各国国内贸易投资政策的规制融合，去除贸易和投资壁垒。新规则比现行 WTO 协定规则的标准和开放程度要高得多，许多条款是发展中国家短期内难以企及的。他们倡导更高水平的货物贸易自由化及便利化，强调更多的服务部门开放和投资准入，且其推行的原产地规则、劳工、环境、知识产权和“竞争中立”原则等内容，条款更加细致、严格。

第三，发达国家引领了规则制定，新兴经济体积极参与其中。美国和欧盟引领了新一轮国际贸易投资规则的制定，它们所达成的双边和区域贸易投资协定包含了大量新规则条款，如竞争政策、严格的劳工和环境标准等。盛斌和果婷（2014）比较了亚太国家在 FTAs 中所涵盖的新规则议题的情况，发现韩国对新规则条款的覆盖率占据了首位，达到了 47%；美国、日本则并列第二位，为 37%；而中国 FTAs 对新规则条款的覆盖率仅为 21%。近年来，以中国为代表的新兴经济体，尤其是中国，积极参与双边、区域和诸边谈判，密切关注国际经贸规则的变化。中国的自贸区战略也取得了显著成效，截止到 2017 年 7 月，中国已签署了中韩、中澳 FTA 等 15 个 FTAs(见表 5.2)。还成为《贸易便利化协定》成员国，同时主动加入 TISA 谈判、积极推动中日韩与 RCEP 的达成。

表 5.2　已经与中国签署协议的 FTA

性质	已签署的 FTA	签订时间
与发展中国家签订的双边 FTA	中国—巴基斯坦	2006 年 11 月
	中国—智利	2005 年 11 月
	中国—秘鲁	2009 年 4 月
	中国—格鲁吉亚	2017 年 5 月
	中国—哥斯达黎加	2010 年 4 月
与发达国家签订的双边 FTA	中国—新西兰	2008 年 4 月
	中国—新加坡	2008 年 1 月
	中国—冰岛	2013 年 4 月
	中国—瑞士	2013 年 7 月
	中国—韩国	2015 年 6 月 1 日
	中国—澳大利亚	2015 年 6 月 17 日
多边	中国—东盟	2004 年 11 月
	中国—东盟(10+1)	2015 年 11 月
国内 FTA	内地与香港、澳门的更紧密经贸关系安排(CEPA)	2003 年 3 月
	大陆与台湾的海峡两岸经济合作框架协议(ECFA)	2010 年 6 月

资料来源：中国自由贸易区服务网，http://fta.mofcom.gov.cn/；http://fta.mofcom.gov.cn/articte/fzdongtai/201009/3337_1.html。

与发达国家主导的新规则相比，我国目前已签署的 15 个 FTAs 不仅没有达到它的高标准，且对新规则条款的覆盖率还低于亚太国家的平均水平。中国虽在中韩、中澳等 FTA 中专门设立了“贸易便利化”章节、采用外商投资负面清单管理模式、涉及了竞争政策条款，但与 TPP 等高标准贸易投资协定还尚有一定距离。我国同样在原产地规则、劳工、环境与知识产权保护方面，与 TPP、美韩 FTA 等存在较大差距。比如，中国—东盟 FTA 采用 40%的区域价值含量标准，低于 TPP 的 45%增加值标准。中国有些 FTA 设立的“劳动和环境合作”条款篇幅较小，无较强的约束力且不适用于争端解决机制。中国 FTA 的知识产权保护章节内容极为简要，且侵权惩罚力度较小。然而，中国对外贸易企业多通过承接加工组装等生产环节参与全球价值链，大量雇用廉价劳动力生产侵权产品，且在生产的过程中只注重短期效益，忽视对自然环境的保护，尤其是国有企业还可以通过政府支持获得融资、税收和补贴等优惠，往往达不到新规则的标准。因此，作为世界第二大经济体、第一大贸易国和第二大对外直接投资国，中国毋庸置疑会受到高标准新规则的影响。

此外，在发达国家积极重构国际经贸规则的背景下，中国也通过“一带一路”倡议参与新一轮国际经贸规则重构中。“一带一路”倡议是中国倡导的以古丝绸之路为纽带，以基础设施为核心的互联互通为前提，以多元化合作机制为特征，以义利观为基本原则，以命运共同体为最终目标，以发展为导向的新型区域经济合作机制(李向阳，2017b)。其中，“互联互通”包括政策沟通、设施联通、贸易畅通、资金融通、民心相通。扩大双方贸易增长及对外直接投资和促进包容可持续发展是中国与“一带一路”沿线国家达成的三个重要合作倡议(余淼杰，2017)。相对于以 TPP 为代表的强调劳工、环境、知识产权保护和竞争中立等高标准的国际经贸新规则，中国提出的“一带一路”倡议则着力解决贸易投资便利化问题。通过降低非关税壁垒，加强与“一带一路”沿线国家和地区的海关合作，改善通关条件，降低通关成本，提高贸易便利化水平。还通过与沿线国家签订投资保护协定，实施多种投资优惠政策，消除投资壁垒，改善投资环境，促进贸易与投资的相互拉动。在 2017 年 5 月 14 日达成的《“一带一路”贸易畅通合作倡议》中各方就强调通过推进贸易投资便利化来扩大双边贸易投资往来，还表明各方愿营造便利的投资环境，积极探索创新投资合作模式，加强投资对贸易带动作用，尤其强调加大区域价值链投资，开展国际产能合作。因此，作为“一带一路”的倡议方，中国无疑会受到“一带一路”倡议的深刻影响。

因此，本章认为国际经贸新规则不仅包括以 TPP、TTIP 和 TISA 为“三大支柱”的发达国家主导的高标准国际经贸新规则，还包括“一带一路”倡议所构建的发展中国家主导的包容可持续发展国际经贸新规则(见图 5.1)。

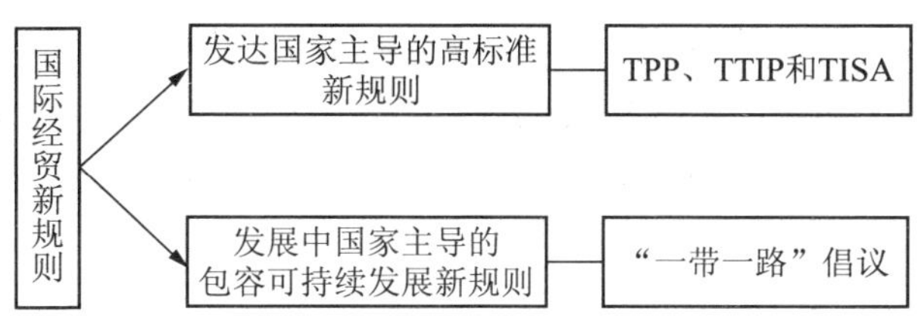

图 5.1　当前国际经贸新规则框架体系

5.3　我国对外贸易的微观典型事实

5.3.1　双轨监管制度使得加工贸易占据重要地位

我国对加工贸易实行保税监管，而对一般贸易并无此规定。根据《中华人民共和国海关加工贸易货物监管办法》，加工贸易进口料件实行保税监管或在进口时先行征收税款，在加工成品出口后，可根据实际加工复出口的数量予以核销或退还已征收的税款。因此，改革开放以来，中国凭借着劳动力成本优势，主要以加工贸易方式融入全球价值链。图 5.2 反映了 1981—2015 年间我国加工贸易出口和一般贸易出口占对外贸易总出口的比重。从图 5.2 中可以看出，1981 年以来加工贸易出口占对外贸易总出口的比重逐年上升，从 1995 年

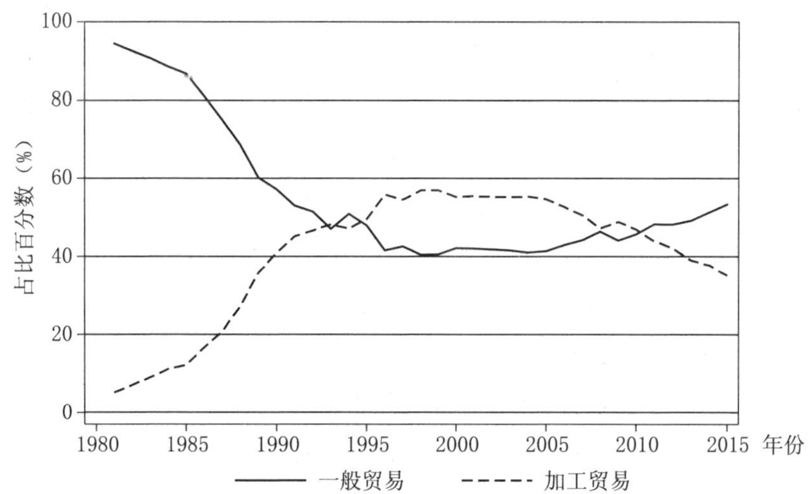

资料来源：中国海关统计资讯网，http://www.chinacustomsstat.com/aspx/1/Index.aspx。

图 5.2　1981—2015 年加工贸易与一般贸易出口占对外贸易出口的比重

开始加工贸易出口总额占对外贸易出口总额的比重已超过了一半，成为我国对外贸易的主要方式。2008年国际金融危机后，中国的加工贸易出口占对外贸易出口的比重虽然逐渐下降，但仍维持在35%以上，加工贸易占据了我国对外贸易的重要地位。

5.3.2 出口企业生产率较低且出口贸易增加值比重低

我国出口企业整体生产率较低。异质性企业贸易理论认为，出口企业生产率高于非出口企业。然而，基于中国企业层面数据的经验研究发现中国出口企业的生产率低于非出口企业的生产率，即“生产率悖论”。李春顶(2010)比较了1998—2007年中国30个制造业行业出口与非出口企业生产率的相对大小后，发现中国制造业中至少一半的行业存在“生产率悖论”；并证实了造成我国出口企业生产率低于非出口企业生产率的根本原因是加工贸易企业的大量存在。加工贸易企业生产率低于一般贸易企业的生产率可能有两个方面的原因：一是加工贸易企业大量雇用廉价劳动力进行劳动密集型生产，不注重研发与技术创新；二是由于加工贸易的出口固定成本较低，且同时存在政府给予出口企业的税收优惠等政策激励，低效率的内销企业会自我选择以加工贸易方式出口(刘晴和徐蕾，2013；Manova and Yu，2016)。

中国出口企业多是“两头在外”的加工贸易企业，长期处于全球价值链的低端，造成出口贸易增加值比重较低。表5.3列出了2004年世界上主要国家出口贸易增加值比重。从表5.3中可以看出，2004年中国所有部门加总的出口增加值比重为0.7，略低于93个国家出口增加值的世界中位数水平0.73；不仅如此，我国农业资源部门、制造业、服务业的出口增加值比重都分别小于世界中位数水平。且经过加工贸易调整后，我国所有部门及各部门的出口增加值比重进一步下降，说明我国加工贸易的出口增加值比重较低。

表5.4进一步区分了中国各省份的出口贸易增加值。从表5.4中可以发现，一些沿海出口大省，如江苏、浙江、福建、广东、山东、辽宁等出口贸易增加值比重低于中国各省市平均水平。考虑到我国加工贸易主要集聚在沿海地区，且占据我国对外贸易的重要比重，因而这些沿海出口大省的出口贸易增加值比重反而较低。

表 5.3　2004 年世界主要国家出口增加值比重

	部　门			
国　家	所有部门	农业和资源行业	制造业	服务业
中　国	0.70	4.11	0.46	2.75
中国(经加工贸易调整)	0.59	3.90	0.40	1.97
日　本	0.85	2.70	0.53	3.93
韩　国	0.63	2.53	0.46	2.62
加拿大	0.70	1.00	0.44	1.97
墨西哥	0.67	0.69	0.65	0.93
墨西哥(经加工贸易调整)	0.52	0.88	0.41	1.27
美　国	0.77	0.86	0.49	1.58
法　国	0.73	1.17	0.47	1.79
德　国	0.74	1.56	0.47	2.52
英　国	0.79	1.05	0.51	1.24
捷　克	0.59	1.52	0.43	1.51
匈牙利	0.54	0.96	0.38	1.39
中位数(共 93 国)	0.73	1.09	0.44	1.46

资料来源:Johnson 和 Noguera(2012)。

表 5.4　中国各省份出口增加值比重

省　份	增加值比重	省　份	增加值比重
北　京	0.62	河　南	2.08
天　津	0.61	湖　北	1.30
河　北	1.54	湖　南	1.62
山　西	1.63	广　东	0.44
内蒙古	3.32	广　西	1.63
辽　宁	0.80	海　南	0.79
吉　林	1.67	重　庆	1.09
黑龙江	1.60	四　川	1.26
上　海	0.49	贵　州	2.19
江　苏	0.63	云　南	2.03
浙　江	0.61	陕　西	2.16
安　徽	1.40	甘　肃	1.14
福　建	0.73	青　海	1.71
山　西	1.45	宁　夏	1.66
山　东	0.89	新　疆	1.38
各省平均	1.349		

资料来源:苏庆义(2016)。

5.3.3　出口企业环境污染严重

加工贸易企业中外资企业占比较多，这些企业往往利用我国宽松的环境规制，降低排污成本，进而把产品制造中的污染密集环节转移到中国来，将中国视为“污染天堂”。加工贸易企业大量排污严重污染了我国自然环境。例如，2014 年，耐克、阿迪达斯等知名服装品牌被曝出其产品含有全氟化合物、塑化剂等有毒化学物质残留，严重污染中国环境，特别是其排放的工业废水严重污染水资源。①加工贸易企业生产率比较低，没有能力引进环保技术进行清洁生产，因此，与内销企业相比，加工贸易企业排污的可能性更大，对环境的负面影响更深。刘晴等(2014)将排污成本引入 Melitz(2003)的基准模型中论证了加工贸易引致污染的根本原因在于自身的效率低下。

5.3.4　出口企业自主创新较弱

发明专利数量是衡量企业自主创新能力的重要指标。表 5.5 列出了 2005—2013 年中国三种专利的授权数。从表 5.5 中可以看出，我国企业的发明专利授权数占总专利授权数的比重一直在 11%—13%，而实用新型与外观

表 5.5　2005—2013 年中国三种专利的授权数

年份	发明(件)	适用新型与外观设计(件)	总计(件)	发明专利占比(%)
2005	20 705	150 914	171 619	12.10
2006	25 077	198 783	223 860	11.20
2007	31 945	269 687	301 632	10.60
2008	46 590	305 816	352 406	13.20
2009	69 351	436 395	505 746	13.70
2010	79 767	660 853	740 620	10.80
2011	112 347	771 514	883 861	12.70
2012	143 837	1 019 379	1 163 216	12.40
2013	143 535	1 084 878	1 228 413	11.70

资料来源：国家知识产权局。

① 证券日报，http://health.sina.com.cn/news/2014-05-20/0841136975.shtml。

设计的专利授权数占比达到86%以上，这说明我国对外贸易企业自主创新能力较差。我国对外贸易企业自主创新较弱可能来源于两个方面的原因，一方面是我国对外贸易企业大多按国外订单委托进行代工或是贴牌生产，不从事产品的研发设计，上游国外厂商牢牢地掌握了产品的核心技术；另一方面是我国对外贸易企业大部分属于中小企业，没有足够资金技术来开拓自己的品牌和营销渠道，且即使有些外贸企业拥有自有品牌，但因其市场开拓能力不强，在外销时也宁愿贴牌进行出口。

综上所述，我国对一般贸易和加工贸易实行的双轨制监管，对加工贸易的一系列税收优惠和信贷便利等鼓励政策，大大激励了我国加工贸易的发展。虽然加工贸易占据了我国对外贸易的重要地位，但由于其大量雇用低技能劳动力，且不注重自主创新，缺乏知识产权，导致其产品附加值低，长期处于全球价值链的低端。另外由于加工贸易企业生产率较低，没有能力进行环保技术革新，只能选择高能耗高污染的方式进行生产，不利于环境保护。

5.4　国际经贸新规则对中国企业贸易边际的影响

本部分将运用异质性企业贸易模型剖析新规则对中国对外贸易企业各种边际的影响以及引致的相关福利效应。Melitz(2003)以垄断竞争的市场结构为分析框架，与传统的寡头垄断模型相比，更为简洁和稳健，得到了不断完善与拓展。Helpman等(2004)、Bustos(2011)、Bernard等(2011)以及Hallaky和Sivadasa(2013)等在Melitz(2003)的基础上，分别探讨了贸易自由化对企业出口和对外直接投资边际、生产技术边际、产品种类边际与产品质量边际的影响机制。

本节将基于这四个异质性企业贸易模型考察新规则对中国外贸企业贸易边际的影响机制，进而简明剖析其对整个社会平均生产率和社会福利所产生的影响。由于零关税和贸易便利化措施同是致力于贸易成本的缩减，而原产地、劳工、环境和知识产权等高标准新规则都抬高了企业的贸易壁垒与成本，本节将首先讨论零关税和贸易便利化措施对企业贸易边际的影响，然后分析高标准的原产地、劳工、环境和知识产权规则对企业贸易边际的影响。“竞争中立"原则虽抬高了我国国有企业的进入门槛,但会产生不一样的短期及长期效应,所以本文将单独论述"竞争中立"原则对企业贸易边际的影响机制。最后,本文还分析了"一带一路"倡议可能形成的国际经贸新规则对中国企业贸易边际产生的影响。

5.4.1　对企业出口和对外直接投资边际的影响

在 Helpman 等(2004)的模型中,选择对外直接投资的企业要承担额外的固定成本,因此只有效率最高的企业才能选择对外直接投资,效率次之的企业将选择出口。贸易自由化可以通过将行业内企业间资源更多地配置给高效率的涉外企业而促进社会福利的提升。

1. 零关税、贸易便利化对企业出口与对外直接投资边际的影响

首先,考虑零关税和贸易便利化措施对企业出口和对外直接投资边际的影响。TPP 和 TTIP 等高标准 FTA 规定了几乎为零的关税水平,这必然会大幅减少企业面临的关税成本。《贸易便利化协定》要求各成员国采取简化货物进出口与运输的审批手续等措施提高贸易便利化程度,这不仅会减少企业进入国际市场的固定成本,还能降低企业出口的可变成本。同时,国际投资新规则将大大减少投资障碍、改善投资环境,进而降低企业对外直接投资的进入门槛。运用 Helpman 等(2004)的分析逻辑,为使企业出口和对外直接投资的零利润条件(Zero Cutoff Profit Condition,以下简称 ZCP 条件)及自由进入条件(Free Entry Condition,以下简称 FE 条件)成立,出口和对外直接投资固定成本的下降以及关税的大幅降低将导致企业出口和对外直接投资的临界生产率变小。部分高效率的内销企业可能会出口,部分高效率的出口企业也会对外直接投资,这将扩展企业的出口和对外直接投资边际。随着企业进入国际市场概率的上升,行业内企业间资源更多地流向高效率的出口和对外直接投资企业,这又会提升整个行业生产率水平和社会福利水平。

2. 原产地规则、劳工标准、环境规则与知识产权新规则对企业出口与对外直接投资边际的影响

为达到在原产地、劳工、环境和知识产权方面的高标准新规则,对外贸易企业不得不使用价格较高的原材料,雇用高技能劳动力,并采用环保技术和加

大研发投入，继而提升企业的边际生产成本，对企业对外贸易和直接投资产生潜在影响。再次使用 Helpman 等(2004)的分析框架，企业边际成本的上升会使得其出口和对外直接投资的临界生产率增大，而使内销临界生产率减小。部分对外直接投资企业不得不转为出口企业，部分低效率的出口企业不得不转为内销企业，而大量低效率新企业会进入市场，这将减小企业出口和对外直接投资边际，同时使得行业内企业间资源被更多地配置给低效率的内销企业，降低社会福利。不过，Helpman 等人的模型没有考虑发展中国家通过大力发展加工贸易嵌入全球价值链的情形，忽视了企业实现全球价值链动态升级引致的福利增进效应。考虑到我国对外贸易企业多是加工贸易企业，新规则标准会倒逼企业将加工组装等生产环节转移至其他发展中国家，同时向全球价值链两端扩张，专注于附加值较高的研发与营销环节，实现全球价值链升级而获得更高的福利水平。

3.“竞争中立”原则对企业出口与对外直接投资边际的影响

我国大型国有企业在能源、化工等垄断行业的对外贸易和直接投资方面占据了主体地位，并由于政府支持在国际市场上获得了竞争优势地位而被发达国家诟病，“竞争中立”原则必然会影响中国国有企业的出口贸易与对外直接投资。短期内，“竞争中立”原则可能会提高国企进入国际市场的贸易成本。由 ZCP 条件可得，贸易成本的上升导致其出口和对外直接投资的临界生产率增大，进而减少国有企业的出口和对外直接投资边际。但从长期来看，更多高效率私营企业会进入国际市场，这会扩大企业的出口和对外直接投资边际。由于国有企业的效率显著低于私营企业(周黎安等，2007)，低效率国有企业的退出会促使行业内企业间资源更多地流向高效率私营企业，这又会提升总体行业平均生产率，从而达到更高的社会福利水平。而国有企业比私营企业承担了更多的提供公共产品与服务及稳定就业等社会责任，其退出可能会降低社会公平而造成社会福利损失。

4.“一带一路”倡议对企业出口与对外直接投资边际的影响

在“一带一路”倡议下，中国加强了对沿线国家和地区的交通等基础设施类的投资建设，这将大大缩短出口时间、降低贸易成本，使贸易投资便利化水平上升。由 ZCP 条件可得，这会导致其出口临界生产率变小，进而增加中国企业的出口边际。贸易投资便利化水平的提升且“一带一路”沿线国家和地区相对较低的劳工成本，都会降低中国对外投资企业的贸易成本和生产成本。由 ZCP 条件可知，这将导致企业对外直接投资的临界生产率变小，进而增加中国企业的对外直接投资边际。因此，中国加强对“一带一路”沿线国家和地区的基础设施投资建设，不仅会直接扩大我国企业的对外直接投资边际，还将通过贸易成本的降低这一渠道，间接地扩展我国企业的出口与对外直接投资边际，从而改善中国的社会福利水平。

5.4.2 对企业生产技术边际的影响

Bustos(2011)假定采用高端生产技术的固定成本较大，因而只有效率最高的企业才能采用高端生产技术出口。同时，贸易自由化通过促进中等效率企业技术升级，提高了社会福利。

1. 零关税、贸易便利化对企业生产技术边际的影响

按照 Bustos 的分析，为满足企业出口和采用高端技术的 ZCP 条件，零关税和贸易自由化引致出口贸易成本的降低将使得企业出口和采用高端技术的临界生产率同时变小。部分高效率内销企业会进入出口市场并进行技术升级，而原本采用低端技术的出口企业中部分高效率企业会升级生产技术而采用高端技术出口，这将扩展企业的生产技术边际。其中的影响机制是，出口贸易成本下降使得企业出口利润的上升幅度大于内销利润的下降幅度，由于出口利润与生产技术的高低成正比，中间生产率企业会升级生产技术，采用高端技术攫取更高的出口利润，这时行业内企业间生产率水平将得到提升，社会福利水平也相应改善。

2. 原产地规则、劳工标准、环境规则与知识产权新规则对企业生产技术边际的影响

同样，由 ZCP 条件和 FE 条件可知，原产地、劳工、环境与知识产权保护规则带来的企业边际成本上升会使得出口和采用高端技术临界生产率增大，而使内销临界生产率减小。那么，低效率的高端技术出口企业不得不转而采用低端技术出口，较低效率的低端技术出口企业不得不转而采用低端技术内销，更多的低效率企业则会采用低端技术内销，这将会降低企业的生产技术边际，

同时使得行业内资源进一步流向低效率的采用低端技术出口和内销企业，导致社会福利损失。需要特别指出的是，Bustos模型没有考虑企业的技术转移行为，由此可能会忽略跨国公司在技术转移过程中产生的技术溢出效应。考虑到高标准新规则会促使跨国公司加大对子公司的技术转移，我国企业可以通过技术转移过程中产生技术溢出效应获得更先进的知识与技术而提升社会福利。

3. "竞争中立"原则对企业生产技术边际的影响

"竞争中立"原则短期内可能会抬高国有企业的进入门槛，国有企业出口和采用高端技术的临界生产率相应上升。因此，国有企业中部分低效率出口企业将退出国际市场，部分采用高端技术出口企业不得不转为采用低端技术出口，从而缩减国有企业的生产技术边际。从长期来看，一般均衡效应使得私营企业出口和采用高端技术的临界生产率下降，部分高效率私营企业将新进入出口市场且更有动力升级生产技术，采用低端技术出口的私营企业中部分高效率企业也将升级生产技术而采用高端技术出口。长此以往，企业的生产技术边际将扩展，整个行业平均生产率水平提高，社会福利水平也相应提升。同时，国有企业退出不利于公共产品与服务等社会保障建设，这将一定程度上造成社会福利损失。

4. "一带一路"倡议对企业生产技术边际的影响

按照Bustos的分析框架，在"一带一路"倡议下，贸易便利化水平的提升会带来中国企业生产成本的减少，使得企业采用高端技术出口的临界生产率降低，进而原本采用低端生产技术出口的企业转而采用高端生产技术出口，从而扩展了我国出口企业的生产技术边际，提升了我国社会福利水平。另一方面，贸易便利化水平的上升也会使得"一带一路"沿线国家和地区增加对中国出口，这会加剧国内产品市场竞争程度，降低国内产品价格，进而倒逼中国企业提高生产技术水平，增加内销利润水平。

5.4.3 对企业出口产品种类边际的影响

Bernard等(2011)将企业异质性扩展至企业能力(firm ability)和产品性质(Product Attributes)两个方面，并提出贸易自由化将通过缩减企业产品种类而改善整个行业生产率及社会福利水平的观点。

1. 零关税、贸易便利化对企业产品种类边际的影响

根据 Bernard 等(2011)的研究,当出口固定和可变成本下降时,企业出口临界生产率(Exporting Cutoff for Firm Ability)和出口产品性质临界值(Exporting Cutoff for Product Attributes)相应变小。那么,部分高效率内销企业将增加高性质(Higher Attribute)产品进入出口市场,而原来出口企业也会增加部分高性质产品出口,原来出口的部分高性质产品也将进入更多的出口目的地市场,同时所有存活企业将舍弃(Drop)低性质(Low-Attribute)产品。当新出口产品种类的增加少于国内供应产品种类的减少时,企业出口产品种类边际会缩减。随着所有企业抛弃低性质产品而专注高性质产品,企业内产品间资源配置将得到优化,提高行业平均生产率和社会福利。

2. 原产地规则、劳工标准、环境规则与知识产权新规则对企业产品种类边际的影响

按照 Bernard 等(2011)的分析框架,为保证企业和产品出口条件成立,企业出口临界生产率和出口产品性质临界值必然随着高标准原产地、劳工、环境、知识产权规则导致的边际成本上升而相应地增大。部分低效率出口企业和低性质产品转而内销,从而减少企业的出口产品种类边际,进一步造成资源配置扭曲和社会福利损失。同时,一般均衡效应要求企业内销临界生产率和内销产品性质临界值相应减小,更多低效率企业和低性质产品得以进入市场,这又会增加国内消费品种类而提高社会福利。

3. "竞争中立"原则对企业产品种类边际的影响

随着"竞争中立"原则取消对国有企业的补贴等优惠政策,国有企业出口临界生产率和出口产品性质临界值将变大,而私营企业出口临界生产率和出口产品性质临界值会变小。原本出口国有企业中部分低效率企业可能会退出国际市场,且存活出口国有企业可能会放弃低性质产品的出口,这将减少国有企业的出口产品种类边际。随着国有企业及其产品出口概率的减小,行业内企业间和企业内产品间资源更多地流向高效率的、出口产品种类较多的私营企业,这将扩展企业的出口产品种类边际,提高总体行业平均生产率,从而提升社会福利水平。但"竞争中立"原则对国有企业垄断地位的威胁会使得越来

越多国有企业濒临破产，这将不利于稳定就业和社会基础设施建设，继而造成社会福利损失。

4. “一带一路”倡议对企业产品种类边际的影响

与发达国家主导的国际经贸新规则中的零关税政策和贸易便利化一样，“一带一路”倡议下的关税减少和贸易便利化提升不仅导致中国对“一带一路”沿线国家和地区的出口产品性质临界值减小，进而使得高性质产品出口种类增多，也将导致现有出口企业的低性质产品出口减少。如果高性质产品出口种类的增加少于低性质产品出口种类的减少，就会造成我国企业出口产品种类边际总体上的降低，但优化企业内的资源配置，从而提高行业平均生产率和社会福利。

5.4.4　对企业出口产品质量边际的影响

Hallaky 和 Sivadasan（2013）将企业异质性扩展为过程生产率（Process Productivity）和产品生产率（Product Productivity）的不同，并强调贸易自由化可以通过资源更多地配置给高产品生产率企业而节约贸易成本，进而提高整个行业平均生产率和社会福利。

1. 零关税、贸易便利化对企业产品质量边际的影响

根据 Hallaky 和 Sivadasan(2013)，货物贸易成本的削减导致企业出口临界产品生产率和出口产品最优质量指数变小。自我选择效应会使得原来内销企业中部分高产品生产率企业出口，原来内销产品中部分高质量产品也会进入出口市场并进行质量升级。由于出口企业产品质量高于内销企业，且同一企业出口产品质量高于其内销产品，高产品生产率企业的出口概率及高质量产品的出口概率的上升会改善企业出口产品质量，同时整个行业平均生产率和社会福利也因为贸易成本的节约而得到提升。

2. 原产地规则、劳工标准、环境规则与知识产权新规则对企业产品质量边际的影响

与零关税和贸易便利化会降低贸易成本不同，原产地、劳工、环境、知识产权高标准规则会增加企业成本负担，进而影响外贸企业的出口产品质量边际。运用 Hallaky 和 Sivadasan 的分析逻辑，ZCP 条件导致企业出口临界产品生产

率和出口产品最优质量指数随边际成本的上升而增大，企业内销临界产品生产率和内销产品最优质量指数随之减小。这使得原本出口企业中部分低产品生产率企业及原本出口产品中部分低质量产品退出国际市场，而更多原先不能存活的低产品生产率企业及低质量产品会进入国内市场。企业间和企业内的资源将更多地分配给低产品生产率的企业和低质量产品，从而降低出口产品质量边际和社会福利水平。需要指出的是，由于 Hallaky 和 Sivadasan 模型是个单部门模型，没有考虑行业间福利增进效应。若进一步考虑中国存在典型的二元经济结构，低效率内销企业可能会通过吸收农业剩余劳动力就业而提升社会福利水平。

3. "竞争中立"原则对企业产品质量边际的影响

"竞争中立"原则对国有企业产生竞争威胁，国有企业出口临界产品生产率和出口产品最优质量指数会相应变大。那么，原本出口国有企业中部分低产品生产率企业及其出口产品中部分低质量产品会退出国际市场。由于我国私营企业的效率高于国有企业(周黎安等，2007)，根据 Hallaky 和 Sivadasan 的逻辑，私营企业的出口产品质量会高于国有企业，这与张杰等(2014)的研究结论一致：私营企业对中国出口产品质量增长的贡献为正，而国有企业对中国出口产品质量增长的贡献为负。随着低效率国有企业及其生产的低质量产品出口概率的减小，企业间和企业内资源更多地流向高效率私营企业及其生产的高质量产品，这会扩大企业的产品质量边际，从而提高行业平均生产率，获得更高的社会福利。同时，尽管国有企业效率低下，但由于其承担了更多的社会责任，其退出会减少社会公平而降低社会福利。

4. "一带一路"倡议对企业产品质量边际的影响

与上文分析类似，在"一带一路"倡议的合作框架下，关税的下降和贸易便利化的推进将节省中国企业的出口成本，导致企业出口产品最优质量指数变小，原来内销的部分高质量产品进入出口市场，从而扩大中国企业的出口产品质量边际。且原有出口企业由于贸易成本的节约而增加了出口利润，这会促使出口企业更有动力去升级产品质量，攫取更高的出口利润。原材料等中间品关税的降低有利于高质量中间投入品的引进，这将进一步促使中国企业的出口产品质量边际得到提升，进而提升企业的生产率水平和社会福利。

5.5　国际经贸新规则对中国企业全球价值链地位提升的影响

Porter(1985)首次提出了“价值链”的概念，认为企业的产品价值是由一连串的价值活动组成的。Humphrey 和 Schmitz(2000)将企业价值链升级划分为四个阶段：技术升级、产品升级、功能升级和跨产业升级(或称为链条升级)。目前，全球贸易模式正从传统贸易模式向以全球价值链分工为特点的新型贸易模式转变，中国有必要提升其在全球价值链中所处的位置(东艳，2015)。因此，本节将从企业技术升级、产品升级、功能升级和跨产业升级四个方面剖析国际经贸新规则如何对中国对外贸易企业全球价值链地位提升产生影响。同时，与上小节类似，首先分析零关税和贸易便利化对我国企业价值链地位提升产生的影响，其次分析高标准的原产地、劳工、环境和知识产权新规则对其造成的影响。最后，分析“一带一路”倡议对中国企业全球价值链地位提升产生的影响。

5.5.1　对企业技术升级的影响

对外贸易企业的技术升级是指企业采用更为先进的技术生产原先产品，技术升级直接导致我国对外贸易企业生产率的提高和边际生产成本的降低，企业出口利润的增加及出口产品市场竞争力的增强。

1. 零关税和贸易便利化如何影响企业的技术升级

零关税和贸易便利化引致的出口贸易成本的降低使得原本出口企业可以获得更高的出口利润，而大量新企业也会进入出口市场分一杯羹。但关税下降和贸易成本降低会导致国内产品和要素市场竞争加剧，迫使采用低端技术生产的企业退出，倒逼所有存活企业迫于竞争压力增加技术投资，采用高端技术来提升企业的生产率水平、降低企业的生产成本，从而获得更高的出口利润，实现企业的技术升级。同时原来没有进入国际市场的我国企业发现在国际市场能获得正利润，也会有动力升级生产技术，获得更高的出口利润。

2. 原产地规则、劳工标准、环境规则与知识产权新规则如何影响企业的技术升级

严格的原产地规则要求获得原产地资格并享受优惠关税的产品必须使用

区域内的原材料、劳动力等或在区域内直接投资设厂进行生产制造。特别是在加工工序标准下，要想获得原产地资格，产品生产过程中的某道工序必须在区域内完成，这可能会增加企业的生产成本。劳工和环境新规则规定只要某产品生产过程中弱化劳动法或环境法，就会限制其进口，即使在出口加工区等特别关税或贸易区也不能避免（不减损规则）。延长保护期限及提高知识产权保护标准迫使我国对外贸易企业支付巨额专利使用费用引进技术。原产地规则、劳工、环境和知识产权保护新规则会大幅度提高企业的边际生产成本，使得企业产出、出口量及出口利润减少。但新规则在增加企业生产费用的同时也会激发企业进行技术升级，以减轻甚至抵规制产生的费用。如我国对外贸易企业可以利用加工工序标准来推动企业的技术进步；引进先进机器设备逐渐替代劳动力，专注于生产线的改造；采用清洁技术和循环利用技术等提高生产效率，加强节能减排技术改造；通过设立研发机构、加大研发投入、掌握核心技术，提高企业的自主创新能力，来实现企业的技术升级。

3. “一带一路”倡议如何影响企业的技术升级

“一带一路”倡议通过加强交通等基础设施投资及消除贸易壁垒等措施降低交通运输及通关成本、提高贸易便利化水平。且中国一旦与“一带一路”沿线国家和地区建成自贸区将会大大降低双边进出口关税水平。贸易便利化的推进和关税的减免一方面会通过出口贸易成本的降低而扩大中国企业的出口市场份额，给企业带来更高的利润，从而有利于企业进行大规模技术改造实现技术升级。另一方面，关税下降及贸易便利化提升还会通过增加进口带来的竞争加剧而倒逼中国企业加大技术改造投资，推进技术升级。

5.5.2 对企业产品升级的影响

产品升级是企业从现有的技术基础开始，生产单位价值更大、质量更高的产品，这种升级方式市场风险较低，容易实现。产品升级所带来的直接影响是产品边际生产价值的提升和企业在全球价值链中利润分成的增加。

1. 零关税和贸易便利化如何影响企业的产品升级

我国与 TPP 成员国出口产品种类高度重合，但出口产品质量更低。如我国与马来西亚、新加坡在低端机电产品方面出口相似度较高，与日本在高端机电产品方面出口相似度高。零关税和贸易便利化优势会使得马来西亚、新加坡机电产品将挤占中国低端机电产品在美国、日本、加拿大和墨西哥等 TPP 国家的市场份额，日本机电产品将对我国高端机电产品在 TPP 市场份额产生影响。许培源和朱金芸(2016)利用 GTAP 模型评估了 TPP 将会通过零关税使得中国机电产品出口减少，主要体现为 HS72 类和 HS90 类，而日本同类产品出口则会增加。零关税和贸易便利化一方面会导致国内机电产品市场竞争加剧，迫使我国存活下来的机电企业从生产低端机电产品向生产高端机电产品市场渗透，提升我国机电产品的国际竞争力和质量，从而实现产品升级。另一方面也会使得我国企业进口更多种类、更高质量的中间投入品，进而提升最终机电产品质量。

2. 原产地规则、劳工标准、环境规则与知识产权新规则如何影响企业的产品升级

严格的原产地规则、劳工、环境和知识产权保护标准会增加我国服装产品的生产成本和交易成本，劳动密集型产品的劳工成本，高能耗高污染产品的治污成本及盗版或假冒商标产品的侵权成本，在一定程度上削弱这些产品的国际竞争力，进而导致我国此类产品对 TPP 国家的出口减少。但劳工、环境和知识产权保护标准在提高我国外贸企业产品生产成本的同时也会倒逼企业进行产品升级换代，增加产品的技术复杂度，生产单位价值更高的产品。对此，中国对外贸易企业可以开发差异化的产品，在产品的品质、包装、颜色和式样等方面进行产品升级，避免仅以低成本低价格取胜。或者减少劳动密集型产品的生产，集中人力物力财力生产资金技术密集型产品，获取规模经济效应，促进产品结构优化。也可以减少污染产品的生产，转而将生产要素投入清洁产品的生产，促进产品结构绿化，形成“环境规制的创新贸易效应”(黄德春和刘志彪，2006)。同时，还可以减少盗版假冒商品的生产，开发高科技产品，提高产品的技术复杂度，从而实现产品升级。

3. “一带一路”倡议如何影响企业的产品升级

“一带一路”倡议使得关税水平下降、贸易便利化水平的提升，进而节省中国企业的出口成本，增加企业的出口利润，从而促使出口企业更有动力进行产品升级，攫取更高的出口利润。另一方面，关税的下降和贸易便利化的推进不

仅会使中国企业增加对“一带一路”沿线国家和地区的出口，也会加大从“一带一路”沿线国家和地区的进口。中国国内企业由于市场竞争的加剧不得不降低国内产品的价格水平，进而导致企业利润水平下降。在这种情形下，中国企业被迫进行产品升级，从而提高产品价格和企业利润。产品升级可以通过产品质量提升和开发新产品来实现。具体地，对于劳动密集型产品，中国企业可以进行产品质量升级；对一些技术密集型或资金密集型产品，中国企业可以开发新产品实现产品升级。

5.5.3　对企业功能升级的影响

从全球价值链的图形来看，加工组装环节处于最底端，而研发设计、品牌营销环节处于高端。我国虽是世界第一大贸易国，但多是“两头在外”的加工贸易，在全球价值链中处于低端。我国对外贸易企业要想实现功能升级就必须从加工组装环节向两端研发或是品牌营销环节攀升，可以由简单的委托代工制造到自行研发设计再到自主品牌的建立来实现企业基于全球价值链的功能升级（Gereffi，1994）。

1. 零关税和贸易便利化如何影响企业的功能升级

现有研究表明我国与 TPP 成员国出口产品高度相似，市场也高度相似。中国机电产品主要出口美国、日本、加拿大和墨西哥，竞争对手为马来西亚、新加坡，与日本在高端机电产品方面出口相似度高。中国服装主要出口美国、日本和加拿大，竞争对手包括越南、墨西哥，而中国纺织品出口市场主要为越南，竞争对手主要是日本。总而言之，零关税和贸易便利化将会促使我国对外贸易企业逐渐减少加工组装和中间品供应，转而关注利润较高的零部件研发设计或品牌销售环节，向全球价值链两端攀升，实现功能升级。

2. 原产地规则、劳工标准、环境规则与知识产权新规则如何影响企业的功能升级

严格的原产地规则、劳工、环境和知识产权保护新规则会使得我国对外贸易企业在产品的生产、加工、物流和销售等全部过程中严格遵守其标准，这会大幅增加中国纺织服装产品、劳动密集型产品、污染密集型产品以及高新技术产品的生产成本，使企业失去原有竞争优势，导致这类出口比例和出口利润的

下降，进而倒逼我国对外贸易企业进行基于技术提升和市场扩张的功能升级。对于那些加工制造经验丰富且有一定资金支持的加工贸易企业，可以加大科技投入，建立研发机构，雇用更多高技能劳动力，支付更高的研发成本，向核心零部件的研发设计环节进军，增强自主创新能力，实现企业基于技术提升的功能升级。而对于那些品牌具有一定知名度的对外贸易企业，可以将加工组装环节逐步外包给越南、马来西亚等低劳动力成本国家，自身则集中于品牌营销环节，针对不同的市场开发不同的品牌，创立自有品牌和国际知名品牌，实现其基于市场扩张的功能升级。

3. "一带一路"倡议如何影响企业的功能升级

在发达国家主导的"全球价值链"下，中国企业长期处于加工组装等低端环节，利润微薄。而通过"一带一路"倡议，中国可以扬弃发达国家主导的全球价值链，构建以中国为主、包括"一带一路"沿线国家和地区的包容可持续发展的全球价值链。在"一带一路"倡议的实施中，中国企业可以将加工组装等劳动密集型生产活动外包给"一带一路"沿线国家和地区，自己则从事研发、市场营销等高附加值活动向全球价值链中高端攀升，通过实施技术创新和品牌升级战略实现全球价值链升级。

5.5.4　对企业跨产业升级的影响

企业的跨产业升级是指企业把从一个特定产业环节中获得的能力应用到新的产业领域，我国对外贸易企业要想实现跨产业升级可以从劳动密集型行业转向资金技术密集型行业（Humphrey and Schmitz, 2000；刘晴，2015）。虽然近几年来我国对外贸易产业结构有所改善，从以劳动密集型行业为主转向劳动密集型行业与资金技术密集型行业并重。但我国劳动密集型行业出口仍具有一定出口优势，且目前资本技术密集型行业出口大多处于价值链的加工组装环节，需要大量雇用劳动力，具有高排放高污染的特征。

1. 零关税和贸易便利化如何影响企业的跨产业升级

零关税和贸易便利化会影响我国的各种行业，尤其是纺织服装行业。我国服装产品被征收高关税，而越南、墨西哥的服装产品享有零关税的特权，会逐渐替代我国服装产品在美国、日本、加拿大的市场份额，越南也将从我国进口纺织品转而向日本进口纺织品。在万璐(2011)的研究中,具体产品部门中纺织服装品受关税下降的影响较大,总逆差将为2.62亿美元。陆圣(2013)预测得出TPP通过零关税使中国服装出口额将逐年减少18.8亿美元,中国纺织品出口额将逐年减少1.9亿美元。随着我国纺织服装行业在国际市场受阻,我国企业会将纺织服装等劳动密集型行业转移至低劳动力成本国家,而专注于资金技术密集型行业,实现企业的跨行业升级。

2. 原产地、劳工、环境和知识产权保护新规则如何影响企业的跨产业升级

"纺纱后的原产地规则"会对我国纺织服装业造成巨大冲击,不仅人为地割裂了纺织服装行业的全球价值链,导致我国纺织服装业垂直分工模式的改变,也会造成我国纺织服装产品在TPP市场出口份额的减少(金中夏和李良松,2014)。高标准的劳工和环境规则将会导致我国电子玩具装配业、纺织服装行业的生产成本增加,知识产权保护新规则也会使得我国企业不得不支付高昂的专利使用费引进高端的生物制药技术,提高生物制药行业的生产成本。而生产成本的上升会进一步压缩我国对外贸易企业的出口利润,严重影响我国纺织服装和生物制药等行业,使得业内企业转移至越南等国家以获得原产地规则优惠及低劳动力成本等,发生"贸易转移效应"。随着我国此类行业规模的缩减,退出的资金、人力等投入要素将流入资金技术密集型、低污染行业和高新技术行业,从而推动我国企业的跨产业升级。

3. "一带一路"倡议如何影响企业的跨产业升级

"一带一路"倡议下的国际产能合作是一种国际产业转移与对外直接投资相结合的新模式(夏先良,2015)。在当前国内制造业产能过剩的背景下,中国企业可以通过"一带一路"倡议下的国际产能合作向"一带一路"沿线国家和地区转移产能过剩产业,如钢铁制品、水泥、电力等相关设备制造行业,还能通过以中国为主导的全球价值链引入"一带一路"沿线国家和地区的优势能源及资源,把调整出来及引进来的资源、能源、人才转移到新兴产业和现代服务业等高附加值产业中去。"一带一路"倡议下的产能合作不仅可以化解中国制造业产能过剩的问题,还能满足沿线国家工业化及城市化发展的需要,同时通过转移效应和重组效应实现中国与"一带一路"国家和地区企业的跨产业升级。

国际经贸新规则影响企业转型升级的途径见表5.6。

表 5.6　国际经贸新规则影响企业转型升级的途径小结

	技术升级	产品升级	功能升级	跨行业升级
零关税和贸易便利化	将会通过竞争效应倒逼中国企业增加技术投资，采用高技术生产	将会通过竞争效应迫使我国存活机电企业进口高质量中间投入品，生产高尖端机电产品	将会通过竞争效应减少倒逼我国企业关注零部件研发或品牌销售环节，向全球价值链两端攀升	将会通过竞争效应迫使我国纺织服装业转移至越南等发展中国家，而集中发展资金技术密集型行业
原产地规则、劳工、环境及知识产权保护标准	将会通过成本效应促使我国企业进行生产线改造，节能减排技术改造及加大研发投入等	将会通过成本效应倒逼企业集中生产资金技术密集型产品、清洁产品和高科技产品，促进产品结构优化、绿化及高科技化	将会通过成本效应倒逼我国企业将加工组装环节逐步外包给 TPP 发展中国家，自己则集中于品牌建设或者零部件的研发	将会通过成本效应迫使我国企业将生产要素投入资金技术密集型、低污染行业和高新技术行业
“一带一路”倡议	将会通过成本效应和竞争效应促进中国企业加大技术改造	将会通过成本效应和竞争效应促进中国企业提升产品质量和研发新产品来实现产品升级	将会通过转移效应和重组效应促进中国企业从加工组装环节攀升至产品研发或品牌营销环节	将通过转移效应和重组效应把生产要素从传统产业转移到新兴产业

资料来源：笔者根据相关资料整理。

5.6　本章小结

5.6.1　主要结论

本章梳理了新规则的演进、主要内容及其特点，随后归纳了我国企业对外贸易的典型特征事实，并着重分析了零关税、贸易便利化、原产地、劳动、环境、知识产权和“竞争中立”等新规则条款和“一带一路”倡议对中国企业贸易边际和全球价值链地位提升的影响。

本章得出以下几个结论：从对中国企业贸易边际的影响来看，第一，零关税和贸易便利化会扩展我国企业出口和对外直接投资边际、生产技术边际、出口产品质量边际而缩减出口产品种类边际，进而通过企业间与企业内资源再配置效应、技术与质量升级效应促进社会福利的增加。第二，高标准的原产地、劳工、环境、知识产权规则虽会通过缩减我国企业贸易边际降低社会福利，但会通过加快实现企业的全球价值链动态升级、加大跨国公司的技术转移、增多国内消费品种类和吸收更多农业转移人口就业增进社会福利。第三，“竞争中立”原则会扩大我国企业贸易边际，通过结构调整效应提升整个社会福利水平，同时也会通过减少社会公平造成社会福利损失。第四，“一带一路”倡议会通过贸易便利化的推进和进口竞争的加剧两个渠道扩展我国企业贸易边际，从而改善社会福利水平。

从对中国企业全球价值链地位提升的影响来看，本章发现国际经贸新规则会从企业的技术升级、产品升级、功能升级和跨产业升级四个方面影响我国对外贸易企业全球价值链地位提升。第一，国际经贸新规则会促进中国对外贸易企业采用高技术，引进先进机器设备替代劳动力，由高能耗型加工向清洁化生产转型，加大研发投入、提高自主创新能力，实现企业的技术升级。第二，国际经贸新规则会促使企业减少劳动密集型、污染密集型及技术含量较低产品的生产，而集中生产资金技术密集型产品，促进产品结构优化及绿化，从而实现产品升级。第三，国际经贸新规则促使我国对外贸易企业将组装加工环节逐步外包给发展中国家，自己则集中于研发与品牌建设，实现其基于全球价值链的功能升级。第四，国际经贸新规则会促使我国纺织服装行业和电子玩具装配业等转移至发展中国家，而集中精力从事资金技术密集型行业、绿色低碳行业、高新技术行业，进行企业的跨行业升级。

5.6.2　政策含义

本章的政策含义较为直观。首先，继续推进多边协定和区域协定的签署，通过“一带一路”倡议等主导国际经贸新规则的制定。根据分析结论，关税的下降有助于改善我国企业贸易边际和社会福利水平。短期内，我国直接加入TPP、TTIP等高标准自由贸易协定的难度较大，而与其成员国签署双边FTA的难度较小，应继续积极推进与加拿大、挪威等高标准自由贸易协定成员国签署双边自由贸易协定来降低企业的关税成本。中长期，应通过推进“一带一路”的建设，加强与“一带一路”沿线国家和地区投资协定的签署，提高贸易投资便利化水平，积极参与，甚或引领国际贸易新规则的制定，构建以中国为主导的、包括“一带一路”沿线国家的包容可持续发展的全球价值链。

其次，积极落实WTO《贸易便利化协定》。根据所得结论，落实WTO《贸易便利化协定》将大幅减少我国对外贸易成本，而贸易成本的下降会使企业贸易边际得到改善，社会福利得到增进。OECD(2013)发现 WTO《贸易便利化协定》中对发展中国家增加贸易流量和降低贸易成本影响最大的几项贸易便利化措施依次为信息可获得性、单证类手续简化与统一、程序的简化和自动化流程的采用。中国应从这几个方面入手，建立信息共享平台，加强电子口岸网络建设，推进通关作业无纸化等。

再次，政府应该完善原产地规则、劳动、环境及知识产权保护法建设。根据分析结果，高标准的原产地、劳工、环境、知识产权规则会通过缩减企业贸易边际降低我国社会福利水平，但会通过倒逼企业向全球价值链两端攀升进而增进社会福利。所以，政府应该从这几个方面做好辅助我国对外贸易企业实现全球价值链升级的工作。中国政府应针对不同产品制定差异的原产地标准，让税目改变标准、区域价值标准、加工工序标准和累计补充标准相互补充、协调统一。积极完善特色劳动法建设，努力提高劳工待遇，尤其是高级技术工人的待遇；加快推进户籍制度改革，尤其是大城市的户籍改革，并用中央财政转移支付平衡城乡、区域间的公共服务，努力提高农业转移人口福利，减少户籍制度对人口流动造成的障碍。积极完善特色环境法建设，努力提高环境保护力度，且通过严格的环境规制淘汰高污染高能耗企业；鼓励企业进行技术改造，并给予相应补贴，比如对购进先进技术设备的企业给予税收优惠及技术改造补贴。从国家层面推进自主创新体系的建设，加大知识产权保护水平与宣传力度，实施严格的专利版权保护，严厉打击侵权行为，并激励企业加大自主创新投资，从而实现我国对外贸易企业的转型升级。

最后，加快国有企业改革，迎接“竞争中立”国际经贸新规则。根据所得结论，“竞争中立”原则虽然在短期内会降低我国国有企业的贸易边际，但从长期来看会提高市场资源配置效率和福利水平。应加快落实中共十八届三中全会提出的一系列国有企业混合所有制改革方针及中共中央出台的《关于深化国有企业改革的指导意见》等推进国有企业的混合所有制改革，迎接“竞争中立”原则的挑战(唐宜红等，2017)。具体来说，加快推行国有企业分类监管，区分国有企业的商业活动及社会责任活动，逐步取消对国有企业的各种优惠政策，尤其要防止交叉补贴问题，补偿社会责任活动，实现国企和私企的市场公平竞争；还可以通过竞争政策淘汰部分僵尸企业。

第6章 国际经贸新规则与外贸转型升级的实证分析

6.1 引言

如第5章所述,在国际经贸新规则重构大背景下,随着中国与全球经济的联系越来越紧密,发达国家主导制定的跨太平洋伙伴关系协定等国际经贸新规则,通过建立更加严格的关税制度以及知识产权、环保、劳工等条款,理论上将影响中国出口企业的行为,从而进一步影响中国外贸的转型升级。除此之外,在由发达国家牵头的国际经贸新规则的制定与实施的过程中,本身也推进着中国等发展中国家参与新规则的制定。“一带一路”倡议就是在面对由发达国家制定的国际经贸新规则带来的挑战下,以中国为主导构建的适用于发展中国家的贸易合作新规则。因为在国际经贸规则重构的大环境中,发展中国家在参与区域或者全球的经济合作时可能会遇到更大的压力或者难题,这也促使包括中国在内的发展中国家主动构建符合自身立场的国际经贸新规则。本章不禁要问:国际经贸新规则对中国外贸转型升级有何影响?不同国家主导制定的国际经贸新规则影响效果有何不同?

本章将运用扩展的引力模型及双边高新技术产品贸易数据,分别分析TPP和“一带一路”倡议这两个分别由发达国家和发展中国家主导的国际经贸新规则对中国与其他国家之间高新技术产品贸易的作用效果。通过研究这两个新规则对中国高新技术产品进出口贸易的影响，以此衡量发达国家和发展中国家制定的国际经贸新规则是否都能够促进中国对外贸易的转型升级。本章的主要结论是，TPP会减少中国与TPP成员国之间的高新技术产品贸易，对中国的外贸转型升级产生了负面影响。"一带一路"倡议会对中国的高新技术产品贸易产生一定的静态以及动态的贸易创造、转移效应，该倡议将对中国外贸的转型升级起到正面促进作用。

与本章相关的文献主要包括两类。第一类文献主要从区域一体化的角度研究国际经贸新规则TPP的贸易效应。Devadason(2012)基于扩展的引力模型分析如果中国能够加入TPP，那么中国的贸易会面临哪些机遇和挑战。其研究结果显示：第一，中国与TPP成员国的合作总规模对中国与东亚的贸易产生正向影响；第二，中国对TPP经济体的出口扩张潜力依赖于农业部门。Li和Whalley(2014)采用数值模拟方法评估TPP对中国及其他成员国的潜在影响，结果表明TPP会促进成员国的贸易发展，但是对中国等非成员国的外贸会产生负面作用。Strutt等(2015)模拟得出当关税减少以及乳制品关税配额率扩大时，TPP成员国新西兰2030年的出口和进口分别增加0.4%和0.9%；而当减少服务贸易壁垒和货物贸易非关税壁垒时，新西兰出口及进口分别增加2.2%和2.5%。孙晓霓和刘晴(2015)在异质性企业贸易理论基础上，从企业层面研究TPP对成员国及非成员国企业的贸易和FDI产生的影响。研究发现TPP使得成员国企业出口和FDI的临界生产率变大，对成员国企业的出口和FDI产生抑制作用，并且使其原有的外包业务向其他国家转移；却有利于成员国企业的出口贸易，产生扩大出口效应。Petri等(2016)定量分析TPP对不同国家的影响，研究发现TPP举措将有利于成员国贸易的发展，而对非成员国贸易的作用效果却是不确定的，有的非成员国贸易因为TPP受到损害，也有一些非成员国贸易因此而增加。

第二类文献则强调由中国牵头发起的"一带一路"倡议给中国及沿线国家和地区带来贸易的效应。孔庆峰和董虹蔚(2015)通过构建完整的指标体系测算贸易便利化水平，并且使用拓展的引力模型证明贸易便利化对"一带一路"沿线国家和地区贸易的正面作用大于其他区域经济组织、关税减免等作用效果。韩永辉和罗晓斐等(2015)通过计算出口相似度、贸易结合度等不同贸易指数，研究“一带一路”背景下中国与西亚贸易的竞争性和互补性，发现二者之间的贸易互补性更强烈。崔日明和黄英婉(2016)重新整合 WEF、WB 关于贸易投资便利水平的评价指标体系，对“一带一路”沿线国家和地区的贸易投资便利化进行测算分析，分析结果表明新加坡和马来西亚等部分东南亚国家贸易投资便利化水平较高，而越南、泰国等东南亚以及中亚、中东欧国家的便利化水平不高，南亚国家以及独联体的贸易投资便利化水平较低。孙金彦和刘海云(2016)采用随机前沿引力模型分别估计了中国与“一带一路”沿线多个国家和地区的贸易效率，并在此基础上研究影响中国出口效率的因素，结果显示中国对沿线国家和地区的贸易潜力较大且贸易效率随时间推移而增大，而影响中国出口效率的主要因素是进口国的关税水平、清关时间、制度环境以及运输设施完善程度。孙楚仁和张楠等(2017)使用微观数据研究“一带一路”倡议的提出对中国出口贸易的影响，结果表明“一带一路”倡议明显会促进中国对“一带一路”国家和地区的出口。其还区分“一带”和“一路”国家、同质性和异质性产品、邻国和非邻国、数量和价格等不同类型研究“一带一路”倡议对出口的作用效果。张会清和唐海燕(2017)利用贸易强度指数模型研究倡议提出后中国与“一带一路”沿线国家和地区的贸易情况，研究发现“一带一路”倡议使中国与沿线国家的出口增加，尤其是东南亚和南亚地区。

与上述文献不同，本章的关注点在于发达国家制定的国际经贸新规则 TPP 以及发展中国家制定的“一带一路”倡议对外贸转型升级的影响。Devadason(2012)及孙楚仁和张楠(2017)是与本章议题相对比较接近的两篇文献。Devadason(2012)研究了 TPP 对中国贸易的影响，孙楚仁和张楠等(2017)主要研究“一带一路”倡议对中国出口的影响。本章在先前文献研究 TPP 或者“一带一路”倡议对贸易量影响的基础上，更加关注国际经贸新规则对中国外贸转型升级的影响，分析不同的新规则是促进还是抑制外贸的转型升级。

本章可能的边际贡献体现在以下几个方面：(1)在分析国际经贸新规则与外贸转型升级的关系时，分别研究发达国家主导制定的 TPP 和发展中国家主导提出的“一带一路”倡议的实施对中国与其他国家高新技术产品之间贸易的影响，判断不同国家主导制定的新规则对中国对外贸易的转型升级产生正面还是负面作用。(2)通过利用扩展的引力模型研究国际经贸新规则 TPP 及

“一带一路”倡议对中国高新技术产品贸易的贸易效应，不仅包括静态贸易效应，而且实证分析其是否存在动态贸易效应，以此从静态和动态两个角度分析国际经贸新规则如何影响中国外贸的转型升级。(3)由于“促进外贸转型升级”有利于转变中国对外经济发展方式，本章所得的国际经贸新规则与外贸转型升级之间关系的结论可以为政府部门制定相应的贸易政策提供决策参考。

本章其余部分安排如下：6.2 节给出研究国际贸易新规则与外贸转型升级之间关系所使用的数据与估计模型。6.3 节实证检验“一带一路”倡议及 TPP 对外贸转型升级的影响，并提供稳健的经验证据。6.4 节是结论。

6.2　数据与估计模型

6.2.1　样本范围与数据

1. 样本范围确定

(1) TPP 国家

新西兰、新加坡、智利、文莱四国在 2005 年 7 月签订 P4 协定。P4 协定于 2006 年 5 月正式生效，并未引起多大的关注。而美国于 2008 年 11 月 14 日宣布加入谈判，并将其改名为 TPP，引起了社会广泛的关注。继澳大利亚和秘鲁于 2009 年、马来西亚和越南于 2010 年、墨西哥和加拿大于 2012 年 12 月相继加入“跨太平洋伙伴关系协定(TPP)”谈判之后，2013 年 3 月日本也正式宣布加入 TPP 谈判。2016 年 2 月 4 日，美国、日本等 12 个国家在奥克兰正式签署达成了跨太平洋伙伴关系协定。

(2) “一带一路”沿线国家和地区的确定

2015 年 4 月国家商务部公布“一带一路”沿线 64 个国家名单，包括亚洲 43 国，中东欧 16 国，独联体 4 国，非洲 1 国，但未包括已经积极响应该倡议的日本、韩国、德国、荷兰、法国、意大利、比利时 7 国。本部分在商务部公布的名单的基础上，加入了这七国作为“一带一路”的空间范围。由于数据的可得性，如从世界银行上不能获得缅甸的 GDP，巴勒斯坦、黑山、叙利亚等国的数据缺失严重，故最终选取了 64 个国家作为“一带一路”沿线国家，横跨东北亚、中亚、东南亚、西亚、欧盟、非洲区域。

(3) 总的样本范围

除了选取“一带一路”国家和 TPP 国家，本部分还另外选取了其他与中国贸易往来较多的国家作为研究样本，最终总样本中有 129 个国家，包括 64 个“一带一路”国家和 65 个非“一带一路”国家，其中 TPP 国家有 12 个。由于较多指标只能获取从 2005 年至 2015 年这 11 年的数据，故选择 2005—2015 年作为样本区间。

2. 数据来源与处理

中国对这 129 个国家的高新技术产品进出口数据来源于联合国贸易商品统计数据库（UNCOMTRADE）；各国人均 GDP（现价美元）来源于世界银行数据库；国家之间的距离来自 GEPII 数据库。为了避免数据的剧烈波动和消除可能存在的异方差性，中国对其他国家的高新技术产品进出口额、各个国家的人均 GDP、中国与其他国家之间的距离等数据均经过对数化处理。

6.2.2 估计模型和策略

1. 估计模型

最初将引力模型引入国际贸易领域研究的是 Tinbergen（1962）和 Pöyhönen（1963）。Linnemann（1966）对贸易引力模型的发展做出了突出贡献，他首次引入了人口和贸易政策这两个新的解释变量，后者通常采用虚拟变量形式来表示如优惠贸易安排一类的政策因素，从而丰富了贸易引力模型。

本部分基于引力基本形式模型，引入新的解释变量，并进行对数化处理，得到扩展的引力模型为：

$$\ln HTEXPORT_{cit} = \beta_0 + \beta_1 \ln PGDP_{ct} + \beta_2 \ln PGDP_{it} + \beta_3 \ln DIS_{ci} + \beta_4 Z + u_{cit} \tag{6.1}$$

其中，被解释变量 $\ln HTEXPORT_{cit}$ 为中国在第 t 年对国家 i 高新技术产品出口额的对数。解释变量 $\ln PGDP_{ct}$ 为第 t 年中国人均 GDP 的对数，$\ln PGDP_{it}$ 为第 t 年 i 国人均 GDP 的对数，$\ln DIS_{ci}$ 为中国与 i 国之间地理距离的对数，Z 是本部分为研究“一带一路”倡议以及 TPP 对中国外贸转型升级影响的一系列虚拟变量及其交互项的总称，包括时间虚拟变量、表示是否为“一带一路”国家的虚拟变量、表示是否为TPP国家的虚拟变量、表示是否为发达国家的虚拟变量及其组成的交互项等。下标 c 代表中国，下表 i 代表其他国家，t 代表年份，u_{cit} 为随机扰动项。

2. 估计策略

为了分析由发达国家主导的和由发展中国家主导的国际经贸新规则对中国外贸转型升级有何不同的影响，本部分设置两种情景分别进行分析。一是分析由中国发起的“一带一路”倡议对中国外贸转型升级的影响；二是分析由新西兰、新加坡、智利和文莱四国发起、美国等其他八国加入组成的TPP对中国外贸转型升级的影响。本节主要关注国际经贸新规则对贸易的影响，包括静态贸易效应与动态贸易效应。通过设置不同的核心解释变量并进行估计来分别分析“一带一路”倡议以及TPP对中国与其他国家的高新技术产品双边贸易产生的贸易效应，并以此衡量这两种国际经贸新规则对中国外贸转型升级的影响。

在研究“一带一路”倡议和TPP对中国外贸转型升级的影响时还需要考虑下述几个问题：

(1) 中国外贸转型升级的衡量问题。

外贸转型升级包括技术升级、产品升级、功能升级和跨产业升级四个方面，由于数据的可得性，本部分将从产品升级的角度分析贸易转型升级。本部分选取中国对其他国家的高新技术产品出口额作为外贸转型升级的代理变量，还另外选取了中国对其他国家高新技术产品进出口总额作为稳健性检验。

(2) 高新技术产品的界定问题。

在确定使用中国与其他国家之间高新技术产品贸易额来衡量外贸转型升级后，就需要对高新技术产品进行界定。本节参照郑学党和庄芮(2015)的做法，根据中国产业分类法，将高新技术产品分为(a)生物技术类、(b)生命科学技术类、(c)光电技术类、(d)计算机与通信技术类、(e)电子技术类、(f)计算机集成制造技术类、(g)材料技术类、(h)航空航天技术类及(i)其他类九类产品。在高新技术产品分类的基础上，对照HS2007编码表，对各类高新技术产品进行界定，最终选取284个编码(见表6.1)，并根据HS编码在联合国贸易商品统计数据库获得相关贸易数据，最后把其加总到国家层面得到1 430个数据。

表 6.1　高新技术产品界定

分类	HS2007 编码
(a)	2937(10，11，12，29，19，23)；294000；3002(20，39，90，31，30)
(b)	284440；284590；291469；2918(90，99)；292149；2922(19，29，49，50)；292429；292800；2930(50，90)；293100；2932(19，91，92，99)；2933(19，29，39，49，59，90，91，99)；2934(20，91，91，99)；2934(30，90，91，99)；300210；300490；900661；9011(10，90)；9012(10，90)；9018(11，12，13，14，50)；9019(10，20)；9021(10，11，19，30，31，39，40，50，90)；9022(11，12，13，14，19，21，29，30)；902790
(c)	845610；8519(20，21，29，81，89)；854089；900290；901380；9015(10，20，30，40)；9024(10，80)；902730；902920；9031(41，49，80)
(d)	8443(31，32，90)；847950；8471(10，20，30，41，49，50，60，70，80，90，91，92，93，99)；8473(30，50)；850490；8517(12，18，61，62，69，70)；8521(10，90)；8523(29，51，59，80)；8525(10，20，30，40，50，60，80)；8526(10，91，92)；8528(41，51，61，69，71，72)；852990；880390
(e)	852352；853400；853710；804079；8541(10，21，29，30，40，50，90)；8542(10，11，12，13，14，19，20，21，29，30，31，32，33，39，40，50，60，70，80，90)；8543(10，11，19，20)；9018(19，90)；903090
(f)	842489；842710；842890；8456(20，30，90，91，99)；8457(10，20，30)；8458(11，91)；8459(10，21，31，40，51，61，70)；8460(11，21，31，40，90)；8461(20，30，50，90)；8462(21，31，41，91，99)；8464(10，90)；8479(50，89，90)；8486(10，20，30，40，90)；8508(19，60，70)；851430；8515(21，31)；901720；9030(20，31，33，39，40，82)；9032(81，89)
(g)	381800；854470；9001(10，90)；900791
(h)	8411(11，12，21，22，81，82，91，99)；841210；8802(11，12，30，40，50，60)；8803(10，20，30)；8805(20，21，29)；9014(10，20，90)；901580；902290；902750
(i)	284420；8401(10，20，30，40)；9005(10，80)；901310；901480；903010

资料来源：郑学党和庄芮(2015)。

(3) 贸易效应的衡量问题。

在经济学家 Viner(1950)的《关税同盟理论》中，Viner 在分析关税同盟带来的经济效应时，首次提出了贸易创造效应和贸易转移效应。Viner 研究了关税同盟对国家之间贸易流动的影响，关税同盟建立后，成员国之间的关税减免会使原本国内生产成本较高的产品由成员国高效低成本产品的同类产品所替代，双方由此获得的经济福利被称为贸易创造效应；同时成员国之间的关税优惠会使对某种产品的供给从非成员国转向生产成本较高的成员国，与非同盟成员国之间的贸易减少，而减少的这部分贸易转移到成员国之间，此时产生的经济效应为贸易转移效应。Viner 关于关税同盟经济效应的研究理论也是后来学者分析区域经济一体化的贸易效应的基础框架。

本部分在此基础上分析国际经贸新规则"一带一路"倡议和 TPP 的贸易效应，不仅包括静态贸易效应，还包括动态贸易效应。在分析"一带一路"倡议的静态和动态贸易效应时，分别从静态贸易创造效应、静态贸易转移效应、动态贸易创造效应和动态贸易转移效应四个方面进行分析。

在测算"一带一路"倡议带来的静态贸易创造效应时，本部分在回归中加入二元虚拟变量 t_dummy 作为核心解释变量。因为"一带一路"倡议在 2013 年提出，因此为了衡量其静态贸易创造效应，当时间在 2013 年及之后 t_dummy 取 1，反之则取 0，并选择加入"一带一路"倡议的 64 个国家作为回归样本，根据回归结果中 t_dummy 的系数符号及显著性判断"一带一路"倡议的静态贸易效应。

在研究"一带一路"倡议的静态贸易转移效应时，在回归中加入虚拟变量 br、fd、t_dummy 以及三者的交互项 br_fd_t，其中当贸易国加入"一带一路"倡议时，br 取 1，反之则取 0；当贸易方是发达国家时，fd 取 1，反之取 0。当使用包括"一带一路"和非"一带一路"国家的 129 个国家全样本数据时，交互项 br_fd_t 的系数符号及显著性可以反映"一带一路"倡议是否使中国的高新技术产品贸易在发达国家和发展中国家之间转移，由此来衡量"一带一路"倡议的静态贸易转移效应。

大多数文献都只是理论分析动态贸易效应，很少有文献实证研究动态效应。"一带一路"倡议动态贸易效应的衡量是在静态贸易效应的基础上对虚拟变量 t_dummy 滞后一期，即 t_1dummy。由此测算上一年的"一带一路"倡议实施对本年的作用效果。当时间在 2014 年及之后 t_1dummy 取 1，反之取 0。通过在上述回归的基础上分别对应加入 t_1dummy 和交互项 $br\_fd\_t\_1$，以此各自衡量"一带一路"倡议的动态创造效应、发达和发展中国家的动态贸易转移效应。

在研究 TPP 的贸易效应时，主要从静态贸易效应和动态贸易效应两个方面分析 TPP 对中国外贸转型升级的影响。在检验 TPP 对外贸转型升级的静态影响时，在回归中加入虚拟变量 *tpp*、*t_dummy1* 以及二者的交互项 *tpp_t_dummy1*，其中若贸易国为 TPP 成员国，*tpp* 则取 1，反之则取 0；由于 P4 协定在 2008 年正式更名为 TPP，时间在 2008 年及之后 *t_dummy* 取 1，反之则取 0。在这样设置虚拟变量之后，交互项 *tpp_t_1dummy* 则可以反映 TPP 对中国外贸转型升级的静态作用效果。若交互项的系数显著为负，说明 TPP 给中国高新技术产品贸易带来静态贸易缩减效应，反之则没有带来贸易缩减效应。TPP 的动态贸易效应则在静态贸易效应的基础上同样对虚拟变量 *t_1dummy* 进行滞后，即 *t_1dummy* 取 *1*。时间在 2009 年及之后 *t_1dummy* 取 1，反之则取 0。然后在 TPP 静态贸易效应回归的基础上加入 *t_1dummy1* 及其与 *tpp* 的交互项 *tpp_t_1dummy1*，并根据两个交互项的系数符号和显著性判断 TPP 对中国外贸转型升级的动态影响。

(4) 回归结果的稳健性问题。

首先，为了避免关键变量的测度误差问题，进一步提高回归结果的可信度，本部分在基准回归的基础上更换了被解释变量，用中国对其他国家高新技术产品总进出口额作为被解释变量代替中国对其他国家高新技术产品出口额进行回归，以此进行稳健性检验。其次，为了避免遗漏变量问题，本部分在上述核心解释变量的基础回归的基础上，又加入一系列控制变量来避免由于遗漏变量造成的误差。最后，为了避免模型误设问题，本部分在 PPML 回归的基础上又更换估计方法，使用 FGLS 估计方法来检验回归结果的稳健性。

6.2.3 指标的选取

1. 被解释变量

以中国对其他国家的高新技术产品出口额和进出口总额分别作为被解释变量来衡量中国外贸的转型升级。

2. 解释变量

本节通过设置不同的核心解释变量来衡量“一带一路”倡议和 TPP 对中国外贸转型升级的影响。在研究“一带一路”倡议的贸易效应时，本部分关注的核心解释变量是虚拟变量 *br*、*t_dummy* 和 *fd*，并利用这些虚拟变量组成的交互项衡量贸易效应。在分析 TPP 的贸易效应时，加入的核心解释变量是 tpp、t_dummy，同样利用它们以及时间虚拟变量滞后项 $t\_1dummy1$ 相互组成的交互项衡量 TPP 的静态与动态贸易效应。

3. 控制变量

本部分在孔庆峰和董虹蔚（2015）基础上，选取中国的人均 GDP、沿线国家的人均 GDP、两国首都之间的距离作为控制变量。早期的研究大多用人口这一变量来衡量国家的市场规模。近些年，学者更倾向于用人均 GDP 或两国间人均 GDP 差值的绝对值来衡量。人均国内生产总值反映了出口国的供给能力及进口国的需求能力，人均 GDP 及中国与其他国家人均 GDP 的差值越大，潜在的出口能力或进口能力越大，进而双边贸易流量也越大。因此，本部分采用各国人均国内生产总值（PGDP）这个变量来衡量贸易双方的市场规模。国家间的距离代表了两国之间的排斥力，在引力方程中作为间接代表运输成本的恒定指标。两国间的距离越远，双边贸易流量越小。距离对双边贸易流量的负向影响通过距离对于运输成本的正影响体现。研究中，距离又被大多数学者分为绝对距离和相对距离两个方面。绝对距离一般是两个国家间的直线距离，而对于相对距离的测算则各有不同。由于本部分涉及较多国家，数据可得性差，故采用绝对距离来衡量运输成本。

综上所述，本部分选用的变量含义及预期符号见表 6.2。

表 6.2　变量的含义及预期符号

变　　量	含　　义	预期符号
$HTEXPORT_{cit}$	各年中国对 i 国的出口额（美元）	
$HTEX\_IM_{cit}$	各年中国对 i 国的进出口总额（美元）	
BR_i	i 国是否为“一带一路”倡议成员国	+
TPP_i	i 国是否为 TPP 协议成员国	−
$DEVELOP_i$	i 国是否为发达国家	−
T_DUMMY	时间是否在 2013 年之后	+
T_DUMMY1	时间是否在 2008 年之后	+
$PGDP_{it}$	i 国各年国内生产总值（美元）	+
DIS_{ci}	中国与 i 国间的距离（公里）	−

资料来源：笔者根据相关资料整理。

6.3 实证结果

6.3.1 “一带一路”的转型升级效应

1. 静态贸易创造效应

(1) 基准回归结果。

为了检验“一带一路”倡议对中国外贸转型升级的影响，首先分析“一带一路”倡议是否给中国高新技术产品出口贸易带来贸易创造效应。本部分利用2005—2015年中国与加入“一带一路”倡议的64个国家的高新技术产品双边贸易数据进行回归，此时加入的核心解释变量为年份是否处于2013年之后的时间虚拟变量 t_dummy，根据该变量的系数符号及显著性判断在2013年提出的“一带一路”倡议对中国高新技术产品出口的静态贸易效应。

由于本部分是使用引力模型对“一带一路”倡议的贸易效应进行估计，在选择计量方法时，Silva和Tenreyro(2006)发现大多数引力模型都是先进行对数线性化再进行OLS估计，由于詹森不等式的存在，造成E(ln y)不等于ln E(y)的存在，因而产生误差。因为原始指数形式的引力模型中误差与自变量是相互独立的，对数化处理往往使得新误差在一般条件下与自变量相关，此时使用OLS估计是有偏的。Silva和Tenreyro(2006)提出使用泊松伪最大似然估计(PPML)代替OLS对引力方程进行估计，避免出现有偏的结果。郝景芳和马弘(2012)为了检验引力模型的最优估计方法，通过蒙特卡罗模拟实验比较PPML和OLS估计方法，结果表明PPML估计引力方程时偏差最小，尤其是对贸易协定等影响因素估计偏差明显小于OLS估计。因此本节选择PPML估计方法对“一带一路”贸易效应进行基准估计，估计结果如表6.3所示。

表6.3中被解释变量在第一行中列出，均为对数化的中国对加入“一带一路”倡议国家和地区的高新技术产品出口额(ln *htexport*)，解释变量则反映在表中的最左列。各列回归中核心解释变量为时间是否在2013年之后的虚拟变量(t_dummy)。因为使用的是中国与64个“一带一路”国家之间的样本数据，所以时间虚拟变量(t_dummy)可以反映“一带一路”倡议在2013年被提出后是否对中国与“一带一路”国家的高新技术产品贸易产生静态贸易创造效应。

表6.3 “一带一路”倡议静态贸易创造效应基准回归结果

变　量	(1) ln *htexport*	(2) ln *htexport*	(3) ln *htexport*
t_dummy	0.038 0*** (0.009 2)	−0.016 5 (0.011 2)	−0.002 5 (0.003 0)
ln *pgdp*		0.040 5*** (0.003 0)	0.039 2*** (0.006 7)
ln *chn_pgdp*		0.058 5*** (0.011 3)	0.121 0*** (0.014 0)
ln *dis*		−0.076 4*** (0.007 8)	
时间趋势	否	否	是
国家固定效应	否	否	是
N	704	690	701
(拟)R^2	0.021	0.302	0.969

注:括号里为稳健性标准误。*、**、*** 分别表示10%,5%和1%水平上显著。

第(1)列的回归中仅加入时间虚拟变量(*t_dummy*),回归结果显示*t_dummy*系数为正且在1%水平上显著,表明在2013年“一带一路”倡议提出后,中国对加入“一带一路”国家和地区的高新技术产品出口量有所增加。这可能是因为“一带一路”倡议加强了成员国之间的贸易往来,其他成员国原本自己生产但成本较高的那部分高新技术产品改为从中国进口,降低成本而增加双方福利。由此说明“一带一路”倡议具有静态贸易创造效应,有利于中国外贸的转型升级。

为了避免遗漏控制变量对回归结果造成偏误,本节在第(2)的回归中加入了可能影响中国高新技术产品出口的其他控制变量,包括各国人均GDP(ln *pgdp*)、中国人均GDP(ln *chn_pgdp*)、中国与各国的直线地理距离(ln *dis*),同样对这些控制变量进行对数化处理。第(2)列的回归结果中核心解释变量*t_dummy*的系数变为负的,表明中国对“一带一路”国家和地区高新技术产品出口量在2013年之后减少,这可能是由2008年金融危机带来的持久负面影响造成的,或者发达国家制定的某些新规则对发展中国家贸易产生不利影响，不过在统计上不显著。而控制变量 ln *pgdp* 和 ln *chn_pgdp* 系数均在统计上显著为正，表明贸易双方人均 GDP 的增加可以促进中国对其他国家的高新技术产品出口；此外 ln *dis* 的系数在统计上显著为负，说明贸易双方之间的距离对高新技术产品的双边贸易有抑制作用，不利于外贸转型升级。这是因为距离增加会带来运输成本的增加，对贸易产生负面影响，符合前期预测。

为了更好地识别"一带一路"倡议的静态贸易创造效应，本部分在第(2)列的回归基础上控制了时间趋势和国家固定效应，避免其他不随时间或国家个体变化的因素对回归结果造成影响，得到第(3)列的回归结果。由于控制国家固定效应，不随时间变化但随国家个体变化的变量会被忽略，因此本部分没有把两国距离(ln *dis*)加入第(3)列中。回归结果中核心解释变量 *t_dummy* 的系数为负并且绝对值减小，但是同样在统计上不显著。这说明在控制了时间趋势及其他影响因素后，"一带一路"倡议的静态贸易创造效应反而不明显。其余控制变量的系数符号及显著性均与第(2)列的回归结果保持一致。

综上所述，"一带一路"倡议使得 2013 年及之后中国对"一带一路"国家和地区的高新技术产品出口额增加，说明"一带一路"倡议在成员国范围内产生了静态贸易创造效应，进一步表明其对中国的外贸转型升级有促进作用。

(2) 稳健性检验。

① 更换被解释变量指标。为了避免关键变量的测度误差问题，本部分通过更换被解释变量来检验"一带一路"倡议的静态贸易创造效应的稳健性。表 6.3 的模型中选择中国对"一带一路"国家和地区的高新技术产品出口额作为被解释变量，而中国的高新技术产品进出口总额同样也是反映外贸转型升级的重要指标。因此本部分在进行稳健性检验时，使用对数化后的中国对 64 个"一带一路"国家的高新技术产品进出口总额代替出口额作为被解释变量，同样使用 PPML 方法进行回归，回归结果如表 6.4 所示。

表 6.4 中各列的回归中被解释变量为对数化后的中国对"一带一路"国家和地区的高新技术产品进出口总额，各个解释变量与表 6.3 中相同。第(1)列的回归结果中时间虚拟变量 *t_dummy* 的系数同样显著为正且绝对值大小与

表6.4　“一带一路”倡议静态贸易创造效应稳健性检验结果

变　量	(1) ln *htex_im*	(2) ln *htex_im*	(3) ln *htex_im*
t_dummy	0.037 1*** (0.010 1)	−0.014 2 (0.012 1)	−0.001 6 (0.003 0)
ln *pgdp*		0.044 9*** (0.003 1)	0.034 4*** (0.006 8)
ln *chn_pgdp*		0.052 5*** (0.012 2)	0.116 9*** (0.014 3)
ln *dis*		−0.101 0*** (0.009 0)	
时间趋势	否	否	是
国家固定效应	否	否	是
N	704	690	701
(拟)R^2	0.017	0.317	0.972

注:括号里为稳健性标准误。*、**、*** 分别表示10%,5%和1%水平上显著。

表6.3中相近,说明2013年之后中国对倡议成员国的高新技术产品进出口贸易增加,即“一带一路”倡议存在静态贸易转移效应,从而有利于中国外贸的转型升级。第(2)列的回归则加入其他控制变量来解决遗漏变量的问题,结果显示 *t_dummy* 的系数为负且在统计上不显著,表明中国高新技术产品进出口在样本期间内没有明显变化。其他控制变量的系数符号及显著性与表6.3中对应一致,仅仅系数绝对值发生变化,这是因为控制变量对不同被解释变量的影响程度不同。第(3)列中控制时间趋势和国家固定效应的回归结果也与表6.3结果相符。更换被解释变量后的回归结果说明结果是稳健的,“一带一路”倡议具有一定的静态贸易创造效应。

② 更换估计方法。为了检验是否存在模型误设问题,本部分通过更换估计方法检验PPML回归结果是否具有稳健性。由于本部分选择的样本时间区间在2005—2015年,时间跨度相对较大,每位个体的信息较多,则扰动项之间可能存在异方差与自相关问题。本部分使用FGLS估计来避免组内自相关、组间的异方差或同期相关等问题,回归结果如表6.5所示。

表 6.5　"一带一路"倡议静态贸易创造效应 FGLS 回归结果

变　量	(1) ln *htexport*	(2) ln *htexport*	(3) ln *htexport*
t_dummy	0.765 2*** (0.107 3)	−0.282 2*** (0.083 2)	−0.036 1 (0.048 6)
ln *pgdp*		0.884 0*** (0.022 1)	0.570 9*** (0.066 9)
ln *chn_pgdp*		0.976 9*** (0.074 0)	2.188 3*** (0.177 4)
ln *dis*		−1.757 4*** (0.085 0)	
时间趋势	否	否	是
国家固定效应	否	否	是
N	704	690	701
(拟)R^2	—	—	—

注:括号里为稳健性标准误。*、**、*** 分别表示 10%,5%和 1%水平上显著。

表 6.5 把估计方法由 PPML 更换为 FGLS,而每列的回归中被解释变量及解释变量和表 6.3 中一致,以此来检验"一带一路"倡议静态贸易创造效应的稳健性。第(1)列的结果中 *t_dummy* 的系数为负且在统计上显著,与表 6.3 中对应的结果相符。第(2)列中增加了控制变量后,*t_dummy* 系数变成显著为负,说明中国对"一带一路"倡议成员国的高新技术产品出口随时间减少,与预期不符。这可能是 FGLS 估计中没有控制存在的国家固定效应和时间效应造成的,因此本部分在第(3)列的回归中加入个体虚拟变量和时间趋势项控制可能存在的固定效应和时间效应,结果显示 *t_dummy* 系数仍然为负但不显著,其余控制变量系数符号及显著水平也与表 6.3 中的一致。更换估计方法的回归结果表明"一带一路"倡议存在静态贸易创造效应,结果相对稳健。

2. *静态贸易转移效应*

(1) 基准回归结果。

在分析"一带一路"倡议对中国高新技术产品出口的贸易转移效应时,本部分使用全样本数据,即 2005—2015 年中国与 129 个国家(包括非"一带一路”国家)的高新技术产品双边贸易数据进行回归,并在回归中加入表示是否属于“一带一路”国家和地区的虚拟变量(br)、表示是否为发达国家的虚拟变量 fd、时间虚拟变量(t_dummy)以及三者的交互项(br_fd_t),此时关注的核心解释变量为交互项(br_fd_t),该变量的系数符号及显著性可以反映“一带一路”倡议是否造成2013年之后中国高新技术产品出口由发达国家向发展中国家转移,进而判断在发达和发展中国家之间是否存在静态贸易转移效应。本部分使用PPML估计的结果如表6.6所示。

表6.6 “一带一路”倡议静态贸易转移效应基准回归结果

变量	(1) $\ln htexport$	(2) $\ln htexport$	(3) $\ln htexport$
br	0.132 3*** (0.009 1)	0.011 2* (0.006 7)	0.002 2 (0.015 7)
fd	0.308 6*** (0.013 2)	0.099 3*** (0.008 8)	0.075 3*** (0.019 2)
t_dummy	−0.032 0*** (0.002 4)	−0.016 5** (0.008 3)	−0.001 9 (0.002 6)
br_fd_t	−0.016 5*** (0.003 2)	−0.004 3 (0.011 8)	−0.007 0** (0.003 0)
$\ln pgdp$		0.018 4*** (0.002 5)	0.044 9*** (0.005 3)
$\ln chn\_pgdp$		0.068 4*** (0.007 7)	0.116 3*** (0.011 8)
$\ln dis$		−0.037 9*** (0.006 3)	
时间趋势	是	否	是
国家固定效应	是	否	是
N	1 419	1 369	1 380
(拟)R^2	0.952	0.410	0.963

注:括号里为稳健性标准误。*、**、*** 分别表示10%,5%和1%水平上显著。

表6.6中被解释变量为对数化的中国对其他国家(包括非“一带一路”国家和地区)高新技术产品出口额($\ln htexport$),解释变量在表中第一列展示,

每列中回归的核心解释变量是交互项 br_fd_t，该变量可以用来判断“一带一路”倡议是否在发达与发展中国家之间产生高新技术产品静态贸易转移效应。

第(1)回归中只加入虚拟变量 br、fd、t_dummy 以及三者交互项 br_fd_t，并控制了时间趋势和国家固定效应。回归结果中 br 系数显著为正，说明中国对“一带一路”国家和地区的高新技术产品出口高于非“一带一路”国家。虚拟变量 fd 的系数显著为正，表明中国对发达国家的高新技术产品出口多于对发展中国家的出口。时间虚拟变量 t_dummy 的系数显著为负，说明中国高新技术产品出口在随时间推移而减少，这可能是国际经济大环境不景气造成的结果。核心变量 br_fd_t 系数为负且在统计上显著，说明 2013 年“一带一路”倡议被提出之后，中国对发达国家的高新技术产品出口减少，向发展中国家有所转移。这可能因为“一带一路”倡议是由中国提出的主要适用于发展中国家的国际经贸新规则，响应倡议的大多为发展中国家和地区，“一带一路”倡议促进了成员国的贸易便利化，使得发展中国家原本从其他国家进口高新技术产品改为从中国进口，因此增加了中国对发展中国家高新技术产品的出口额，产生静态贸易转移效应。

第(2)列的回归中加入了控制变量 $\ln pgdp$、$\ln chn\_pgdp$ 和 $\ln dis$ 来解决遗漏变量造成的估计偏误问题，并且为了避免 $\ln dis$ 的系数被忽略而没有控制时间趋势和固定效应。回归结果中 br、fd 和 t_dummy 系数符号及是否显著均与第(1)列的结果相同，只是系数绝对值发生改变。核心变量 br_fd_t 依旧为负，但是在统计上不显著，这可能是因为没有控制时间趋势和国家固定效应时，那些不随时间或者不随国家的变化的影响因素造成的。$\ln pgdp$、$\ln chn\_pgdp$ 系数显著为正，$\ln dis$ 系数在 1%水平上显著为负，均符合前期预测。

第(3)列的回归在第(2)列的基础上对时间趋势和国家固定效应进行控制，因此也没有加入控制变量 $\ln dis$。回归结果显示 br 系数为正，但是在统计上不显著。fd 系数显著为正，说明中国对发达国家的高新技术产品出口较多。t_dummy 系数在统计上不显著，说明在样本期间中国高新技术产品出口总量在 2013 年之后没有发生显著变化。本节关注的核心变量 br_fd_t 的系数仍然显著为负，说明“一带一路”倡议使得 2013 年之后中国对发达国家的部分高新技术产品出口向发展中国家转移，存在静态贸易转移效应。其他控制变量的系数符号及显著性与第(2)列的结果相符。

(2) 稳健性检验。

① 更换被解释变量指标。为了检验回归结果是否具有稳健性，本部分同样更换被解释变量进行回归，将对数化后的中国对129个国家高新技术产品进出口总额作为被解释变量。采用PPML估计的结果如表6.7所示。

表6.7　"一带一路"倡议静态贸易转移效应稳健性检验结果

变　量	(1) ln *htex_im*	(2) ln *htex_im*	(3) ln *htex_im*
br	0.122 4 *** (0.007 3)	0.005 0 (0.006 8)	−0.009 7 (0.015 2)
fd	0.330 6 *** (0.012 4)	0.102 4 *** (0.009 2)	0.094 6 *** (0.019 1)
t_dummy	−0.030 8 *** (0.002 4)	−0.016 1 * (0.008 7)	−0.001 1 (0.002 7)
br_fd_t	−0.014 9 *** (0.003 1)	−0.000 2 (0.012 4)	−0.006 6 ** (0.002 8)
ln *pgdp*		0.021 4 *** (0.002 6)	0.038 4 *** (0.005 4)
ln *chn_pgdp*		0.065 6 *** (0.008 1)	0.118 9 *** (0.012 5)
ln *dis*		−0.047 6 *** (0.006 7)	
时间趋势	是	否	是
国家固定效应	是	否	是
N	1 419	1 369	1 380
(拟)R^2	0.956	0.422	0.965

注：括号里为稳健性标准误。*、**、*** 分别表示10%，5%和1%水平上显著。

表6.7中各列的被解释变量均为对数的中国对其他国家的高新技术产品进出口总额，所选解释变量与表6.6中对应一致。PPML回归后的结果表明，第(1)列的 *br* 系数显著为正，第(2)、(3)列的 *br* 系数在统计上不显著。各列的 *fd* 系数均显著为正，与表6.6中的结果相符合。时间虚拟变量 *t_dummy* 在第(1)、(2)列中显著为负，在第(3)列中同样为负但在统计上不显著，说明中

国高新技术产品进出口随时间推移有减少的趋势。第(1)、(3)列中核心变量 *br_fd_t* 显著为负,第(2)列中其系数也是负的,只是在统计上不显著,与表 6.6 结果基本一致。由此看出,回归结果具有稳健性,"一带一路"倡议会产生静态贸易转移效应,使中国与发达国家之间的高新技术产品进出口贸易向发展中国家转移。其余控制变量符号和显著水平与表 6.6 中以出口额作为被解释变量的回归结果相符。综上所述,更换被解释变量后,"一带一路"倡议对中国高新技术产品产生了静态贸易转移效应,并且主要表现为发达国家和发展中国家之间的转移。

② 更换估计方法。本部分同样使用 FGLS 方法替代 PPML 对"一带一路"倡议的静态贸易转移效应进行估计,检验估计结果的稳健性,避免模型设置错误造成的估计偏差。FGLS 估计结果如表 6.8 所示。

表 6.8 "一带一路"倡议静态贸易转移效应 FGLS 回归结果

变 量	(1) ln *htexport*	(2) ln *htexport*	(3) ln *htexport*
br	4.306 2 *** (0.164 9)	0.165 9 *** (0.059 9)	3.439 0 *** (0.164 6)
fd	−1.032 0 *** (0.143 2)	2.047 6 *** (0.076 6)	−1.342 7 *** (0.120 6)
t_dummy	−0.532 6 *** (0.035 1)	−0.296 2 *** (0.068 9)	−0.036 9 (0.038 8)
br_fd_t	−0.187 6 *** (0.056 0)	−0.013 7 (0.132 4)	−0.012 2 (0.043 0)
ln *pgdp*		0.364 9 *** (0.022 9)	0.795 3 *** (0.053 0)
ln *chn_pgdp*		1.219 4 *** (0.059 2)	2.013 8 *** (0.135 8)
ln *dis*		−0.631 3 *** (0.063 8)	
时间趋势	是	否	是
国家固定效应	是	否	是
N	1 419	1 369	1 380
(拟)R^2	—	—	—

注:括号里为稳健性标准误。*、**、*** 分别表示 10%,5%和 1%水平上显著。

表 6.8 的各列回归中保持解释变量、被解释变量与表 6.6 中一致，仅仅更换估计方法，使用 FGLS 估计“一带一路”倡议的静态贸易转移效应。第(1)列中交互项 br_fd_t 系数显著为负；在增加控制变量后，第(2)、(3)列中 br_fd_t 系数为正，但是在统计上不显著，这说明“一带一路”倡议使得 2013 年之后中国对发达国家的高新技术产品出口有减少的趋势，产生了贸易转移效应。在所有的回归中，fd 的系数显著为负，与表 6.6 中结果相反，这可能是模型误设而造成的。时间虚拟变量 t_dummy 的系数及显著性与表 6.6 各列的回归结果对应一致。其余解释变量的回归结果同样与表 6.6 中相符。总的来说，更换估计方法的回归结果基本具有稳健性，可以看出“一带一路”倡议具有静态贸易创造效应，中国的高新技术产品出口向发展中国家转移。

③ 更换样本。表 6.6 以包括“一带一路”和非“一带一路”的 129 个国家的全样本数据来研究“一带一路”倡议的静态贸易转移效应，着重强调的是中国高新技术产品出口贸易在世界发达与发展中国家之间的转移。为了进一步检验其静态贸易转移效应，本部分又更换样本数据，而选择加入“一带一路”倡议的 64 个国家作为样本，研究“一带一路”倡议对成员国之间是否存在同样的贸易转移效应，以此检验回归结果的稳健性。此时在模型中加入虚拟变量 fd、t_dummy 以及二者交互项 fd_t_dummy，其中交互项的系数可以反映加入“一带一路”倡议的发达国家和发展中国家之间是否发生高新技术产品贸易的转移。PPML 估计结果如表 6.9 所示。

表 6.9 中的回归将研究样本由 129 个国家更换为加入“一带一路”倡议的 64 个国家，被解释变量仍然为对数化的中国对 64 国高新技术产品出口额。回归结果显示，各列中的 fd 系数均显著为正，与使用全样本进行回归的结果相同，表明在“一带一路”国家中，中国对发达国家的高新技术产品出口多于发展中国家。时间虚拟变量 t_dummy 在各列的回归结果中均为负，并且仅第(1)列中在统计上显著，说明中国对“一带一路”各国的高新技术产品出口随时间推移有减小趋势。本部分主要关注的交互项 fd_t_dummy 的系数均是负的，并且在统计上显著[第(2)列除外]，这可能是第(2)列中没有控制时间趋势和国家固定效应造成的。因此对于“一带一路”倡议国而言，2013 年之后中国对发达国家的高新技术产品出口减少，减少的那部分向发展中国家转移，即同样

表 6.9　64 国"一带一路"倡议静态贸易转移效应回归结果

变　量	(1) ln *htexport*	(2) ln *htexport*	(3) ln *htexport*
fd	0.212 7*** (0.012 1)	0.121 7*** (0.010 6)	0.161 0*** (0.034 4)
t_dummy	−0.028 7*** (0.003 0)	−0.014 1 (0.011 6)	0.001 7 (0.003 2)
fd_t_dummy	−0.020 4*** (0.003 5)	−0.016 6 (0.014 1)	−0.012 1*** (0.003 4)
ln *pgdp*		0.016 4*** (0.003 4)	0.033 7*** (0.007 1)
ln *chn_pgdp*		0.069 5*** (0.010 1)	0.127 8*** (0.013 9)
ln *dis*		−0.077 0*** (0.006 5)	
时间趋势	是	否	是
国家固定效应	是	否	是
N	704	690	701
(拟)R^2	0.960	0.439	0.969

注：括号里为稳健性标准误。*、**、*** 分别表示 10%，5%和 1%水平上显著。

存在静态贸易转移效应。其他控制变量的结果与表 6.6 中结果相符。由此可见，更换样本之后的回归结果也具有稳健性。

3. *动态贸易创造效应*

(1) 基准回归结果。

在研究"一带一路"倡议对中国外贸转型升级的影响时，除了分析"一带一路"倡议的静态效应，还需要探讨其动态效应。动态贸易效应同样包括动态贸易创造和动态贸易转移效应。本部分实证分析"一带一路"倡议对中国高新技术产品出口的动态贸易创造效应时，在表 6.3 静态贸易创造效应的回归基础上加入时间虚拟变量的滞后项 *t_1dummy*，当时间在 2014 年之后 *t_1dummy* 取 1，反之则取 0，以此反映上一年"一带一路"倡议的实施对这一年贸易的影响。回归样本选择加入"一带一路"倡议的 64 个国家，虚拟变量 *t_dummy* 和

t_1dummy 系数之和还有显著性，可以体现中国对“一带一路”国家的高新技术产品出口是否存在动态贸易创造效应。PPML 回归结果如表 6.10 所示。

表 6.10 “一带一路”倡议动态贸易创造效应基准回归结果

变量	(1) ln *htexport*	(2) ln *htexport*	(3) ln *htex_im*	(4) ln *htex_im*
t_dummy	0.035 8** (0.014 0)	−0.002 3 (0.002 9)	0.035 0** (0.015 4)	−0.001 4 (0.002 8)
t_1dummy	0.003 3 (0.015 8)	0.017 8*** (0.003 4)	0.003 1 (0.017 4)	0.016 6*** (0.003 5)
ln *pgdp*		0.036 9*** (0.006 7)		0.032 4*** (0.006 8)
ln *chn_pgdp*		0.169 5*** (0.018 0)		0.162 1*** (0.018 3)
时间趋势	否	是	否	是
国家固定效应	否	是	否	是
N	704	701	704	701
(拟)R^2	0.021	0.970	0.017	0.973

注：括号里为稳健性标准误。*、**、*** 分别表示 10%，5%和 1%水平上显著。

表 6.10 中第(1)、(2)列的被解释变量为对数化后的中国对 64 个“一带一路”国家的高新技术产品出口额，第(3)、(4)列的被解释变量为对数化后的中国对 64 个国家高新技术产品进出口总额。第(1)列的回归中仅加入时间虚拟变量 *t_dummy* 及其滞后项 *t_1dummy*，结果显示 *t_dummy* 系数显著为正，*t_1dummy*系数也为正，但是在统计上不显著，这可能是遗漏解释变量造成的偏误。由此也可以看出两个时间虚拟变量系数之和为正，并且这两个变量通过了联合显著性检验，说明“一带一路”倡议具有动态贸易创造效应。为了避免遗漏控制变量造成的误差，本部分在第(1)列中回归的基础上加入 ln *pgdp* 和 ln *chn_pgdp*，并且控制了时间趋势和国家固定效应。结果表明 *t_dummy* 系数不显著，*t_1dummy* 系数显著为正，并且二者系数之和为 0.015 5，同样通过联合显著性检验，说明“一带一路”倡议使得 2014 年后中国对成员国的高新技术产品出口有所增加，对中国外贸转型升级有动态创造效应。ln *pgdp*

和 ln *chn_pgdp* 的系数显著为正，与静态贸易创造效应中的结果一致。

第(3)、(4)列的回归中将被解释变量更换为中国对64个“一带一路”国家的高新技术产品进出口总额，回归结果与第(1)、(2)列对应相符，并且 *t_dummy* 和 *t_1dummy* 的系数之和同样为正，并且通过联合显著性检验，说明“一带一路”倡议使2014年后中国与成员国之间的高新技术产品进出口贸易增加。由此可见，替换被解释变量的回归结果也可以证明“一带一路”倡议具有动态贸易创造效应。

(2) 稳健性检验。

本部分同样更换估计方法，使用FGLS方法估计“一带一路”倡议对中国外贸转型升级的动态贸易创造效应，以此检验估计结果的稳健性。FGLS估计结果如表6.11所示。

表6.11 “一带一路”倡议动态贸易创造效应FGLS回归结果

变量	(1) ln *htexport*	(2) ln *htexport*	(3) ln *htex_im*	(4) ln *htex_im*
t_dummy	0.687 5 *** (0.167 9)	−0.031 5 (0.046 8)	0.663 5 *** (0.164 1)	−0.029 2 (0.051 0)
t_1dummy	0.116 4 (0.193 9)	0.300 8 *** (0.052 5)	0.153 8 (0.189 4)	0.290 1 *** (0.057 2)
ln *pgdp*		0.520 8 *** (0.064 3)		0.507 4 *** (0.067 7)
ln *chn_pgdp*		3.048 3 *** (0.219 4)		2.851 0 *** (0.242 7)
时间趋势	否	是	否	是
国家固定效应	否	是	否	是
N	704	701	704	701
(拟) R^2	—	—	—	—

注：括号里为稳健性标准误。*、**、*** 分别表示10%，5%和1%水平上显著。

表6.11为更换估计方法后的回归结果，各列的被解释变量、解释变量与表6.10中的对应一致。回归结果表明，时间虚拟变量 *t_dummy* 和 *t_1dummy* 的系数符号及显著性都是稳健的，各列中的二者系数之和均为正，并且都通过了联合显著性检验，说明“一带一路”倡议存在动态贸易创造效应，并且结果稳

健。其他控制变量的系数符号及是否显著与 PPML 估计结果一致。

4. 动态贸易转移效应

（1）基准回归结果。

本部分在分析“一带一路”倡议的动态贸易转移效应时，在表 6.6 静态贸易转移效应基准回归的基础上，加入时间虚拟变量 *t_dummy* 的滞后项 *t_1dummy* 以及其与 *br*、*fd* 的交互项 *br_fd_t_1*，核心变量 *br_fd_t* 和 *br_fd_t_1* 的系数之和的符号及显著性可以衡量“一带一路”倡议是否使中国高新技术产品贸易在发达国家与发展中国家之间发生动态贸易转移。PPML 估计结果如表 6.12 所示。

表 6.12　“一带一路”倡议动态贸易转移效应基准回归结果

变　量	(1) ln *htexport*	(2) ln *htexport*	(3) ln *htex_im*	(4) ln *htex_im*
br	0.132 3*** (0.009 1)	−0.001 6 (0.015 1)	0.122 4*** (0.007 2)	−0.013 2 (0.014 7)
fd	0.308 6*** (0.013 2)	0.081 4*** (0.019 0)	0.330 6*** (0.012 4)	0.100 2*** (0.019 0)
t_dummy	−0.024 4*** (0.002 6)	−0.001 6 (0.002 6)	−0.023 1*** (0.002 7)	−0.000 8 (0.002 7)
br_fd_t	−0.014 9*** (0.004 0)	−0.006 9* (0.003 7)	−0.013 8*** (0.003 7)	−0.007 0** (0.003 5)
t_1dummy	−0.014 2*** (0.002 6)	0.021 0*** (0.003 1)	−0.014 4*** (0.002 7)	0.019 2*** (0.003 1)
br_fd_t_1	−0.002 4 (0.004 7)	−0.000 9 (0.004 5)	−0.001 6 (0.004 2)	−0.000 0 (0.004 0)
ln *pgdp*		0.042 9*** (0.005 3)		0.036 5*** (0.005 4)
ln *chn_pgdp*		0.172 0*** (0.014 8)		0.170 3*** (0.015 5)
时间趋势	是	是	是	是
国家固定效应	是	是	是	是
N	1 419	1 380	1 419	1 380
(拟)R^2	0.953	0.964	0.957	0.966

注：括号里为稳健性标准误。*、**、*** 分别表示 10%，5%和 1%水平上显著。

表 6.12“一带一路”倡议动态贸易转移效应基准回归使用的样本是中国与 129 个国家高新技术产品双边贸易数据，其中第(1)、(2)列的被解释变量为对数化的中国对其他国家高新技术产品出口额，第(3)、(4)列的被解释变量为进出口总额，所有回归都控制了时间趋势和国家固定效应。结果显示，各列中解释变量 br_fd_t 的系数显著为负，表明“一带一路”倡议使 2013 年之后中国与发达国家的高新技术产品贸易减少。$br\_fd\_t\_1$ 的系数为负，但在统计上不显著，说明中国与发达国家的高新技术产品贸易在 2014 年后有缩减的趋势。各列中两个交互项的系数之和为负，并且均通过了联合显著性检验，表明“一带一路”倡议对中国高新技术产品贸易存在动态转移效应，并且是由发达国家向发展中国家转移。其余解释变量的回归结果与“一带一路”倡议静态贸易转移效应的回归结果基本一致。

(2) 稳健性检验。

表 6.12 研究的是中国高新技术产品贸易在 129 个国家之间的动态转移，既包括“一带一路”国家，也包括非“一带一路”国家。为了检验回归结果的稳健性，本部分又选择 64 个“一带一路”国家作为研究样本，分析“一带一路”倡议是否使中国的高新技术产品贸易在成员国之间发生动态转移。此时，因为样本更换为“一带一路”国家，因此在表 6.12 回归的基础上去掉虚拟变量 br 以及交互项在回归中加入 br_fd_t 和 $br\_fd\_t\_1$，而是加入交互项 fd 分别与 t_dummy、t_1dummy 的交互项 fd_t_dummy、fd_t_1dummy，这两个交互项的系数之和可以用来判断“一带一路”倡议是否使中国高新技术产品贸易在成员国之间发生动态转移。PPML 回归结果如表 6.13 所示。

表 6.13 中第(1)、(2)列被解释变量为对数化的中国对 64 个“一带一路”国家的高新技术产品出口额，第(3)、(4)列被解释变量替换成相应的进出口总额，各列的回归中都控制了时间趋势和国家固定效应。从结果中可以看出，各列的 fd 系数显著为正，说明在“一带一路”成员国和地区中，中国与发达国家之间的高新技术产品贸易多于发展中国家。第(1)、(3)列中 t_dummy、t_1dummy 系数显著为负。为了避免是遗漏解释变量造成的偏误，第(2)、(4)列加了控制变量 $\ln pgdp$、$\ln chn\_pgdp$，由于控制了国家固定效应，因此没有加入表示国家之间距离的变量 $\ln dis$。此时，t_dummy 系数变为正的，但是在

表 6.13　64 国“一带一路”倡议动态贸易转移效应回归结果

变　量	(1) ln *htexport*	(2) ln *htexport*	(3) ln *htex_im*	(4) ln *htex_im*
fd	0.212 7 *** (0.012 0)	0.173 4 *** (0.034 4)	0.211 8 *** (0.011 8)	0.190 4 *** (0.035 2)
t_dummy	−0.019 1 *** (0.003 1)	0.002 4 (0.003 2)	−0.017 9 *** (0.003 2)	0.002 5 (0.003 4)
fd_t_dummy	−0.020 9 *** (0.004 3)	−0.013 4 *** (0.004 1)	−0.017 8 *** (0.004 0)	−0.011 2 *** (0.004 0)
t_1dummy	−0.017 6 *** (0.003 0)	0.0180 *** (0.003 8)	−0.016 8 *** (0.003 2)	0.016 6 *** (0.004 0)
fd_t_1dummy	0.000 8 (0.004 9)	0.000 9 (0.004 8)	0.001 2 (0.004 5)	0.001 3 (0.004 5)
ln *pgdp*		0.031 1 *** (0.007 1)		0.027 6 *** (0.007 3)
ln *chn_pgdp*		0.178 1 *** (0.017 8)		0.169 1 *** (0.018 4)
时间趋势	是	是	是	是
国家固定效应	是	是	是	是
N	704	701	704	701
(拟)R^2	0.961	0.970	0.967	0.973

注:括号里为稳健性标准误。*、**、*** 分别表示 10%，5%和 1%水平上显著。

统计上不显著；*t_1dummy* 系数则显著为正，说明 2014 年之后中国与“一带一路”国家和地区的高新技术产品贸易增多。各列的回归结果中，*fd_t_dummy* 系数显著为负，而 *fd_t_1dummy* 系数为正，但是在统计上不显著，但是两个交互项系数之和是负的，并且通过了联合显著性检验。结果表明，长期来看，“一带一路”倡议使中国对成员国中发达国家的高新技术产品贸易向发展中国家转移，即在“一带一路”国家之间也存在动态贸易转移效应。其余解释变量的系数及显著性均与表 6.12 相符。

6.3.2　TPP 的转型升级效应

1. 静态贸易效应

(1) 基准回归结果。

为了检验 TPP 对外贸转型升级是否具有负面影响，本部分利用 2005—

2015年中国与129个国家的跨国数据进行回归，回归结果见表6.14。本部分最关心的核心解释变量为是否为TPP成员国的二元虚拟变量 *tpp* 及其与 *i* 时期是否处于2008年之后的时间虚拟变量的交互项(*tpp_t_dummy1*)。

表 6.14 TPP 静态贸易效应基准回归结果

变　量	(1) ln *htexport*	(2) ln *htexport*	(3) ln *htexport*
tpp	0.150 8 *** (0.013 1)	0.105 9 *** (0.012 2)	0.210 7 *** (0.010 8)
t_dummy1	0.069 8 *** (0.007 6)	0.018 4 * (0.011 1)	0.003 8 (0.003 3)
tpp_t_dummy1	−0.028 9 * (0.017 5)	−0.033 6 * (0.017 5)	−0.010 9 *** (0.003 5)
ln *pgdp*		0.036 3 *** (0.001 7)	0.046 0 *** (0.005 2)
ln *chn_pgdp*		0.040 4 *** (0.009 8)	0.114 0 *** (0.013 3)
ln *dis*		−0.044 9 *** (0.005 2)	
时间趋势	否	否	是
国家固定效应	否	否	是
N	1 419	1 369	1 380
(拟)R^2	0.166 7	0.385 0	0.961

注：括号里为稳健性标准误。*、**、*** 分别表示10%，5%和1%水平上显著。

表6.14中被解释变量在第一行中列出，所有回归的被解释变量均为对数化的中国对其他国家的高新技术产品出口额(ln *htexport*)，解释变量则反映在表6.13的最左列。第(1)列的回归仅包含是否TPP国家(*tpp*)、是否处于2008年之后的虚拟变量(*t_dummy1*)及其二者交互项(*tpp_t_dummy1*)，是对式(6.1)对应的最简单形式的拓展。结果表明，*tpp* 系数为正显著，表明相对于非TPP国家，中国对TPP国家的高新技术产品出口要多；时期虚拟变量 *t_dummy1* 的系数显著为正，表明在2008年之后中国对其他129国的高新技

术产品出口显著增加；且本部分最关心的解释变量 *tpp_t_dummy1* 有一个在10%水平上显著的负系数，这表明中国对 TPP 国家的高新技术产品出口在2008 年之后显著减少，即 TPP 不利于中国企业的转型升级。为缓解遗漏解释变量造成的回归结果偏误问题，本部分在第(2)、(3)列的回归中包含了其他影响中国高新技术产品出口额的控制变量，如各国人均 GDP(ln *pgdp*)、中国人均 GDP(ln *chn_pgdp*)、中国与各国首都的直线距离(ln *dis*)，所有控制变量都以对数化形式表示。第(2)列的回归结果显示，*tpp* 的系数仍显著为正且绝对值有所下降，表明即使控制其他条件不变，中国对 TPP 成员国的高新技术产品出口增多。*t_dummy1* 也保持一个显著为正的系数，表明 2008 年以来中国高新技术产品出口显著上升。同时，*tpp* 与 *t_dummy1* 的交互项的系数仍然为负显著，这说明在 2008 年美国宣布加入 TPP 后，TPP 抑制了中国对其成员国的高新技术产品出口，不利于中国企业转型升级。此外，ln *pgdp* 和 ln *chn_pgdp* 均拥有一个为正且在统计上显著的系数，这说明目的国与中国人均GDP 的增长能促进中国的高新技术产品出口；ln *dis* 的系数为负显著，说明两国直线距离对中国的高新技术产品出口有明显的抑制作用，这符合前期预测。为了进一步识别 TPP 的静态贸易效应，本部分在第(3)列的回归中进一步控制了国家固定效应及时间趋势。由于控制国家固定效应，就控制了只随国家变化而不随时间变化的变量，因此本部分没有把两国首都的距离(ln *dis*)加入第(3)回归。回归结果发现，*tpp* 的系数仍保持显著为正，虽然时间虚拟变量变为不显著，但本部分最关心的交互项(*tpp_t_dummy1*)的系数仍为负且变得更为显著，这说明在控制了时间趋势及影响高新技术产品出口的其他因素后，TPP 对中国高新技术产品出口还是会存在负面影响，即 TPP 不利于中国的转型升级。其余解释变量的回归结果均与第(2)列的回归结果保持一致。

(2) 稳健性检验。

① 更换核心变量指标。在之前的模型中，都将中国对其他国家的高新技术产品出口额作为被解释变量。与出口额一样，进出口总额也是衡量中国与TPP 国家贸易水平的重要指标。因此，本部分使用对数化的中国对 129 个国家的高新技术产品总进出口额代替中国对其他国家高新技术产品出口额作为被解释变量进行回归，以此进行稳健性检验，检验结果见表 6.15。

表 6.15　TPP 静态贸易效应模型的稳健性检验结果

变　量	(1) ln *htex_im*	(2) ln *htex_im*	(3) ln *htex_im*
tpp	0.161 4 *** (0.014 6)	0.111 0 *** (0.013 2)	0.223 3 *** (0.012 5)
t_dummy1	0.069 1 *** (0.008 1)	0.017 4 (0.011 6)	0.003 3 (0.003 3)
tpp_t_dummy1	−0.033 6 * (0.019 3)	−0.037 3 ** (0.018 9)	−0.010 3 *** (0.003 8)
ln *pgdp*		0.039 9 *** (0.001 7)	0.039 5 *** (0.005 2)
ln *chn_pgdp*		0.039 1 *** (0.010 3)	0.115 7 *** (0.014 0)
ln *dis*		−0.051 8 *** (0.005 7)	
时间趋势	否	否	是
国家固定效应	否	否	是
N	1 419	1 369	1 380
(拟)R^2	0.159 7	0.396 8	0.965 0

注：括号里为稳健性标准误。*、**、*** 分别表示 10%，5%和 1%水平上显著。

表 6.15 中所有回归的被解释变量变为对数化的中国对 129 个国家的高新技术产品总进出口额，使用 PPML 做类似与表 6.14 的回归。通过观察表 6.15，可以发现，所有回归中，*tpp* 的系数为正显著，说明中国对 TPP 国家的高新技术产品总进出口高于非 TPP 国家；*t_dummy1* 的系数也为正显著，说明在样本期间中国对其他国家的高新技术产品总进出口额有所上升；而交互项有一个显著为负的系数，这表明中国对 TPP 成员国的高新技术产品总进出口在 2008 年之后显著下降。同样，为解决变量遗漏问题，在第(2)、(3)列的回归中如表 6.14 的第(2)、(3)列的回归一样加入其他可能影响中国高新技术产品出口的影响因素。回归结果显示，*tpp* 系数仍显著为正，而时间虚拟变量(*t_dummy1*)的系数变为不显著，表明在样本期间中国高新技术产品总进出口并没有发生显著变化，但本部分最关心的是交叉项(*tpp_t_dummy1*)的系

数，它仍显著为负，说明 TPP 显著抑制了中国对其成员国的高新技术产品进出口。且其余解释变量的系数符号及显著水平均与表 6.14 的以高新技术产品出口额为被解释变量时的回归结果相符。由此可见，即使把被解释变量换为高新技术产品总进出口额，仍然可以表明 TPP 会对中国转型升级有负面影响。

② 更换估计方法。为了检验估计结果的稳健性，本部分还采用了 FGLS 方法进行估计，如表 6.16 所示。

表 6.16　TPP 静态贸易效应模型 FGLS 回归结果

变　量	(1) ln *htexport*	(2) ln *htexport*	(3) ln *htexport*
tpp	3.210 1 *** (0.125 2)	2.050 4 *** (0.069 2)	3.546 0 *** (0.160 8)
t_dummy1	1.270 8 *** (0.056 8)	0.230 3 *** (0.074 7)	0.006 6 (0.040 1)
tpp_t_dummy1	−0.097 2 (0.176 9)	−0.240 9 *** (0.086 3)	−0.145 0 *** (0.045 9)
ln *pgdp*		0.700 9 *** (0.013 9)	0.769 7 *** (0.052 1)
ln *chn_pgdp*		0.752 0 *** (0.068 4)	2.102 7 *** (0.143 0)
ln *dis*		−0.827 7 *** (0.039 9)	
时间趋势	否	否	是
国家固定效应	否	否	是
N	1 419	1 369	1 380
(拟)R^2	—	—	—

注：括号里为稳健性标准误。*、**、*** 分别表示 10%，5%和 1%水平上显著。

将 PPML 估计方法更换为 FGLS 估计方法，而保持每一列回归中的解释变量、被解释变量与表 6.14 TPP 静态贸易效应模型中的相同。第(1)回归中交互项(*tpp_t_dummy1*)的回归系数为负但是不显著；在增加控制变量之后，即第(2)、(3)回归中,*tpp_t_dummy1* 的系数显著为负,这说明中国转型升级受到 TPP 的负面影响。所有回归中,*tpp* 仍有一个显著为正的系数,*t_dummy1* 的系数仍然为负显著[除第(3)列回归]。在第(3)回归中由于控制国家固定效应,只随国家变化的变量会被丢掉,因此本部分没有把两国首都的距离(ln *dis*)加入第(3)回归。其余解释变量的系数符号及是否显著均与表 6.14 结果一致。

2. *动态贸易效应*

(1) 基准回归结果。

为了全面研究 TPP 的贸易效应,除了实证分析其静态贸易效应,还需要实证研究其是否存在动态贸易效应。将表 6.16 回归中的解释变量 t 时期是否为 2008 年之后 *t_dummy1* 以及与是否是 TPP 国家的虚拟变量的交互项 *tpp_t_dummy1* 全部滞后一期,变为 $t-1$ 时期是否为 2009 年之后,*t_1dummy1* 以及与 *tpp* 的交互项 *tpp_t_1dummy1* 作为新增解释变量,做类似于表 6.14 的回归,TPP 的动态效应可由 *tpp_t_dummy1* 与 *tpp_t_1dummy1* 的系数之和来衡量。接下来所有回归都控制国家固定效应及时间趋势,且控制变量仅为各国人均 GDP(ln *pgdp*)和中国人均 GDP(ln *chn_pgdp*)。回归结果如表 6.17 所示。

表 6.17 中第(1)列的回归中被解释变量为对数化的中国对 129 个国家的高新技术产品出口额,第(2)列被解释变量则为对数化的高新技术产品进出口总额。第(1)列的回归结果显示,*tpp* 的系数为正显著,时间虚拟变量 *t_dummy1* 系数显著为正而 *t_1dummy1* 为负显著。但本部分最关心交互项(*tpp_t_dummy1*)的系数为负不显著,*tpp_t_1dummy1* 的系数则为负显著,对交互项系数进行联合显著性检验发现,p 值为 0.007 4,通过联合显著性检验后,这说明 TPP 对中国的高新技术产品出口的缩减影响存在动态效应。此外,ln *pgdp*、ln *chn_pgdp* 都有一个显著为正的系数,与静态效应中的回归结果一致。将第(1)列被解释变量换为高新技术产品进出口总额(ln *htex_im*),结果发现 *tpp* 的系数仍为正显著,时间虚拟变量(*t_dummy1* 和 *t_1dummy1*)仍显著。但交互项系数(*tpp_t_dummy1*)的系数为负不显著,*tpp_t_1dummy1*

表 6.17　TPP 动态贸易效应模型基准回归结果

变　量	(1) ln *htexport*	(2) ln *htex_im*
tpp	0.210 5*** (0.011 1)	0.223 3*** (0.012 8)
t_dummy1	0.006 8** (0.003 2)	0.006 3** (0.003 2)
tpp_t_dummy1	−0.005 2 (0.003 6)	−0.004 3 (0.003 7)
t_1dummy1	−0.008 7*** (0.002 3)	−0.008 6*** (0.002 3)
tpp_t_1dummy1	−0.006 9* (0.003 7)	−0.007 5* (0.003 9)
ln *pgdp*	0.043 9*** (0.005 2)	0.037 4*** (0.005 3)
ln *chn_pgdp*	0.119 5*** (0.013 6)	0.121 1*** (0.014 2)
时间趋势	是	是
国家固定效应	是	是
N	1 380	1 380
(拟)R^2	0.963 4	0.965 2

注：括号里为稳健性标准误。*、**、*** 分别表示 10%，5%和 1%水平上显著。

的系数则为负显著，同样通过了联合显著性检验，这说明即使替换被解释变量后，TPP 对中国的转型升级存在动态效应。

为了检验回归结果的稳健性，本部分又使用 FGLS 方法估计 TPP 动态贸易效应，回归结果见表 6.18。估计结果表明，*tpp* 与 *tpp_t_dummy1* 回归结果均保持稳健，但 *t_dummy1* 变为不显著；交互项 *tpp_t_dummy1* 和 *tpp_t_1dummy1* 系数虽不显著，但都为负，且两者通过了联合显著性检验。ln *pgdp*、ln *chn_pgdp* 的系数符号及是否显著均与表 6.17 用 PPML 估计的动态贸易效应结果一致。

表 6.18 TPP 动态贸易效应模型 FGLS 回归结果

变　量	(1) ln *htexport*	(2) ln *htex_im*
tpp	3.613 3*** (0.161 1)	5.243 5*** (0.160 2)
t_dummy1	0.055 0 (0.041 2)	0.025 1 (0.042 0)
tpp_t_dummy1	−0.087 7 (0.070 5)	−0.090 6 (0.072 6)
t_1dummy1	−0.149 9*** (0.033 4)	−0.136 8*** (0.034 2)
tpp_t_1dummy1	−0.072 6 (0.069 0)	−0.037 0 (0.071 3)
ln *pgdp*	0.721 7*** (0.051 9)	0.670 2*** (0.051 9)
ln *chn_pgdp*	2.214 7*** (0.143 1)	2.172 4*** (0.146 2)
时间趋势	是	是
国家固定效应	是	是
N	1 380	1 380
(拟)R^2	—	—

注:括号里为稳健性标准误。*、**、*** 分别表示 10%，5%和 1%水平上显著。

6.3.3 讨论:福利效应

1. “一带一路”倡议福利效应

“一带一路”倡议作为发展中国家主导制定的贸易新规则,是中国在参与全球化的过程中提出的以发展为导向的区域经济合作模式。“一带一路”倡议的提出促进了中国与沿线国家之间要素的流动,提高了资源在国家(地区)之间的配置效率,扩大了国际产品市场,开展了发展中国家大范围和高水平的区域经济合作,最终实现各国共同繁荣发展的局面。《推动共建丝绸之路经济带和 21 世纪海上丝绸之路的愿景与行动》中明确提出“一带一路”倡议重点推进中国与沿线国家在投资与贸易方面的合作,通过消除国家和地区之间的关税及非关税壁垒,提高贸易便利化水平,并且在此基础上与沿线国家建立自由贸易区,进一步推进国际贸易的发展。"一带一路"倡议在构建自由贸易区大网络时,加快了区域经济一体化进程,必定会在贸易、经济增长以及社会福利等方面产生效应,对相关经济体的福利产生影响。

在贸易效应方面,"一带一路"倡议会产生贸易创造效应和贸易转移效应。上文的实证结果表明,2013 年"一带一路"倡议的提出使得中国与"一带一路"国家和地区之间的高新技术产品贸易额增加,且也会促进下一年的高新技术产品贸易,即存在静态与动态的贸易创造效应。"一带一路"倡议通过消除中国与沿线国家在合作中的关税及非关税等贸易壁垒,减小了区域内产品的贸易成本,从而扩大双边贸易规模和优化生产资源的配置。由于"一带一路"沿线国家和地区生产能力差异较大,生产效率高的成员国生产的成本较低的产品会大量进入生产效率较低的成员国,替代其原本自主生产但是成本较高的产品。由此可见,贸易创造效应一方面节约了低效率成员国的生产资源,另一方面增加了中国与沿线国家的贸易量,对贸易双方的福利水平的提高产生正面作用。此外,就中国来说,其过去粗放的经济增长方式造成了部分行业出现大量的产能过剩,而"一带一路"倡议促进了中国与沿线国家和地区间的贸易往来,扩大了中国产品的国际市场,可以相应地缓解中国的产能过剩问题,有利于中国经济的可持续发展。

同时,本部分实证中无论使用 129 个国家的全样本数据还是 64 个"一带一路"国家和地区的样本数据,结果都反映"一带一路"倡议会使中国与发达国家的高新技术产品贸易有向发展中国家转移的趋势,即静态和动态的贸易转移效应。因为"一带一路"倡议是中国主导的以发展中国家为主体的合作模式,加入"一带一路"倡议的大多为发展中国家,因此该倡议中消除贸易壁垒、提高贸易便利化、加强互联互通等措施促进了南南贸易的发展,中国可能会减少一部分与发达国家之间的贸易,而增加向"一带一路"沿线发展中国家和地区的出口或进口。仅从这一方面来看,"一带一路"倡议的贸易转移效应会提高发展中国家福利水平,降低发达国家的福利水平。但是从另一方面来看,相比于发达国家,发展中国家和地区技术水平较低,生产成本较大,产品质量不高。中国与发达国家的贸易向发展中国家和地区转移，会造成资源的低效率配置，双边贸易也会因此锁定在低端水平，不利于贸易双方的技术进步和产品升级。

在动态经济增长效应方面，“一带一路”倡议还具有规模经济效应、竞争效应和投资效应。一是规模经济效应。“一带一路”倡议促进区域经济一体化的形成，扩大了原有的市场规模，生产资源在沿线国家和地区之间会进行重新分配，每个国家或地区会选择大量生产自己具有比较优势的产品。生产规模的扩大会带来规模经济，减少产品的边际成本，增加产品的边际收益，每个国家都会因此获得更多的利益。同时，边际成本的降低使消费者可以用更低的价格购买商品，提高消费者福利。二是竞争效应。“一带一路”倡议为中国与沿线国家和地区建立一个无壁垒的市场，各国厂商在这个市场中面临更加激烈的竞争，每个国家或地区会在竞争中学习各国的先进技术来提高自身生产率，确保在竞争中获得更多的利润，最终推动沿线国家和地区尤其是发展中国家和地区的技术进步。但是“一带一路”倡议的竞争效应也会对各国各地区的弱势产业造成冲击，不利于其发展。三是投资效应。在“一带一路”倡议实施的过程中，面对国际市场中的激烈竞争，沿线国家和地区会对自身具有比较优势产业的增加投资，通过投入更多的资本来升级生产设备，提高生产效率和产品质量，从而在竞争中获得更大的优势。“一带一路”以外的国家也会对中国和沿线国家和地区进行投资，在“一带一路”进程中分得一杯羹。

在社会福利方面，“一带一路”倡议可以提高中国及沿线国家居民的福利水平。“一带一路”倡议扩大了市场规模，增加了中国与沿线国家的双边贸易，促进了中国与沿线国家经济的繁荣昌盛，从而有利于提高就业者的工资水平，提升居民的福利。张静中和王文君(2016)使用GTAP模型来评估“一带一路”倡议下中国—西亚自由贸易区在不同情形中产生的经济效应。模拟结果表明“一带一路”倡议通过消除中国与西亚的关税壁垒会提高贸易双方的社会福利。

2. TPP福利效应

现有TPP福利效应研究多从国家层面或行业层面分析TPP对相关经济体的福利影响，而很少从企业层面探讨其产生的直接影响，进而忽视了其可能产生的生产率效应、就业效应等福利效应。本节将从企业、消费者、就业和全社会的视角简单探讨TPP的福利效应。

首先,从企业角度,TPP会带来生产率效应,包括进口投入效应、企业间的资源再配置效应与企业内资源再配置效应。一是进口投入效应。TPP的零关税及贸易便利化措施导致贸易自由化,使得企业可以从更多的来源国进口更多种类、更高质量的差异化中间投入品,进而促使企业提高生产率。二是企业间的资源再配置效应。TPP导致的贸易自由化使得本国高效率企业由于贸易成本的降低而新进入出口市场或者获得更多的市场份额和更高的出口利润,也会通过加强进口竞争导致本国低效率内销企业退出。随着企业间的资源从低效率企业更多地流向高效率企业,这会促进整个行业生产率水平的提高。三是企业内资源再配置效应。在多产品企业内,贸易自由化带来的贸易成本降低,将会使得多产品企业舍弃不具备竞争力的边缘产品而专注具有竞争力的核心产品生产,进而通过企业内的资源再配置提高企业的生产率,最终提升整个行业的生产率及社会福利。

其次,从消费者角度,TPP会给消费者带来福利效应,包括消费品种类效应和价格加成效应。一是消费品种类效应。TPP带来的贸易自由化会使得企业增加进口,进而增多国内消费品种类,满足消费者偏好多样性,提高消费者福利。二是价格加成效应。在拟线性偏好函数或可变替代弹性函数等可变成本加成的框架下,TPP导致的贸易自由化会使得越来越多的国外企业进入本国市场,加剧国内最终产品市场的竞争程度,迫使本国企业压低市场价格,使得国内消费者能以较低的价格购买到产品,从而提高消费者福利水平。

然后,从就业角度,TPP会带来就业效应。现有TPP福利效应假定就业不变,忽视了TPP给相关国家带来的就业影响。不同于贸易自由化会给发达国家带来就业的减少,在中国加工贸易占据半壁江山的背景下,贸易自由化虽然会提高内销的临界生产率,导致大量低效率企业退出而增加失业;但是也会降低企业通过加工出口的临界生产率,促使大量企业从事加工贸易,进而吸收更多农业转移人口就业而增进社会福利。

最后,从全社会角度,TPP会带来规则示范效应。以往,中国强调降低关税来提升社会福利,但在平均关税率已较低的情形下,关税减让对贸易促进及福利增加的作用不如贸易便利化的作用大。近年来中国更加关注通过消除贸易投资壁垒来提升贸易投资便利化水平，如在中韩、中澳 FTA 中加入了贸易便利化章节，中国所倡导的“一带一路”也旨在通过互联互通来加强双边贸易投资往来；建立上海自由贸易试验区对接高标准国际经贸新规则。中国可以根据自己的国情引入并调整发达国家主导的国际经贸新规则，构建适宜发展中国家的国际经贸新规则。

6.4 本章小结

6.4.1 主要结论

与现有文献相比，本章通过扩展的引力模型，研究国际经贸新规则 TPP 及“一带一路”倡议对中国外贸转型升级的影响。基于上述实证分析，本章发现以下几点结论：第一，TPP 对中国的外贸转型升级产生了负面影响，即 TPP 会使中国减少对 TPP 成员国的高新技术产品出口和总进出口。TPP 对中国的外贸转型升级不仅有静态影响，还会有滞后影响。第二，“一带一路”倡议的实施存在静态和动态贸易创造效应，即在“一带一路”国家和地区范围内，2013 年后中国与成员国的高新技术产品贸易增多，对外贸转型升级产生正面影响。第三，“一带一路”倡议还会产生静态和动态贸易转移效应。无论从世界范围来看，还是就“一带一路”国家而言，“一带一路”倡议使中国的高新技术产品贸易在 2013 年之后由发达国家向发展中国家转移。第四，中国与伙伴国的人均 GDP 会显著促进中国的外贸转型升级。第五，贸易双方之间的距离越远，越不利于两国的高新技术产品贸易，进而对中国外贸转型升级产生负面影响。

6.4.2 政策含义

本章主要结论的政策含义比较直观。首先，从实证结果可以看出 TPP 协议对中国的外贸转型升级产生负面影响，而由中国主导发起的“一带一路”倡议有利于外贸转型升级，在一定程度上缓解 TPP 给中国带来的负面经济效应。就目前来看，中国直接加入 TPP 还存在很大难度，与加入 TPP 相比，中国继续推广“一带一路”倡议的难度较小。中国可以改善交通基础设施，加强与

"一带一路"国家贸易等方面的合作，通过签订双边自由贸易协定来推动对外贸易。在进行中印缅经济走廊、中巴经济走廊等建设工作的同时，进一步探索更多的跨境合作通道，以此扩大"一带一路"倡议为中国带来的贸易效应。

其次，实证结果也表明"一带一路"倡议的实施对中国高新技术产品贸易产生贸易转移效应，即中国高新技术产品贸易由发达国家向发展中国家转移。由于发达国家对产品技术、质量标准要求较高，中国高新技术产品可能难以达到要求，因此在"一带一路"倡议提出后高新技术产品贸易转向发展中国家。对此，中国在加强与发展中国家合作的同时，应该推动外贸产业升级，优化高科技技术设施设备，提高高新技术产品质量，促进与发达国家之间的贸易，进一步推动中国外贸转型升级。

另外，2008 年金融危机之后，"逆全球化"思潮开始抬头，部分发达国家转变原先的多边开放立场，对商品、资本以及劳动力在国家间的流动设立隐性甚至显性障碍，具有极大的负外部性。2014 年开始，随着发展中国家外汇储备的下降，"逆全球化"愈演愈烈，在发达国家之间迅速传播。2016 年英国脱欧以及 2017 年美国宣布退出 TPP 都成为"逆全球化"的标志性事件。究其根本，"逆全球化"是全球化过程缺乏包容性，使福利在区域间不平等分配所造成的行为，发达国家企图通过"逆全球化"重构国际经贸新规则，从而实现"再全球化"。面对"逆全球化"对中国贸易投资等领域的冲击，中国需要携手发展中国家和地区构建新型区域合作平台，发挥"一带一路"倡议的正面联动效应，将"一带一路"倡议与自贸区、关税同盟等发展战略对接，加强与世界各国的互联互通，进而推动与引领包容性的全球化。在供给侧结构性改革的大背景下，通过加强与"一带一路"沿线国家的高端产能合作，压缩过剩的低端产能，增加中国与沿线国家和地区战略新兴产业的贸易往来，努力走出"中等收入陷阱"，提高中国在全球价值链中的地位，实现外贸转型升级，促进经济的可持续发展。

最后，中国应该联合新兴经济体国家，提高国际经贸规则话语权，推动国际经贸规则向有利于自身的方向发展。中国可以通过与发展中国家、新兴国家和地区加强贸易等方面的高质量合作，并且在合作中提供更多的公共物品以及承担更多的责任，提升整体在亚太地区乃至世界上的影响力，进而在制定国际经贸新规则时获得一定的话语权，尽可能地消除处于全球价值链顶端的发达国家制定的贸易新规则给中国外贸转型升级带来的负面影响，进而在全球化的进程中获得更多的贸易利益。

6.4.3 研究局限

尽管本章分别实证研究了国际经贸新规则 TPP 和“一带一路”倡议的贸易效应以及对中国外贸转型升级的影响效果，作者仍需指出本部分的局限之处。首先，本章利用中国高新技术产品的贸易情况来衡量外贸转型升级，可能存在一定的片面性，为此应该从多个角度全面地度量中国对外贸易的转型升级。其次，本章研究的是 TPP 和“一带一路”倡议对中国高新技术产品对外贸易整体的影响，并没有从微观角度实证研究这些国际经贸新规则对中国企业出口行为和外贸转型升级的影响，研究还存在欠缺。此外，本章在研究 TPP 对中国外贸转型升级的效应时，并没有深入研究美国在 2017 年退出跨太平洋伙伴关系协定的行为对中国高新技术产品贸易会产生怎样的连带影响，忽略了国际经济政策不确定性给中国外贸转型升级带来的冲击和风险。导致本研究存在一定的片面性。最后，由于数据可获得性的限制，本章仅使用 2005—2015 年的数据，并没有能够将数据及时更新，可能影响对外贸转型升级动态效应的实证检验，造成研究的局限性。作者将这些议题留给未来的研究。

第 7 章　融资约束、二元贸易与转型升级*

7.1　引言

与发达国家不同，中国的金融系统发展相对缓慢，很多企业面临较强的银行融资约束（Allen et al.，2005；林毅夫和孙希芳，2008；Song et al.，2011；World Bank，2013）。现有国际贸易理论研究认为，由于出口商需要事先支付大量贸易成本，融资约束会抑制国家出口贸易的发展（Chaney，2005；Manova，2013）。然而，我国对外贸易一直保持较快增长，特别是加工贸易自20 世纪 90 年代以来迅猛扩张。那么我们就要问：为何在融资约束现象普遍的中国，出口贸易发展如此迅猛？劳动力的比较优势可以完全解释我国出口贸易的发展模式吗？

与传统要素禀赋理论的视角不同，本章直接探讨融资约束与企业出口行为的关系，通过拓展经典异质性企业贸易模型，内生化出口企业在面临融资约束的环境中对贸易模式的选择行为，并发现一个有趣的结论：融资约束不但不会抑制中国的出口贸易总量，而且可以引致中国出口贸易的增长。其中的经济学逻辑是：中国具有一个独特的二元贸易环境：给定其他条件相同，出口导向型企业面临的融资约束比非出口导向企业要小。因此在面临银行融资约束

* 本章部分内容发表于《经济研究》2017 年第 5 期，见刘晴等(2017)。

的环境中，异质性企业将以更大的概率选择出口导向型贸易模式而非利润率较高的通常贸易。

这一结论具有一定的现实意义。由于加工贸易和高出口密度企业的贸易成本较低，经典异质性企业贸易模型中的自我选择效应会驱使低效率的企业选择这些贸易模式。因此，银行融资约束和自我选择效应的共同作用会阻碍出口行业平均劳动生产率和利润水平的提高，抑制对外贸易转型升级。本章利用世界银行调查数据和中国工业企业层面的数据，系统检验了融资约束与企业出口贸易模式选择行为之间的关系，并发现在控制企业生产率等多重影响因素的情形下，受到银行融资约束的企业确实更容易选择加工贸易和高出口密集度贸易模式，而且这一检验结果对不同的回归方法和样本保持稳健。

与本章相关的异质性企业贸易文献主要包括两类。第一类文献通过在Melitz(2003)模型中融入多种贸易或投资方式分析了贸易自由化对企业选择行为的影响机制。Helpman 等(2004)在静态 Melitz(2003)分析框架下考察了异质性企业对出口和水平对外直接投资的选择。由于对外直接投资需要支付更高的固定成本，效率最高的企业将选择对外直接投资。Ahn 等(2011)基于Melitz(2003)模型分析了异质性企业对直接出口模式和间接出口模式的选择。在 Ahn 等(2011)的模型中，由于企业可以通过选择间接出口模式节省固定成本，自我选择效应会使低效率的企业选择间接出口模式。同样是基于 Melitz(2003)的模型，Bustos(2011)建立了一个异质性企业可以通过支付更高的固定成本来进行技术升级的分类模型，并借此分析了贸易自由化对企业技术选择行为的影响。与 Bustos(2011)类似，Békés 和 Muraközy(2012)假设异质性企业可以通过选择两种不同的技术在固定成本和可变成本之间做出权衡，进一步分析了技术选择对企业出口持续时间的影响。Defever 和 Riaño(2012)分析了政府对纯出口企业的补贴对企业行为的影响。Baldwin 和 Okubo(2014)建立一个企业可以跨国选择区位的模型，并发现贸易自由化会使小国最有效率的企业转移至大国，继而使大国得到额外的福利增进。

第二类文献则强调融资约束对异质性企业选择行为的影响。Chaney(2005)在 Melitz(2003)的模型中考虑了企业受流动性约束的情形，并证明一些高效率企业由于流动性资产不足无法进入出口市场。Li 和 Yu(2009)通过内生化企业特定项目的成功概率将融资约束引入 Melitz(2003)模型，并发现项目成功概率越大的企业，或越容易从非金融中介渠道融资的企业更容易出口。孙灵燕和李荣林(2011)基于世界银行投资环境调查数据，发现外源融资约束是限制中国企业出口参与的重要因素。韩剑和王静(2012)则从金融约束的角度解释了中国本土企业偏好出口的经济现象。陈波和荆然(2013)首先利用一个扩展的异质性企业贸易模型，解释了金融危机时期我国出口贸易的减少主要来自集约边际的现象。Feenstra 等(2013)通过建立一个不完全信息模型分析了企业在国内销售和出口中面临融资约束的原因。Manova(2013)通过引入外部融资约束完善了 Chaney(2005)的模型，并证明外部融资约束对企业出口的二元边际具有显著的影响。Chan 和 Manova(2015)扩展了 Manova(2013)模型，探讨了融资约束对企业出口目的国区位和数量选择行为的影响。Paravisini 等(2015)利用秘鲁的企业层面匹配数据估计了出口信贷弹性，并发现信贷短缺通过增加企业的可变生产成本抑制了出口。

与上述异质性企业贸易文献不同，本章无意讨论融资约束发生的原因，专注于考察银行融资约束对企业出口参与行为(扩展边际)和出口密集度(集约边际)的影响，并且剖析银行融资约束对外贸转型升级的影响机理。Manova 和 Yu(2013)是与本章议题最为相近的文献。该文献认为由于一般贸易具有更大的流动性需求，受融资约束的企业更倾向于选择加工贸易。基于产权理论，该文献细致考察了来料加工与进料加工两种不同加工贸易模式的区别。与 Manova 和 Yu(2013)相比，本章更加专注于银行融资约束对企业行为的影响，建立了一个企业在出口固定成本相同的情形下，内生选择不同出口密集度的理论模型。本章不仅预测了贸易成本与融资约束等因素对企业贸易方式选择行为的影响机制，还着重分析了异质性企业对出口密集度的选择行为，并利用微观数据对模型的运行机制进行了检验。

本章可能的边际贡献体现在三个方面：(1)建立的异质性企业贸易模型对中国对外贸易现象有一定的解释力。首先，本章将异质性企业对贸易方式的选择行为和融资约束简洁地引入 Manova(2013)的分析框架，并证明银行融资约束并不一定阻碍企业的出口参与，继而解释了中国“融资约束严重”与“出口贸易发达”并存的现象。其次，模型中的自我选择效应会驱使低效率的企业通过扭曲产品定价等方式选择出口导向型贸易，这对我国出口贸易中的“出口低价之谜”现象有一定启示。此外，本章的结论可以部分解释金融危机时期我国对外贸易的波动。(2)在经验分析上，利用世界银行最新发布的企业调查数据、中国工业企业数据和中国海关进出口数据等多个数据库信息，在控制了多种融资渠道和企业生产率水平的情形下，分析了银行融资约束对企业出口密集度选择行为的影响，为模型的运行机制提供了较为稳健的证据。(3)为现阶段自贸区改革和供给侧结构性改革提供了一定的微观理论基础。中国自由贸易试验区制度创新的两个核心任务是“推进贸易发展方式转变”和“深化金融领域开放创新”。与自贸区外企业相比，区内企业将拥有更多元的融资渠道，享受更便利的融资服务，继而面临更低的融资成本，因而本章部分结论可以为相关部门提供决策参考。同时，本章认为改革对出口导向型企业的产业政策，进而调整企业的产品供给结构是促进中国出口企业转型升级的必要条件，为供给侧的经济结构改革提供了一定依据。

本章结构如下：7.2 节以中国对外贸易特征事实为基础，通过拓展经典异质性企业贸易模型，揭示融资约束对企业出口行为的影响机理；7.3 节是经验分析，主要为理论模型提供直接的经验证据。7.4 节是结论与政策含义。

7.2 融资约束与企业出口：理论模型

本部分将建立以 Manova(2013)为分析框架的异质性企业垄断竞争模型。与 Manova 和 Yu(2013)等现有异质性企业贸易模型不同，该模型中的异质性企业面临一个融资约束与出口密集度之间的权衡取舍问题。为了简洁地揭示模型的机制，模型被分为两部分：第一部分模型主要考察异质性企业将内生选择加工贸易和一般贸易方式；第二部分模型中企业将内生选择通常贸易与高出口密集度贸易模式。考虑到模型的对称性，我们将模型的专注点放在本国经济上。

7.2.1 低出口固定成本与高出口固定成本

模型的大致框架与 Melitz(2003)保持一致。假定唯一的生产部门具有垄断竞争的市场结构，同质劳动是唯一的生产要素，劳动力被作为计价物。消费者具有标准的不变替代弹性效用函数：

$$U=[\int_{v\in V}q(v)^{\alpha}\mathrm{d}v]^{1/\alpha} \tag{7.1}$$

其中，$q(v)$是特定差异化的消费量，V是所有可得差异化产品种类，α衡量了差异化产品之间的替代程度，不同种类产品间的替代弹性$\varepsilon=1/(1-\alpha)$。与多数异质性企业贸易文献保持一致，假定$0<\alpha<1$，$\varepsilon>1$且外生不变。如Melitz(2003)所述，贸易成本的存在使该假定不会影响企业的分类模式。消费者在预算约束下最大化效用水平，由此可得特定差异化产品v的马歇尔需求函数为：$x(v)=Ap(v)^{-\varepsilon}$，其中$A$是需求转移因子，它的大小取决于消费者的收入与市场价格水平，$p(v)$表示产品v的价格。

企业异质性体现为企业具有不同的边际生产率。在使用劳动力支付固定研发成本f_e后，企业从分布$G(\varphi)$中随机抽取边际生产率φ。得知自身生产率水平的异质性企业将决定是否进行生产和在国内外销售。假定企业生产并在国内销售需要支付固定成本f_d，且可以选择低出口固定成本（可以视为加工出口）和高出口固定成本（可以视为一般贸易）两种出口模式。由于在料件购买和处理等方面与国外企业有所分工，且能通过品牌制造商了解到最终消费者的偏好，加工出口企业无需支付大量的出口固定成本（朱希伟等，2005）。不失一般性，本章假定加工企业需要支付的出口固定成本为0。与Melitz(2003)等文献类似，采用高出口固定成本模式的企业需要支付额外的出口固定成本为f_x。与传统贸易文献一样，出口企业还需要承担萨缪尔森型的冰山成本$\tau>1$。

出口企业面临着Manova(2013)中类似的融资约束。具体而言，假定出口固定成本中比例为d_s的部分需要通过银行贷款融资来支付，$0<d_s<1$。① 为了获得银行融资，企业不得不用行业进入成本f_e中比例为t_s的部分作为抵

① Manova(2013)讨论了包括商业信用融资在内的外部融资对企业出口行为的影响。为了简化分析，本章模型主要强调银行信贷融资对企业出口行为的影响，没有在模型中直接论及商业信用融资。只要高出口固定成本的贸易相对受到更多的银行信用融资约束，本章的主要结论就不会发生实质上的改变。

押，$0 < t_s < 1$。假定 λ 为出口企业所在国融资合同的履约可能性，其大小由该国的金融发展程度决定，$0 < \lambda < 1$。如果合同顺利执行，贷款人收取 F 单位的还款；当融资合同无法履行时，贷款人将获得抵押品 $t_s f_e$。为了简化分析，与 Manova(2013)一致，假定内销企业不受融资约束。

由于差异化产品部分具有垄断竞争的市场结构且消费者具有标准不变替代弹性效用函数，如 Dixit 和 Stiglitz(1977)所述，企业将以边际成本为基础，按照固定加成作价。生产率水平为 φ 的企业的出口产品价格为 $p = \tau/(\alpha\varphi)$。[1]运用 Helpman 等(2004)的分析逻辑，生产率水平为 φ 企业内销企业获得的利润为：

$$\pi_d = \varphi^{\varepsilon-1}B - f_d = \phi_d\varphi^{\varepsilon-1} - f_d \tag{7.2}$$

其中，$B = (1-\alpha)A/\alpha^{1-\varepsilon}$ 反映市场差异化产品的需求水平，$\phi_d \equiv B$。同理可得，企业通过加工出口能够获得的额外利润为：

$$\pi_o = \gamma(\varphi/\tau)^{\varepsilon-1}B = \phi_o\varphi^{\varepsilon-1} \tag{7.3}$$

其中，$\phi_o \equiv \gamma\tau^{1-\varepsilon}B$。为了体现加工出口企业与一般贸易企业的区别，我们用 $\gamma \in (0, 1)$ 反映加工出口企业较低的讨价还价能力。由于无需支付出口固定成本，加工企业不受到银行融资约束的影响。

由于可以用银行融资支付固定成本，选择高出口固定成本模式的企业自身需要支付的出口固定成本为 $(1-d_s)f_x$。同时，选择高出口固定成本模式的企业需要向银行支付抵押品和还款，其加权平均价值为 $[\lambda F(\varphi) + (1-\lambda)t_s f_e]$。因而，生产率水平为 φ 的企业将最大化下述利润：

$$\pi_x = p(\varphi)q(\varphi) - q(\varphi)\tau/\varphi - (1-d_s)f_x - f_d - \lambda F(\varphi) - (1-\lambda)t_s f_e \tag{7.4}$$

与 Manova(2013)类似，银行融资约束使选择高出口固定成本模式的企业在最大化利润时，额外受到下述两个条件的约束：

$$p(\varphi)q(\varphi) - q(\varphi)\tau/\varphi - (1-d_s)f_x - f_d \geqslant F(\varphi) \tag{7.5}$$

---

① 如沈玉良(2011)等文献所述，加工贸易企业可能不具有定价权，或者根据非自身利润最大化原则进行转移定价。我们将在后文中引入加工贸易企业和一般贸易企业的差异。

$$-d_s f_x + \lambda F(\varphi) + (1-\lambda) t_s f_e \geqslant 0 \tag{7.6}$$

式(7.4)和式(7.5)分别表示企业和贷款者的融资参与约束。在贷款者市场充分竞争的条件下,式(7.5)将取等号。此时,利润最大化条件与无融资约束时一致,且生产率水平为 φ 的企业进行高固定成本出口的额外利润函数为:

$$\pi_x = (\varphi/\tau)^{\varepsilon-1} B - f_x = \phi_x \varphi^{\varepsilon-1} - f_x \tag{7.7}$$

其中,$\phi_x \equiv \tau^{1-\varepsilon} B > \phi_o$。异质性企业将比较两种出口模式带来的利润,继而选择最优的经营模式。

令式(7.3)与式(7.6)相等,企业进行高固定成本出口的临界生产率 φ_x^* 将由下式决定:

$$\phi_x (\varphi_x^*)^{\varepsilon-1} - f_x = \phi_o (\varphi_x^*)^{\varepsilon-1} \tag{7.8}$$

由式(7.5)、式(7.6)和式(7.8)可得,

$$\begin{aligned}(\varphi_x^*)^{\varepsilon-1} &= [(1-d_s) f_x + d_s f_x/\lambda - (1-\lambda) t_s f_e/\lambda]/(\phi_x - \phi_o) \\ &= f'_x/(\phi_x - \phi_o)\end{aligned} \tag{7.9}$$

其中,$f'_x \equiv [(1-d_s) f_x + d_s f_x/\lambda - (1-\lambda) t_s f_e/\lambda]$。当 $d_s f_x > t_s f_e$ 时,$f'_x > f_x$。与没有信贷约束的情形相比,存在信贷约束时的高固定成本出口企业临界生产率会变大。将上述分析结果总结为下述命题:

命题 1:当 $d_s f_x > t_s f_e$ 成立时,生产率较低和受融资约束较强的企业将选择低固定成本出口,而生产率较高和受融资约束较弱的企业将选择高固定成本出口。

命题 1 蕴含的经济学意义较为明显。由于加工贸易无需支付额外出口固定成本,低效率企业可以选择加工贸易出口。然而由于较低的讨价还价能力,加工贸易企业无法获得较高的利润。因此,高效率的企业愿意支付固定成本进行一般贸易,进而获得更高的利润。另一方面,由于受到融资约束,一部分高效率企业无法进行一般贸易。命题 1 成立的条件 $d_s f_x > t_s f_e$ 要求,企业所需的融资额超过其抵押资产的价值。如 Manova(2013)所述,这一假设与现有经验事实保持一致。

为了更为直观地体现命题 1 的经济学意义,我们用图 7.1 表示异质性企业

的分类模式。如图 7.1 所示，在没有信贷约束的情形下，生产率水平高于 φ_x^* 的企业将选择高固定成本出口贸易。[①]然而，银行融资约束抑制了一部分高效率企业的转型行为，迫使生产率水平介于$[\varphi'^*_x, \varphi_x^*]$之间的企业选择加工出口，阻碍这部分企业转型升级为一般贸易企业。尽管如此，融资约束并没有抑制企业出口的扩展边际，因此，命题 1 为企业“融资约束严重”与“出口贸易发达”并存的现象提供了一种理论解释。

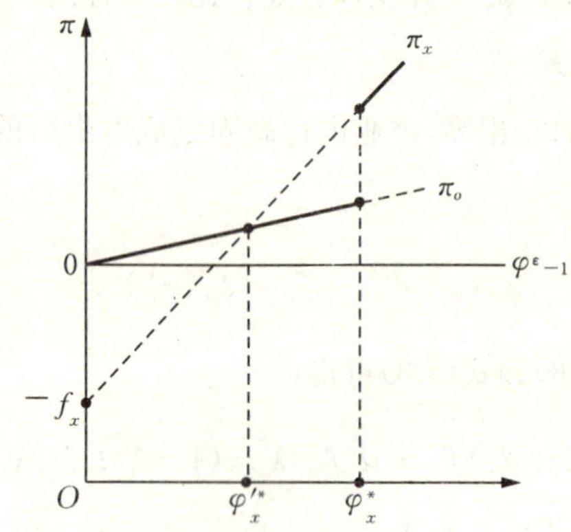

图 7.1　银行融资约束与异质性企业分类模式

与 Melitz(2003)一样，垄断竞争的市场结构要求进入企业的长期预期利润为零，即下式成立：

$$\int_{\varphi_d^*}^{\infty}(\phi_d\varphi^{\varepsilon-1}-f_d)\mathrm{d}G(\varphi)+\int_{\varphi_m^*}^{\varphi_x^*}(\phi_o\varphi^{\varepsilon-1})\mathrm{d}G(\varphi)+\int_{\varphi_x^*}^{\infty}(\phi_x\varphi^{\varepsilon-1}-f_x)\mathrm{d}G(\varphi)=f_e \tag{7.10}$$

式(7.10)左边三项包含企业内销和两种出口模式的预期利润。式(7.2)、式(7.3)、式(7.9)和式(7.10)在一般均衡的分析框架下共同决定了模型的内生变量 φ_d^*、φ_m^*、φ_x^* 和 B。

7.2.2　通常出口贸易(非出口导向型)与高出口密集度贸易(出口导向型)

上文分析了异质性企业内生选择加工贸易与一般贸易出口的行为。由于

---

① 为了简化图形和专注于分析出口企业行为，我们没有画出内销企业的利润线，因此图中没有标明内销企业和加工企业的临界生产率点。

加工贸易不需要支付固定成本，因而不受融资约束的影响，传统的自我选择效应将迫使部分一般贸易企业变为加工贸易企业。现在我们放宽企业选择两种固定成本不同的贸易方式假定，并引入下述一个新的权衡取舍。

可以注意到，我国许多信贷政策对高出口密集度企业有优惠。比如，《国家鼓励外商投资优惠政策》第六条、《中国银行对外商投资企业贷款办法》第二条以及《中华人民共和国外商投资企业和外国企业所得税法实施细则》第七十五条第（七）项等。由此，我们假定出口导向型的企业不会受到银行融资约束，而非出口导向型企业会受到融资约束。问题是，如 Melitz（2003）等文献所述，当不存在融资约束时，企业的最优出口密集度为 $exint=\tau^{1-\varepsilon}/(1+\tau^{1-\varepsilon})$。根据 Kee 等（2008）等文献的估计，假定 $\varepsilon=3$。当 $\tau=1.2$ 时，企业的最优出口密集度一般小于 40%。即当不存在融资约束时，出口企业并非是出口导向企业。因此，假定我国的出口导向型企业虽然不受融资约束，但不得不受到出口密集度选择上的约束。简而言之，企业面临一个取舍：要么成为出口导向型企业，进而规避融资约束；要么忍受融资约束，成为非出口导向型企业，进而规避出口密集度选择上的约束。

由上述假设可得，当出口导向型企业将面临如下最大化问题：

$$\pi_e=p_x(\varphi)q_x(\varphi)+p_d(\varphi)q_d(\varphi)-\frac{1}{\varphi}q_d(\varphi)-\frac{\tau}{\varphi}q_x(\varphi)-f_x$$

$$s.t\quad \frac{p_x(\varphi)q_x(\varphi)}{p_x(\varphi)q_x(\varphi)+p_d(\varphi)q_d(\varphi)}\geqslant t\left(\frac{p_x(\varphi)q_x(\varphi)}{p_d(\varphi)q_d(\varphi)}\geqslant\frac{t}{1-t}\right)$$

$$q_x(\varphi)=\frac{R}{P^{1-\varepsilon}}p_x(\varphi)^{-\varepsilon}=Ap_x(\varphi)^{-\varepsilon}$$

$$q_d(\varphi)=\frac{R}{P^{1-\varepsilon}}p_d(\varphi)^{-\varepsilon}=Ap_d(\varphi)^{-\varepsilon}$$

其中，π_e 表示企业的利润；t 表示，为了规避融资约束，企业需要达到的最低出口密集度。下标 x 表示出口，下标 d 表示内销。[①]与 Melitz（2003）一样，当国内外市场存在分割时，企业将分别最优化两个市场的定价，继而最大化利润。由此可得企业的内销和出口价格分别为：

① 为简化分析，与 Manova（2013）一致，本节假定内销无需固定成本。

$$p_x(\varphi)=\frac{\tau}{\alpha\varphi(1+\lambda)}=\frac{\tau k+k^{\frac{1}{1-\varepsilon}}}{\alpha\varphi(1+k)}$$

$$p_d(\varphi)=\frac{1}{\alpha\varphi(1-\lambda k)}=k^{\frac{1}{\varepsilon-1}}p_x(\varphi)=\frac{\tau k^{\frac{\varepsilon}{\varepsilon-1}}+1}{\alpha\varphi(1+k)}$$

这里，$k\equiv\frac{t}{1-t}$。显然，当 $t>0.5$ 时，有 $p_x(\varphi)<p_d(\varphi)$，即企业的出口产品价格低于内销价格。将定价规则代入利润函数，出口导向型企业的最优利润为：

$$\pi_e=\frac{A}{\varepsilon}(1+k)\left[\frac{\tau k^{\frac{\varepsilon}{\varepsilon-1}}+1}{\alpha\varphi(1+k)}\right]^{1-\varepsilon}-f_x \tag{7.11}$$

非出口导向企业由于受到融资约束，其利润函数类似上文中高固定成本出口的情形，如式(7.4)所示。异质性企业将比较通常出口贸易(非出口导向型)与高出口密集度贸易(出口导向型)两种出口模式的预期利润，继而选择最优安排。由此可得下述命题：

命题 2：当 $(1+\tau^{1-\varepsilon})>(1+k)^{\varepsilon}(\tau k^{\frac{\varepsilon}{\varepsilon-1}}+1)^{1-\varepsilon}$ 时，受到银行融资约束越严重的企业更容易选择成为高出口密集度(出口导向型)企业，且高出口密集度企业的平均生产率较低。

当 $t>0.5$(即 $k>1$)，而冰山成本与替代弹性在正常范围内时，命题 2 的分类条件将会成立。①命题 2 的由于成为高出口密集度的企业能够较容易获得贷款，受到银行融资约束严重的企业更容易选择成为高出口密集度企业。同时，由于高出口密集度企业的融资成本较低，自我选择效应会使高出口密集度企业的平均生产率水平低于低出口密集度企业。由于存在银行融资约束，低效率企业的出口密集度更大，这进一步推高了我国出口贸易的总量，致使我国出口贸易的微观地位与宏观总量不匹配。因此，银行融资约束会抑制我国企业从出口导向型向正常出口型的转型。由于在给定企业的贸易模式(加工贸易或一般贸易)下，命题 2 将仍然成立，因此命题 2 一般化了命题 1 的结论。

---

① 当冰山成本与替代弹性取经验文献估计值左右时，命题 2 都会成立。比如 $\tau=1.2$ 或 $\tau=1.3$ 等值，$\varepsilon=2$ 或 $\varepsilon=3$ 等值时。

7.2.3 讨论

美国著名杂志《财富》发布的 2014 年世界 500 强企业中，我国上榜企业占据 100 家。虽然中国上榜企业数量较多，但排名靠前的多数企业仍旧是国有控股的资源和金融企业，这类上榜企业对我国出口贸易的贡献并不明显。有趣的是，在美国、德国、日本和韩国等贸易大国上榜企业中，苹果、大众、丰田和三星等都是全球知名的制造业出口商（尽管这些企业在中国拥有代工厂）。中国的出口企业在生产率、利润和品牌知名度等方面的劣势与其世界第一大货物贸易国的优势并存（罗长远等，2013）。

本章模型首先对我国出口贸易中的这一现象有一定启示。[①]如上所述，理论模型预测，给定其他条件不变，受到银行融资约束的企业将选择出口密集程度较高的贸易模式。相反，容易从银行贷款的企业将选择出口密集程度较低的贸易模式。因此与现有贸易文献不同，本章指出融资约束有可能通过提高企业的出口密集程度而扩大一国的出口贸易总量。同时，由于低效率的企业更倾向于选择加工贸易或高出口密集程度的贸易模式，即使一国的出口贸易量很大，其出口企业的生产率和相关表现可能会比较差。

同时，本章还从融资约束的角度为我国出口贸易中的“低价出口之谜”提供了启示。盛丹和王永进（2012）发现我国产品的出口价格较低，甚至低于产品的国内价格。盛丹和王永进认为长期的出口鼓励政策降低了企业的出口加成率，继而造成我国出口贸易中的“低价出口之谜”。Fan 等（2015）将产品的质量差异引入了融资约束与出口价格的关系之中，并认为如果不存在产品质量差异，受到银行融资约束的企业出口价格将更高而不是更低。通过引入企业之间的内生质量差异，他们解释了融资约束导致企业出口价格降低的原因。本章认为，银行融资约束也可能通过使企业自我选择成为加工贸易或者高出口密集度的企业降低出口产品的总体价格（见 2.2 节的出口导向型企业的定价规则）。首先，加工贸易企业往往不具有定价权，并可能通过转移定价规避相关贸易壁垒，其实际定价可能低于一般贸易企业的出口价格。其次，企业要

① 受到信贷资源配置等因素影响，这一现象在发展中国家中较为多见。

实现高出口密集度的贸易模式，不得不降低出口相对内销的价格。因此，融资约束会降低出口产品的总体价格。

7.3 融资约束与企业出口：经验证据

7.3.1 数据

本章使用的数据首先来自世界银行在2011年12月至2013年2月间收集，并在2013年公布的中国企业调查数据。中国企业调查数据利用比简单随机抽样更为可取的分层随机抽样方法而得，涵盖了2 800多家中国国有和非国有企业的微观数据。与中国工业企业数据库相比，该数据库样本不但数据年份较新，而且具有更好的抽样随机性。同时，该数据库不仅包括了企业性质、地区、规模等基本信息，还包括了出口额、雇员人数、融资状况等重要信息。其中，企业的融资状况还按照银行、非银行金融机构、内源融资等不同渠道进行了划分。本章剔除了企业出口额、雇员人数、销售额和企业所有权等重要变量缺失的观测值。为避免纯贸易商对回归结果的干扰，我们还剔除了非工业企业的观测值。

同时，本章还将使用中国工业企业数据库数据。该数据库涵盖了中国所有国有企业和规模以上的非国有企业的数据，并提供了企业所有权性质、工业增加值、当期销售额、出口额和资产负债等财务信息，这使我们可以直接利用该数据库的信息计算企业的融资约束和生产率指标。相对于世界银行企业调查数据，该数据库样本更大，指标也有所不同。和Dai等(2016)的做法类似，本章剔除该数据库中符合下列条件之一的观测值：(1)企业平均就业人数少于8人。(2)出口交货值超过当期销售总额。(3)当期销售额、工业增加值、就业人数、出口交货值和固定资产总额等主要财务指标值缺失。

为了获取企业贸易方式的信息，本章还将使用中国海关数据库的信息。海关数据库详细记录了企业每一笔进出口业务的贸易方式，这使我们能够在回归分析对不同贸易方式的企业进行区分。与Upward等(2013)、张杰等(2013)的研究一致，本章按照“企业名称”等公共字段对两个数据库进行合并。为了排除进口企业自我选择等行为对回归结果的干扰，本章在合并的过程中剔除非出口企业中从事进口业务的企业。我们按照贸易方式大致将企业分为两类：加工贸易企业（主要包括来料加工和进料加工业务）和一般贸易企业。

7.3.2 估计模型与策略

估计如下方程以检验银行融资约束与出口企业表现的关系：

$$performance_{ijp} = \beta_0 + \beta_1 bcredit_{ijp} + \delta X + e_{ijp} \tag{7.12}$$

被解释变量 $performance$ 表示企业的表现，下标 i、j 和 p 分别表示企业、行业和省份。我们关心的解释变量 $bcredit$ 表示企业的银行贷款融资，X 表示其他控制变量，如企业规模和企业性质虚拟变量等。e 为随机扰动项。直接将方程式(7.12)进行 OLS 回归，还需要考虑下述三个问题。

1. 变量遗漏与自我选择效应识别问题

由于同时影响企业表现和融资约束选择的因素有很多（比如：生产率、行业特征、地域特征、企业所有制类型等），直接进行回归的结果可能存在偏误。为了缓解变量遗漏问题，我们将在所有的回归中控制行业虚拟变量、企业注册类型虚拟变量、企业所在省份虚拟变量。这样，我们就控制了行业的资本密集度、行业竞争程度、企业所有制类型、企业区位等因素对企业生产率和出口贸易方式的影响。同时与多数贸易文献一致，回归将控制企业规模。

同时，融资约束与企业的贸易模式之间可能存在互为因果关系，即一方面，面临银行融资约束的企业倾向于选择成为加工贸易企业和高出口密集度企业；另一方面，加工贸易企业或高出口密集度企业本身对银行贷款的需求就比较低。为了识别本章理论模型中所揭示的自我选择效应，我们将对样本进行细化处理，使用两种不同的策略验证自我选择效应（见 3.4.2 节），并检验模型的比较静态分析结果以进一步验证模型的运行机制。此外，考虑到加工贸易企业内部较为复杂的组织形式，使用企业层面的数据和财务数据可能存在偏误，本章还将使用省级层面的数据对模型的运行机制进行检验。

2. 企业表现的衡量

生产率是企业表现的一个重要度量。尽管存在多种估计企业生产率的方法，精确估计各类企业生产率仍然是较为困难的（De Loecker，2011；Licandro and Saadatnia，2014；Hottman et al.，2014）。考虑到世界银行数据是横截面数据，我们首先采用与理论模型表述一致的劳动生产率作为企业生产率的度量。由于劳动生产率忽略了资本对企业生产率的影响，我们将使用普通最小二乘法计算的全要素生产率进行稳健性检验。如余淼杰（2010）所述，普通最小二乘法计算的全要素生产率存在一个向下的偏误。不过，刘振兴和金祥荣（2011）发现大样本情形下 OP 算法和普通最小二乘算法估计值近似。同时，我们也将用工业企业数据库的非平衡面板数据进行稳健性分析，并利用 LP 算法估计企业的生产率。

Melitz（2003）等异质性企业贸易模型认为更好的企业可以出口，因此我们将用出口地位作为企业表现的一种度量。同时，由于加工贸易是我国对外贸易的主要贸易方式，受 Manova 和 Yu（2016）等文献的启发，本章将检验融资约束与贸易方式的关系，并拟使用贸易方式二元虚拟变量作为因变量对企业生产率和融资约束进行回归。由于 OLS 回归对二元因变量并不是非常适用，我们将用 Probit 模型和 Logit 模型进行估计。此外，本章还将用企业当期销售额和利润等传统变量作为企业表现的度量。

3. 信贷约束的衡量

在金融市场不完善的情形下，融资渠道的差异将对企业出口行为产生影响。基于现有以融资约束为议题的相关文献，本章将着重分析银行融资约束对企业出口行为的影响，并同时控制企业其他三种融资渠道。

第一，银行贷款融资（*bcredit*）。该变量是本章重点关注的变量。银行信贷是企业重要的资金来源，分为长期贷款和短期贷款。但是一般情况下，发放长期贷款对于银行而言风险较高，对于经济主体而言利率也较高，因此短期借款是企业更常用的方式。与多数文献一致，本章用杠杆率（短期借款比总资产）代表银行贷款融资情况。该值越低，银行融资约束就越明显。其中，与韩剑和王静（2012）一致，短期借款＝流动负债－应付账款－应付工资－应付福利费－应交税金。

第二，商业信用融资（*scredit*）。在金融市场紧缩或者出现问题时，商业信贷融资相对于金融机构可以给企业提供更便捷的资金支持。与张杰等（2012）

文献类似，本章用应付账款减应收账款比总资产表示企业的商业信用融资。该比值越高，则商业信用融资约束越小。

第三，内部融资(*intrafin*)。Chaney(2005)、Manova(2013)等文献强调，企业可以利用利润对贸易成本进行支付。与Guariglia(2011)、张杰等(2012)的研究成果一致，本章用利润加折旧比总资产表示该指标的数值，该比值越高，表示企业内部融资状况越好。

第四，流动性需求(*liquidity*)。贸易方式不同的企业面临不同的贸易成本，从而具有不同的流动性需求。与Manova和Yu(2016)相同，我们用流动资产减流动负债比总资产来衡量流动性约束。

7.3.3 初步回归结果

本章首先利用较新的世界银行企业调查数据进行回归，结果见表7.1。其中，被解释变量为企业表现的各种度量，分别列于表7.1的第一行，解释变量位于表7.1的最左列。本章关心的解释变量 *bankratio* 的含义是"企业从银行获得的流动资产融资占所有融资额的比重"，它从融资结构的角度衡量了银行融资在企业融资渠道中的重要程度。该值越大，则说明企业从银行融资相对于其他渠道融资更便利。

表7.1 检验结果摘要

变　量	方程1 ln *Sales*	方程3 ln *Salesadd*	方程3 ln *Wage*	方程4 *Export*	方程5 *Expint*
bankratio	0.847 2*** (0.195 1)	0.651 9*** (0.199 3)	0.395 6*** (0.111 1)	0.700 7** (0.263 5)	−0.142 9** (0.102 0)
企业所有制	是	是	是	是	是
企业规模	是	是	是	是	是
区域虚拟变量	是	是	是	是	是
行业虚拟变量	是	是	是	是	是
观测值	1 673	1 668	1 646	1 673	350
(拟)R^2	0.648 0	0.095 4	0.781 6	0.157 0	0.223 6

注：括号里为稳健性标准误。*、**、***分别表示10%，5%和1%水平上显著。

表 7.1 第一列回归的被解释变量为对数化的销售额，回归结果显示 *bankratio* 具有正且在统计上显著的系数，这说明给定其他条件不变，从银行融资相对较多的企业销售额越大。由于世界银行企业调查数据没有包括工业增加值的信息，第二列回归被解释变量为对数化的人均销售额增加值，其计算方法为(产品销售收入－中间投入)/雇员人数，黄玖立和冼国明(2012)曾使用其作为生产率的一个测度。回归结果发现，*bankratio* 的系数仍然为正显著。第三列回归的被解释变量为对数化的职工工资，*bankratio* 的系数仍然保持正显著，即从银行融资相对较多的企业的职工工资也较高。这与近期国内研究中发现的融资约束与劳动收入份额关系保持一致(罗长远和陈琳，2012)。

第四列回归的被解释变量是企业是否直接出口。若企业直接出口，则二元虚拟变量 *Export* 取 1，回归方法为 Probit 回归。可以看出，给定其他条件不变，从银行融资相对较多的企业出口可能性更大。第五列回归的被解释变量是出口的集约边际，即企业出口密度(企业出口额比上企业销售额)。有趣的是，与前四列回归结果相反，*bankratio* 的系数仍然为负显著，这说明从银行融资相对较多的企业出口密集度反而较小。这一结果与现有理论文献的预测(Chaney，2005；Manova，2013)不一致，但与本章第二部分模型的预测一致。总体来看，从银行融资相对较多的企业表现较好。

为了进一步检验表 7.1 回归结果的稳健性以及贸易方式与融资约束的关系，本章用 2006 年的工业企业数据和海关数据样本，并利用不同的融资约束指标再次进行类似式(7.12)的回归，结果见表 7.2。

在表 7.2 的回归中，被解释变量在第一行中列出，解释变量则反映在表 7.2 的最左列。前三列回归的被解释变量分别是劳动生产率、对数化的销售额和利润，回归结果显示四种衡量融资约束的指标系数均为正且在统计上显著，这说明给定其他条件不变，融资容易的企业表现更好。第四列回归的被解释变量为二元虚拟变量 *Export*，如果企业为出口企业，则 *Export* 取 1，回归方法为 Logit 回归。回归结果显示，*bcredit* 有一个正的系数但在统计上并不显著，同时其他三种衡量融资约束的指标虽然显著但方向并不相同。这一结果说明，不同融资渠道对我国企业出口行为的影响可能不一样。

表 7.2 检验结果摘要

变量	方程 1 *Productivity*	方程 2 ln *Sales*	方程 3 *Profit*	方程 4 *Export*	方程 5 *Process*
bcredit	51.316 4*** (7.030 9)	0.442 6*** (0.023 9)	8 975.4*** (2 267.6)	0.006 7 (0.009 7)	−0.599 4*** (0.080 7)
scredit	40.680 8*** (5.917 7)	0.374 7*** (0.026 0)	7 622.8*** (2 014.0)	0.236 5*** (0.011 6)	0.612 0*** (0.096 4)
intrafin	178.547*** (22.342)	0.886 1*** (0.063 9)	27 012.4** (11 117)	−0.146 8*** (0.020 4)	−1.046 8*** (0.288 9)
liquidity	48.487 3*** (6.235 6)	0.397 1*** (0.026 5)	8 216.1*** (2 106.6)	0.223 2*** (0.011 2)	−0.215 8* (0.117 3)
企业注册类型	是	是	是	是	是
企业规模	是	是	是	是	是
区域虚拟变量	是	是	是	是	是
行业虚拟变量	是	是	是	是	是
观测值	293 876	293 876	293 876	293 876	33 248
(拟)R^2	0.291 3	0.578 5	0.065 4	0.299 2	0.484 7

注:括号里为稳健性标准误。*、**、*** 分别表示 10%,5%和 1%水平上显著。

为了观察融资约束对企业贸易方式选择行为的影响,第五列回归的被解释变量为二元虚拟变量 *Process*,如果企业为加工贸易出口企业,则 *Process* 取 1。回归样本为所有的出口企业,回归方法为 Probit 回归。回归结果显示,*bcredit* 具有一个负且在统计上显著的系数,这说明银行融资能力越弱的企业越容易选择加工贸易。同时,*scredit* 具有一个正且在统计上显著的系数,这说明商业融资可以促进企业选择加工贸易。*intrafin* 的系数为负显著,这说明内源融资不足的企业更倾向于选择加工贸易。*liquidity* 的系数虽不显著,但仍然为负,这说明流动性不足的企业更容易选择加工贸易。第五列的回归结果说明,融资约束对企业的贸易方式选择行为有显著的影响。

总体来看,表 7.2 的回归结果说明:给定其他条件不变,银行融资能力与企业的生产率等各种表现正相关。有趣的是,与多数异质性企业贸易模型中银行融资约束会抑制企业出口的结论不同,银行融资约束对我国企业出口既有促进效应又有抑制效应，即会抑制企业从事一般贸易出口，会促进企业从事加工贸易出口，这与理论模型命题1的预测一致。同时如前文所述，出口导向型企业更容易获得银行的融资，这也可能是表7.1第五列回归中 *bankratio* 的系数为负的原因。

接下来我们直接检验融资约束与企业贸易模式的关系，以给命题1更为直接的证据。检验结果如表7.3所示。

表7.3　检验结果摘要

变　量	方程1 *Process*	方程3 *Process*	方程4 *Process*	方程5 *Process*
bcredit	−0.427 4 *** (0.067 4)	−0.339 0 *** (0.068 9)	−0.450 2 *** (0.081 7)	−0.523 8 *** (0.082 4)
scredit		0.808 6 *** (0.105 5)	0.733 1 *** (0.109 0)	0.634 1 *** (0.096 5)
intrafin			−0.744 4 ** (0.303 6)	−0.739 3 ** (0.304 9)
liquidity				−0.170 4 (0.116 7)
企业注册类型	是	是	是	是
企业规模	是	是	是	是
区域虚拟变量	是	是	是	是
行业虚拟变量	是	是	是	是
观测值	33 248	33 248	33 248	33 248
(拟)R^2	0.478 9	0.484 8	0.479 0	0.479 0

注：括号里为稳健性标准误。*、**、*** 分别表示10%，5%和1%水平上显著。

在表7.3的所有回归中，样本为经过匹配的2006年出口企业数据。被解释变量 *Process* 仍然为企业是否是加工贸易企业的二元虚拟变量。[①]如果企业是加工贸易企业，则取值为1；反之为0。回归方法仍然为Logit回归。表7.3

① 这里的加工贸易仅包括从事来料加工和进料加工的贸易企业，除此之外的企业均视为非纯加工贸易企业。后文中我们对加工贸易的种类进行了细分，进一步讨论了不同加工贸易与融资约束的关系。

的回归结果显示，*bcredit* 具有一个负的且在统计上显著的系数。在依次加入其他三种融资约束时，其符号保持稳健。这也说明受银行融资约束严重的企业更容易选择加工贸易，与命题 1 的预测保持一致。需要注意的是，可以看到商业信用融资 *scredit* 系数为正显著，且系数的绝对值较大，这说明加工贸易企业主要依赖上下游企业之间的商业融资。

接下来检验融资约束与企业出口密集度之间的关系，以验证命题 2 的预测。检验结果见表 7.4。

表 7.4　检验结果摘要

变量(*hex*)	方程 1	方程 2	方程 3	方程 4
bcredit	−0.458 6*** (0.045 3)	−0.565 9*** (0.057 3)	−0.417 1*** (0.045 8)	−0.527 9*** (0.063 7)
scredit		0.673 7*** (0.067 7)		0.581 9*** (0.081 1)
intrafin		−0.941 9*** (0.135 8)		−0.800 2*** (0.103 7)
liquidity		−0.004 8 (0.057 0)		−0.011 4 (0.066 0)
企业注册类型	是	是	是	是
企业规模	是	是	是	是
区域虚拟变量	是	是	是	是
行业虚拟变量	是	是	是	是
是否包含加工贸易	是	是	否	否
观测值	33 293	33 293	27 653	27 653
(拟)R^2	0.161 9	0.168 9	0.142 5	0.147 3

注：括号里为稳健性标准误。*、**、*** 分别表示 10%，5%和 1%水平上显著。

在表 7.4 的所有回归中，样本仍为经过匹配的 2006 年出口企业数据，被解释变量 *hex* 表示企业出口密集度是否大于 0.7 的虚拟变量。①当企业的出口密

① 在 Melitz(2003)的模型中，企业出口强度恒定，且由于差异化产品之间的替代弹性和冰山成本都大于 1，企业出口强度一般小于 0.7。同时如 Defever 和 Riano(2012)等文献所述，很多政府明文规定对出口密集度超过 0.7 的企业给予信贷优惠。因此，我们将出口密集度高于 0.7 的企业视为“高出口密集度”企业。使用 0.5、0.6 和 0.8 的作为出口强度高低分界值的回归结果类似。

集度大于或等于 0.7 时，该值取 1；反之，取 0。第一列回归只控制了 *bcredit* 一个融资约束变量，回归结果显示 *bcredit* 有一个负显著的系数，这说明受到银行融资约束的企业更容易选择成为高出口密集度的企业。第二列回归继续控制了其他三个融资约束指标，结果 *bcredit* 仍然保持一个负显著的系数。同时，可以看到商业信用融资 *scredit* 系数为正显著，这也说明与加工贸易企业类似，高出口密集度企业主要依赖上下游企业之间的融资。第三列和第四列回归样本剔除了加工贸易企业。尽管 *bcredit* 回归系数有所减小，但仍然为负显著。这一结果进一步支持了模型的命题 2 的预测。

7.3.4　更多的经验证据

上文只是提供了基准的回归分析，并没有反映出理论模型中企业各种行为的因果关系，接下来我们将为理论机制提供一些更为直接的经验证据。

1. 控制企业生产率和缓解反向因果关系

可以注意到，命题 1 认为生产率不同的企业会有不同的贸易方式，因而表 7.2 的回归中可能存在内生性问题，即生产率高的企业更容易从银行融资，继而有更好的表现且能进行一般贸易。为了进一步识别变量之间的因果关系，估计如下方程：

$$process_{ijp} = \beta_0 + \beta_1 bcredit_{ijp} + \beta_2 productivity_{ijp} + \delta X + \varepsilon_{ijp} \tag{7.13}$$

被解释变量 *process* 表示企业是否为加工贸易企业的二元虚拟变量（当企业为加工贸易企业时取 1）。下标 i、j 和 p 分别表示企业、行业和省份。与表 7.3 一致，笔者所关心的解释变量仍为银行贷款融资（*bcredit*），同时回归中将加入企业生产率（*productivity*）。其他控制变量包括商业信用融资（*scredit*）、内源融资（*intrafin*）和流动性需求（*liquidity*）。X 表示其他控制变量，ε 为随机扰动项。回归样本为 2006 年的加工贸易企业和一般贸易企业，估计方法为 Logit 回归，回归结果见表 7.5 。①

① 使用异方差 Probit 回归和 Logit 回归的结果相似。

表 7.5　检验结果摘要

变　　量	方程 1 *Process*	方程 2 *Process*	方程 3 *Process*	方程 4 *Process*	方程 5 *Process*
bcredit	−0.427 4 *** (0.067 4)	−0.401 7 *** (0.066 9)	−0.339 0 *** (0.068 9)	−0.450 2 *** (0.081 6)	−0.523 8 *** (0.082 4)
productivity		−0.202 7 *** (0.022 3)	−0.189 6 *** (0.022 4)	−0.149 7 *** (0.027 1)	−0.145 3 *** (0.027 1)
scredit			0.808 6 *** (0.105 5)	0.733 1 *** (0.109 0)	0.634 0 *** (0.096 5)
intrafin				−0.744 4 ** (0.303 6)	−0.739 3 ** (0.304 9)
liquidity					−0.170 4 (0.116 6)
企业注册类型	是	是	是	是	是
企业规模	是	是	是	是	是
区域虚拟变量	是	是	是	是	是
行业虚拟变量	是	是	是	是	是
观测值	33 248	33 248	33 248	33 248	33 248
(拟)R^2	0.478 9	0.481 9	0.484 8	0.485 9	0.486 0

注:括号里为稳健性标准误。*、**、*** 分别表示 10%, 5%和 1%水平上显著。

在表 7.5 的第一列回归中,企业的杠杆率 *bcredit* 有一个负的且在统计上显著的系数。这说明在控制了企业规模等因素的情形下,从银行贷款越容易的企业越可能选择一般贸易,这一结果与表 7.3 以及命题 1 的预测一致。为了缓解遗漏变量问题,第二列回归控制了企业的劳动生产率(工业增加值比上平均就业人数)。由于在其他条件相同的情况下,低效率的企业更容易选择加工贸易且更难从银行贷款,第一列回归中的 *bcredit* 系数可能有一个向下的偏误。因此第二列回归中的 *productivity* 具有一个负且在统计上显著的系数,而 *bcredit* 系数相比第一列回归时也略有提高。

鉴于加工贸易企业可能更多通过商业信用融资而无需很多的银行融资,被解释变量 *process* 可能会通过商业信用融资渠道对解释变量 *bcredit* 产生影响,从而混淆回归的因果关系。因此,第三列回归进一步控制了企业的商业信用融资 *scredit*。不出所料,*scredit* 有一个正且在统计上显著的系数。由于加工贸易企业不容易获得银行贷款,*scredit* 和 *bcredit* 之间存在负相关关系,这使第二列回归中的 *bcredit* 系数可能产生一个向下的偏误,因而第三列回归中的 *bcredit* 系数较大。

在理论模型中,企业可以通过内源融资支付一部分贸易成本,于是内源融资能力强的企业对外源融资的需求可能较小。因为加工贸易企业的利润较低,内源融资能力将与因变量负相关,所以忽略内源融资的回归也有可能混淆因果关系的方向,并可能对 *bcredit* 系数的估计产生一个向上的偏误。因此,第四列回归进一步控制企业的内源融资能力,回归结果表明 *bcredit* 系数变小且 *intrafin* 的系数为负。第五列回归继续控制了企业的流动性。尽管 *liquidity* 的系数不显著,其仍为负值。同时,*bcredit* 系数符号保持稳健。综上所述,表 7.5 的回归结果与命题 1 的预测相符。①

2. 使用面板数据检验模型的机制②

由于命题 2 反映了理论模型的运行机制,对命题 2 的检验有利于增强理论模型相对于其他竞争理论模型(Competing Theory)的可信性。本章承认在使用企业层面的横截面数据和面板数据之间存在权衡取舍。一方面,使用面板数据可以更好地控制不可观测的异质性因素以及宏观经济波动(通过控制时间虚拟变量等方式)对被解释变量的影响;另一方面,近期一些文献强调企业层面的投入产出指数对回归结果的影响(Licndro and Saadatnia, 2014)。尽管 Brandt 等(2012)提供了两位数行业投入产出平减指数,他们也在该文的网上附录中指出,在缺乏精确的企业投入产出指数的情况下,使用面板数据估计享受特殊贸易政策的企业行为(比如,加工贸易或高出口密集度企业)时会有偏误。由于缺乏企业层面的投入产出指数的准确数据,使用面板数据回归可

① 由于已经开展加工出口的企业可能更容易获得银行融资便利,表 7.5 可能存在另一种反向因果关系,即由于企业已经开展了加工出口业务,其容易获得银行融资。也就是说,*bcredit* 与 *process* 之间存在正相关,忽略这种正相关关系可能会高估表 7.5 中的 *bcredit* 系数估计值。然而,由于表 7.5 中的 *bcredit* 估计值已经为负值,高估的偏误不会影响回归结果的方向。

② 使用横截面数据检验融资约束对企业出口密集度影响,以及对命题 2 后半部分,即"高出口密集度企业的生产率较低"预测的检验,见附录。

能会产生一个新的偏误。考虑到本章的理论模型是一个静态模型，专注点不在企业的动态变化，本章将面板数据回归作为一种稳健性检验。具体而言，我们使用 2004—2007 年的非平衡面板工业企业数据，以检验命题 2 预言的融资约束与企业出口选择行为关系，回归结果如表 7.6 所示。①

表 7.6　检验结果摘要

变　量	方程 1 *hex*	方程 2 *expint*	方程 3 *hex*	方程 4 *expint*
bcredit	−0.037 5*** (0.004 2)	−0.029 6*** (0.004 4)	0.002 0 (0.001 5)	0.003 0** (0.001 3)
prod_lp	−0.032 6*** (0.004 6)	−0.024 6*** (0.004 5)	−0.000 4 (0.000 9)	−0.000 1 (0.000 7)
scredit	0.080 8*** (0.006 4)	0.084 2*** (0.006 5)	0.005 4** (0.002 1)	0.006 3*** (0.001 8)
intrafin	−0.056 9*** (0.007 8)	−0.055 7*** (0.007 2)	−0.005 7** (0.002 2)	−0.005 2*** (0.002 0)
liquidity	0.000 2 (0.000 2)	0.000 2 (0.000 2)	0.000 0 (0.000 1)	0.000 0 (0.000 1)
企业规模	是	是	是	是
时间固定效应	是	是	是	是
企业固定效应	否	否	是	是
企业注册类型	是	是	否	否
区域虚拟变量	是	是	否	否
行业虚拟变量	是	是	否	否
观测值	1 138 665	1 138 665	1 138 665	1 138 665
调整 R^2	0.323 2	0.388 6	0.826 3	0.837 2

注：括号里为稳健性标准误。*、**、*** 分别表示 10%，5%和 1%水平上显著。

表 7.6 中解释变量 *prod_lp* 表示利用 LP 方法估计的全要素生产率。与前述以横截面数据为样本的回归相比，表 7.6 的前两列回归控制了时间

① 笔者使用 stata 中的 winsor 命令对主要解释变量 1%的极端值进行了缩尾处理，以排除异常值对回归结果的影响。

固定效应，被解释变量分别是 *hex*（即企业出口密集度的二元虚拟变量，当出口密集度大于 0.7 时，取值为 1；反之，取值为 0。）和 *expint*（即企业的出口密集度）。不难看出，我们最关心的变量 *bcredit* 仍然具有一个负且在统计上显著的系数，这说明即使在控制了汇率和宏观经济波动等因素的框架下，受到融资约束越严苛（即 *bcredit* 越小）的企业越容易成为高出口密集度企业。

为了更好地控制回归中的遗漏变量问题，并验证理论模型中所预言的自我选择效应，表 7.6 的后两列回归进一步控制了企业固定效应。由于理论模型中企业面临的是出口前外生的融资约束，同时企业的生产率也是 Melitz(2003)模型中外生生产率，企业固定效应会吸收 Melitz(2003)中的企业外生生产率、企业区位、企业所有权及相关的外生融资约束效应等不随时间变化而变化的自选择效应。因此，如果我们发现 *bcredit* 系数估计值不显著或者具有一个相反的符号，则说明模型中揭示的自我选择效应的确存在。相反，如果 *bcredit* 继续保持负显著，那么我们不能断定是否存在自我选择效应。回归结果显示，*bcredit* 和表示企业生产率的变量 *prod_lp* 系数不再稳健。第三列回归中 *bcredit* 的系数不显著，第四列回归中 *bcredit* 的系数变为正显著（在 5% 的显著性水平下），而 *prod_lp* 的系数在第三列和第四列回归中都不显著。因此自我选择效应的确存在。①

现在考虑使用另一种策略分离自我选择效应。我们将回归样本限制为“本年度未出口但下年度出口的企业”。根据理论分析，我们应该观察到本年度受银行约束严苛的未出口企业下年度更有可能选择高出口密集度的出口模式，检验结果如表 7.7 所示。

表 7.7 的回归结果与表 7.6 类似，$bcredit_{-1}$的系数仍然为负值且在统计上显著，这意味着回归样本中“在本年度受银行约束严苛的未出口企业”下年度更有可能选择高出口密集度的出口模式，这更为直接地验证了本章理论模型中揭示的银行融资约束对企业自我选择效应的影响。

---

① Guadalupe 等(2012)曾使用固定效应控制异质性企业的自选择效应，以分析外资所有权对企业创新的影响。笔者还尝试引入被解释变量的滞后项，并使用动态 GMM 等方法进行回归分析，但 Sargan 等相关检验结果显示这些方法可能不适用。

表 7.7　检验结果摘要

变　　量	方程 1 *hex*	方程 2 *expint*
$bcredit_{-1}$	$-0.103\,5^{***}$ (0.011 2)	$-0.094\,3^{***}$ (0.008 7)
$prod\_lp_{-1}$	$-0.053\,4^{***}$ (0.009 7)	$-0.052\,2^{***}$ (0.008 0)
$scredit_{-1}$	$0.041\,7^{***}$ (0.013 7)	$0.029\,6^{**}$ (0.011 6)
$intrafin_{-1}$	$-0.070\,9^{***}$ (0.016 9)	$-0.067\,1^{***}$ (0.014 2)
$liquidity_{-1}$	0.000 1 (0.000 1)	0.000 1 (0.000 1)
企业规模	是	是
时间固定效应	是	是
企业固定效应	否	否
企业注册类型	是	是
区域虚拟变量	是	是
行业虚拟变量	是	是
观测值	28 095	28 095
调整 R^2	0.383 5	0.339 3

注:括号里为稳健性标准误。*、**、*** 分别表示 10%，5%和 1%水平上显著。

3. 企业所有权与出口模式

如前文所述,我国对出口导向型企业的融资便利中,主要是直接针对外资企业的融资便利。因此,按照理论模型的逻辑,我们应该观察到受到融资约束的外资企业更容易选择成为加工贸易或者高出口密集度企业。检验结果如下表 7.8 所示。

表 7.8 的两列回归中,被解释变量分别是加工贸易虚拟变量 *Process* 和高出口密集度企业虚拟变量 *hex*。与前述回归不同的是,表 7.8 的两列回归中加入了 *bcredit* 与是否是外资企业的虚拟变量交叉项:×*foreign*。回归结果显示,

表 7.8 检验结果摘要

变　量	方程 1 *Process*	方程 2 *hex*
bcredit	0.123 0 (0.179 6)	−0.272 7*** (0.066 2)
×*foreign*	−0.786 2*** (0.186 5)	−0.281 5*** (0.086 6)
productivity	−0.141 2*** (0.027 2)	−0.268 3*** (0.015 8)
scredit	0.643 6*** (0.098 0)	0.717 1*** (0.068 6)
intrafin	−0.736 9** (0.310 0)	−0.378 5*** (0.129 7)
liquidity	−0.162 8 (0.120 5)	0.096 9* (0.055 9)
企业规模	是	是
时间固定效应	是	是
企业注册类型	是	是
区域虚拟变量	是	是
行业虚拟变量	是	是
观测值	33 248	33 248
(拟)R^2	0.486 9	0.176 7

注:括号里为稳健性标准误。*、**、*** 分别表示 10%,5%和 1%水平上显著。

当加入交叉项×*foreign* 后,第一列回归中的 *bcredit* 系数不再显著,第二列回归中 *bcredit* 系数仍然为负显著。我们关心的交叉项×*foreign* 在两列回归中的系数均为负显著,这说明受到融资约束的外资更有可能成为高出口密集度企业,这与我们的预期一致。

然而,尽管相对非外资企业而言,银行融资约束对外资企业出口行为有更大影响,但这不意味着获取银行融资是外资企业选择加工贸易的唯一关键因素。我们必须注意到,其他融资渠道对于企业行为来说也十分重要,特别是商业信用融资和内源融资。对于外资企业来说,由于能获得母公司或者其他子公司企业的商业信用融资或内源融资，这些出口导向型企业的财务状况并不差，这也被一些经验研究所证实(Wang and Wang，2015)。

4. 进一步区分加工贸易的种类

在我国的加工贸易中，两种最主要的方式是“来料加工”和“进料加工”。两者最大的区别在于：来料加工企业不拥有料件所有权，进料加工企业拥有料件所有权。因此，相比来料加工企业，进料加工企业拥有更大议价能力，利润更多。不过，进料加工企业往往需要自己寻找成品的需求商，因而也面临更大的出口固定成本。根据本章理论模型命题1的逻辑，我们应该观察到效率更低或受融资约束越严重的企业更容易选择来料加工。我们仍然使用2006年出口企业数据进行检验，结果如下：

表7.9　检验结果摘要

变　量	方程1 *pure*	方程2 *pure*
bcredit	−1.906 8*** (0.195 9)	−1.824 5*** (0.193 0)
productivity		−0.239 0*** (0.053 9)
scredit	−2.709 7*** (0.220 7)	−2.678 6*** (0.098 0)
intrafin	0.297 5 (0.310 6)	0.731 9** (0.333 2)
liquidity	−1.434 7*** (0.141 1)	−1.388 4 (0.141 7)
企业规模	是	是
时间固定效应	是	是
企业注册类型	是	是
区域虚拟变量	是	是
行业虚拟变量	是	是
观测值	5 404	5 404
(拟)R^2	0.365 0	0.369 4

注：括号里为稳健性标准误。*、**、*** 分别表示10%，5%和1%水平上显著。

在表7.9中的回归中，被解释变量 *pure* 表示企业是否是来料加工企业的二元虚拟变量，如果是，则 *pure* 取值为1；反之，则为0。为了专注于加工贸易企业行为，回归样本仅为来料加工企业与进料加工企业。第一列回归结果显示，*bcredit* 具有一个负且在统计上显著的系数，这说明给定其他条件不变，银行融资约束可能使企业选择来料加工。第二列回归中控制了企业劳动生产率，*bcredit* 仍然具有一个负且在统计上显著的系数，且 *productivity* 的系数为负，这也说明给定其他条件不变，低效率的企业更容易成为来料加工企业。这些结果再次与理论模型的预期保持一致。

5. 使用省级层面数据：缓解企业层面的内生性

考虑到加工贸易企业复杂的组织框架，仅使用财务指标度量融资状况可能存在一定偏差。为此，本章进一步使用省级层面数据检验理论模型的预测，这一方面可以缓解不同贸易方式的企业在资金分配流转上的不同引致的回归偏误，另一方面可以更好缓解企业层面回归可能存在的内生性。

由于外资企业享受很多优惠信贷政策且更熟悉国外市场，其从事加工贸易面临更低的实际贸易成本。同时，我国于21世纪初建立了一批出口加工区，企业在区内进行加工贸易享受一系列信贷优惠政策。因此，根据本章理论模型的逻辑，我们应该观察到外资企业更容易选择加工贸易。具体的检验策略是，查看企业所属类型和所在区位对企业从事加工贸易业务相对比重的影响，检验方程如下：

$$share_{jkt}=\beta_0+\beta_1 foreign_k+\beta_2 foreign_k\times east_j+\beta_3 foreign_k\times northeast_j+\beta_4 foreign_k\times middle_j+t+f_{jk}+\varepsilon_{jkt} \tag{7.14}$$

其中，被解释变量 $share_{jkt}$ 是表示 t 年 j 地区 k 类企业中加工贸易企业相对比重，k 有两类：外商投资企业和非外商投资企业。解释变量 $east_j$ 取1表示该地区为东部地区，反之取0。$middle_j$ 和 $northeast_j$ 分别是中部和东北部地区的二元虚拟变量，基准组是西部地区非外资企业。$foreign_{jkt}$ 表示 t 年 j 地区企业类别的虚拟变量，取1表示这类企业是外商投资企业，反之取0。f_{jk} 和 t 分别截面虚拟变量和年份变量。由于这些出口加工区多设立在东部地区，我们可以预期 β_1 和 β_2 为正。我们使用2000—2006年的加总数据进行分析，回归结果见表7.10。

表7.10　企业所有制与贸易模式

变　　量	方程1 加工贸易额比重	方程2 加工贸易企业数比重
foreign	0.079 3*** (0.000 0)	0.022 8*** (0.000 0)
foreign×*east*	2.054 7*** (0.192 8)	0.252 8*** (0.013 5)
foreign×*northeast*	0.568 5*** (0.000 0)	0.172 4*** (0.000 0)
foreign×*middle*	0.059 0*** (0.000 0)	0.119 9*** (0.000 0)
年份固定效应	是	是
截面固定效应	是	是
观测值	414	414
组内 R^2	0.034 3	0.082 8

注：括号里为稳健性标准误。*、**、*** 分别表示10%，5%和1%水平上显著。

在表7.10的第一个回归方程中加工贸易额的相对比重(加工贸易额比一般贸易额)作为被解释变量。解释变量 *foreign* 的系数为正显著，说明相对其他类型企业而言，外商投资企业加工贸易额比重较大。另一方面，变量 *foreign* 与区位虚拟变量的交互项也都正显著，这说明相对西部地区而言，东部地区、东北部地区和中部地区的外商投资企业加工贸易额相对比重更大。从交互项的系数大小，我们看出东部地区的外商投资企业加工贸易额比重最大。这一结果符合理论预期。在第二个回归方程中，我们使用加工贸易企业相对数目(加工贸易企业数比一般贸易企业数)作为被解释变量，回归结果类似。

6. 其他稳健性检验

本章同时进行了如下的稳健性检验：(1)使用不同的生产率和企业表现指标对命题2的其他预测进行了检验；(2)使用横截面数据检验融资约束对企业

出口强度影响;(3)利用特定贸易对象国的数据进行检验,以进一步验证模型的运行机制。稳健性检验结果基本符合理论模型的预测。考虑到正文的篇幅,本章将这些回归结果留在附录中。

7.4 本章小结

7.4.1 结论

金融制度尚不完善的中国缘何成为世界第一大出口国?本章以中国出口贸易的特征事实为基础,通过扩展现有异质性企业贸易模型,从理论和实证上给出了该问题的答案,即银行融资约束并不一定抑制企业的出口参与,但会阻碍部分出口企业从加工贸易转型为一般贸易,从高出口密集度企业转型为低出口密集度企业。尽管加工贸易企业和高出口密集度企业平均效率较低,但享受融资便利且出口强度较大,因而我国在金融制度尚不完善的情形下也可以成为出口大国。

需要进一步强调的是,本章的结论与 Yu 和 Tian(2012)的发现——随着金融危机的发生,加工贸易相对于一般贸易的比重逐渐下滑——保持一致。金融危机的发生加大了国外企业向本国企业进行商业信贷的难度,这会引起加工贸易进口比重的下滑,继而进一步导致加工贸易出口比重的下滑或者加工贸易国内用料比重的上升。另外,陈波和荆然(2013)发现金融危机时期,由于国家执行了较为宽松的货币政策,我国出口的减少主要来自集约边际。根据本章的分析,银行融资便利可以促进本国加工贸易企业转为一般贸易企业,这会降低企业的出口密集程度(集约边际),但不会降低企业的出口概率(广延边际)。

7.4.2 政策建议

本章的政策含义较为直观:

首先,融资约束是导致我国对外贸易不平衡的一个原因。在理论模型中,当加工贸易无需支付固定成本时,融资约束不会降低企业的出口概率,仅会影响企业对出口贸易方式的选择,这与现有多数融资约束与企业出口行为的理论文献结论不同。因此，尽管中国的金融系统不完善，低效率企业仍可以选择加工贸易等受银行融资约束影响较小的出口模式。由于这些贸易模式一般都是出口导向型，融资约束可能加剧我国对外贸易的不平衡。

其次，缓解企业面临的银行融资约束有利于促进外贸转型升级。根据理论模型的逻辑，由于受融资约束而未能选择一般贸易的企业在加工贸易企业中效率最高(见图 7.1)，融资约束实质上通过减少这部分企业的实际销售额和利润降低了行业的加权平均劳动生产率，因而进一步通过金融市场将贷款流向外贸实体将提升出口行业的平均生产率和利润水平。

再次，加快金融体制改革有利于企业产品内外供给的平衡。根据本章的理论分析，打破企业面临的融资约束将使部分高效率的加工贸易企业转变成内销企业，这一方面会通过增加国内市场产品种类拉动国内需求，另一方面会通过降低加工贸易比重缓解对外贸易的不平衡。同时，逐渐调整或取消对高出口密集度企业的信贷优惠政策也将有利于高出口密集度企业转型为低出口密集度企业。

最后，自贸区制度创新的两个核心任务是“推进贸易发展方式转变”和“深化金融领域开放创新”。与自贸区外企业相比，区内企业将拥有更多元的融资渠道，享受更便利的融资服务，继而面临更低的融资成本。本章的上述结论将为自贸区的深化改革和复制推广提供一些决策参考。

与其他文献一样，本章的研究也具有一定局限性。由于专注于分析银行融资约束对企业出口行为的影响，本章没有细致考察其他因素对企业贸易模式的影响。比如就外资企业而言，跨国公司战略可能是这些企业在华从事加工贸易的重要原因，因而有必要从全球价值链的角度进行更深一步的研究。这些未尽之处将是本章未来的研究方向。

7.A　第 7 章附录

7.A.1　使用不同的生产率指标

命题 2 还预测高出口密集度企业的平均生产率较低。为了检验该预测，我们进行如表 A.1 所示的回归。表 A.1 中前两列回归的被解释变量为最小二乘法计算的全要素生产率(TFP),第三列和第四列回归的被解释变量为(企业的当期销售额),最后两列回归的被解释变量为人均利润(总利润比上平均就业人数),解释变量为企业是否为高出口密集度企业的虚拟变量。在偶数列的回归中,我们利用样本匹配剔除了加工贸易企业。所有回归均显示高出口密集度的企业平均具有较低的生产率,这一结果与正文检验保持一致,揭示了高出口密集度企业出口融资成本较低的事实。

表 7A.1　检验结果摘要(使用不同的生产率指标)

因变量 Productivity	方程 1 TFP	方程 2 TFP	方程 3 Sales	方程 4 Sales	方程 5 Profit PW	方程 6 Profit PW
hexp	−0.112 3*** (0.010 0)	−0.035 7*** (0.012 2)	−0.222 7*** (0.016 4)	−0.104 2*** (0.017 5)	−10.997 4*** (1.361 9)	−7.523 1*** (1.109 6)
是否含加工贸易	是	否	是	否	是	否
企业注册类型	是	是	是	是	是	是
企业规模	是	是	是	是	是	是
区域虚拟变量	是	是	是	是	是	是
行业虚拟变量	是	是	是	是	是	是
观测值	78 161	27 680	78 161	28 061	78 161	28 061
调整 R^2	0.158 0	0.100 6	0.645 0	0.613 0	0.970 2	0.994 8

注:括号里为经过行业聚类调整的稳健性标准误。*、**、*** 分别表示 10%,5%和 1%水平上显著。

7.A.2　融资约束对企业出口密集度影响的检验

现在使用横截面数据检验融资约束对企业出口密集度影响。命题 2 的机制表明,在其他条件相同的情形下,融资约束会使企业选择高密集度出口模式。因此,直接以 *hexp* 为被解释变量,以企业的杠杆率(*bcredit*)和劳动生产率(*productivity*)为解释变量进行回归,以 2006 年工业企业数据和海关进出口数据合并后的出口企业为回归样本,结果见表 B.1。我们发现,*bcredit* 的系数始终保持负显著,这说明在控制了其他影响因素的条件下,融资约束的确会使企业倾向于选择高出口密集度模式。

表 7A.2　融资约束对出口密集度的影响检验结果摘要

因变量 hexp	方程 1	方程 2	方程 3
bcredit	−0.208 3*** (0.025 6)	−0.206 4*** (0.026 1)	−0.201 6*** (0.025 2)
productivity		−0.184 8*** (0.008 2)	−0.187 7*** (0.009 1)
是否含加工贸易	是	是	否
企业注册类型	是	是	是
企业规模	是	是	是
区域虚拟变量	是	是	是
行业虚拟变量	是	是	是
观测值	33 248	33 248	27 668
(拟)R^2	0.146 2	0.158 2	0.143 3

注：括号里为稳健性标准误。*、**、*** 分别表示 10%，5%和 1%水平上显著。

7.A.3　出口密集度与融资约束的进一步检验

考虑合并数据库可能产生样本信息丢失等问题，考虑另一种策略间接检验命题 2，估计如下方程：

$$productivity_{ijp} = \beta_0 + \beta_1 hexp_{ijp} + \delta X + \varepsilon_{ijp} \tag{7A.1}$$

被解释变量 *productivity* 仍为企业的生产率，下标 i、j 和 p 仍分别表示企业、行业和省份。如果企业出口密集度(出口额比上销售额)等于或高于 0.5，那么二元虚拟解释变量 *hexp* 取1。①X 表示其他控制变量，如企业销售费用、企业贸易方式和企业规模等。ε 为随机扰动项。回归样本主要为工业企业数据库中 2006 年的出口企业，回归的结果见表 7A.3。

在表 7A.3 的所有回归中被解释变量为企业的劳动生产率。②第一列回归中，*hexp* 有一个负且在统计上显著的系数。表 7A.3 的后五列回归主要考察第

① 使用 0.6 和 0.7 的作为出口强度高低分界值的回归结果类似。
② 使用不同的生产率度量指标进行了稳健性检验，结果类似。

表 7A.3　检验结果摘要

因变量 Productivity	方程 1	方程 2	方程 3	方程 4	方程 5	方程 6
hexp	−0.273 6*** (0.015 1)	−0.102 3*** (0.010 3)	−0.086 9*** (0.010 0)	−0.038 2** (0.015 0)	0.036 2*** (0.013 0)	−0.056 2 (0.072 3)
lnsalesfee			0.067 0*** (0.003 0)	0.065 9*** (0.003 3)	0.071 4*** (0.003 8)	0.164 4*** (0.016 0)
$hexp \times bcredit$				−0.343 5*** (0.064 1)	−0.549 5*** (0.027 6)	−0.421 4*** (0.140 0)
是否含加工贸易	是	是	是	是	否	否
企业资本劳动比	否	是	是	是	是	是
企业注册类型	是	是	是	是	是	是
企业规模	是	是	是	是	是	是
区域虚拟变量	是	是	是	是	是	是
行业虚拟变量	是	是	是	是	是	是
观测值	78 161	78 161	78 161	78 161	27 680	2 401
调整 R^2	0.271 1	0.453 6	0.470 8	0.483 4	0.441 2	0.421 1

注：括号里为经过行业聚类调整的稳健性标准误。*、**、*** 分别表示 10%，5%和 1%水平上显著。

一列回归结果的稳健性。由于劳动生产率忽略了资本对产出的影响，我们在第二列回归中进一步控制了企业的资本—劳动比，并发现 *hexp* 的系数仍为负显著。不过，*hexp* 的系数绝对值有所减小，这可能是由于资本—劳动比较高的企业具有较高的生产率和较低的出口密集度，忽略资本—劳动比的回归将对 *hexp* 的系数估计产生一个向下的偏误。由于不同的企业可能具有不同的贸易成本，自选择效应会使高效率企业选择贸易成本较高的经营模式。为了隔离贸易成本对企业行为的影响，我们在第三列中进一步控制了企业的销售费用 *lnsalesfee*，并发现 *lnsalesfee* 的系数正显著，这说明销售成本较高企业的生产率也较高，这与 Melitz(2003)中异质性企业的自我选择效应一致。同时，由于过高的贸易成本可能会抑制企业的出口密集度，*hexp* 的系数绝对值有所减小。

为了进一步考察融资约束通过出口密集度对企业分类模式的影响，我们在第四列回归中加入了交互项 $hexp \times bcredit$，并发现该项具有一个负显著的系数，这说明容易获得银行贷款的高强度企业生产率水平较低，这一结果进一步揭示了本章理论模型的运行机制。

为了对比回归结果，第五列和第六列回归使用了工业企业数据库和海关数据库合并后的数据，并排除了加工贸易企业。第五列回归结果发现 $hexp \times bcredit$ 的系数仍然稳健为负，但 $hexp$ 的系数变为正值，这时出口密集度对生产率的影响取决于 $hexp$ 的系数、$hexp \times bcredit$ 的系数以及 $bcredit$ 的值。我们将 $bcredit$ 的平均值代入计算，并发现高出口密集度的企业生产率仍然较低。

本理论模型主要揭示企业的自我选择效应，但出口密集度高的企业也可能由于能够享受优惠政策，降低了创新的激励，从而拥有更低的生产率。为了进一步缓解内生性问题，我们识别出在2005年内销且在2006年出口的企业，并以这些企业为样本进行第六列回归，结果与第五列基本一致，这一结果进一步揭示了信贷约束对企业自我选择行为的影响。综上所述，表7A.3的回归结果与理论模型的机制一致。

7.A.4　特定贸易对象国检验

Melitz和Ottaviano(2008)强调市场规模对企业选择行为的影响。由于不同贸易对象国拥有不同的市场，并且给企业带来不同贸易成本，本节有必要利用中国企业与特定贸易伙伴国之间的贸易数据进一步检验模型的预测是否稳健。本节利用美国、德国和日本这三个中国的重要贸易伙伴国的2006年数据对基准检验结果进行稳健性分析，回归结果见表7A.4。

表7A.4中回归的被解释变量为表示企业是否为加工贸易企业的二元虚拟变量 *process*。奇数列回归中，我们使用杠杆率表示企业从银行获取贷款的能力。在偶数列回归中，我们使用利息资本比表示企业的银行融资能力。回归结果显示，我们所关心的 $bcredit$ 始终具有一个负的系数。除去在第三列回归中不显著外，$bcredit$ 的系数保持显著。这说明基准回归结果对特定贸易对象国的数据是稳健的。

表 7A.4 检验结果摘要(特定贸易对象国)

因变量 process	方程 1 美国	方程 2 美国	方程 3 德国	方程 5 日本	方程 6 日本
bcredit	−0.171 2 *** (0.043 7)	−12.526 6 *** (2.209 3)	−0.051 8 (0.063 8)	−0.315 9 *** (0.052 9)	−12.674 8 *** (2.838 5)
productivity	−0.104 3 *** (0.020 1)	−0.101 0 *** (0.020 2)	−0.107 9 *** (0.028 8)	−0.136 6 *** (0.021 0)	−0.138 1 *** (0.021 0)
企业注册类型	是	是	是	是	是
企业规模	是	是	是	是	是
区域虚拟变量	是	是	是	是	是
行业虚拟变量	是	是	是	是	是
观测值	15 165	15 165	8 545	9 852	9 852
(拟)R^2	0.534 8	0.537 5	0.579 4	0.473 8	0.475 2

注:括号里为稳健性标准误。*、**、*** 分别表示 10%,5%和 1%水平上显著。

第8章　结　语

8.1　结论

8.1.1　国内贸易成本是我国二元贸易结构形成的重要原因

我国经济具有发展中国家典型的"二元经济结构"特征。工业化城市主要集聚东部地区，而传统农业部门则主要分布在中西部地区。在交通基础设施不完善、地方政府贸易保护以及户籍制度限制等因素的共同作用下，我国企业进行国内贸易的成本较大。因此，东部地区企业在出口导向等政策的鼓励下，专注于发展海外市场，这使我国东部地区集聚了大量高度参与对外贸易的出口导向企业。考虑到相对于东部企业，中西部地区企业参与贸易需要额外支付高额的国内贸易成本，中西部地区企业倾向于发展邻近的国内市场，这使得我国中西部地区企业较少程度直接参与对外贸易。尽管中西部地区的企业较少直接参与对外贸易，中西部地区本身则通过输出大量的剩余劳动力到东部沿海地区，支撑东部沿海地区出口所需的要素比较优势。由于剩余劳动力以低技能劳动力为主，因此，剩余劳动力的转移会降低出口行业平均生产率水平，却能通过吸收就业提高社会福利水平，进而缓解我国的"二元经济结构"。

8.1.2　高标准贸易新规则将对外贸转型升级产生双重福利效应

基于中国企业贸易边际视角的研究结果显示，零关税、贸易便利化和"竞争中立”原则会改善中国企业贸易和投资边际，并通过企业间与企业内资源再配置效应、技术与质量升级效应和结构调整效应改善企业的产品种类边际、产品质量边际和生产技术边际等，进而增进社会福利。高标准的原产地、劳工、环境和知识产权保护新规则具有双重福利效应：一方面，其会通过降低出口产品平均质量等企业贸易边际而增加行业内资源误配，降低社会福利效应；另一方面，其能通过倒逼外贸企业在产品、技术和功能等方面进行全球价值链动态升级，并通过吸收更多农业剩余劳动力优化行业间的资源配置，提高社会福利效应。

8.1.3 “一带一路”倡议将为中国带来贸易静态和动态福利效应

“一带一路”倡议的提出使得中国与“一带一路”国家和地区之间的高新技术产品贸易额增加，也会促进下一年的高新技术产品贸易，即存在静态与动态的贸易创造效应。“一带一路”倡议通过消除中国与沿线国家和地区在合作中的关税及非关税等贸易壁垒，减小了区域内产品的贸易成本，从而扩大双边贸易规模和优化生产资源的配置。由于“一带一路”沿线国家和地区生产能力差异较大，因此，生产效率高的成员国生产的成本较低的产品会大量进入生产效率较低的成员国，替代其原本自主生产但是成本较高的产品。由此可见，贸易创造效应一方面节约了低效率成员国的生产资源，另一方面增加了中国与沿线国家和地区的贸易量，对贸易双方的福利水平的提高产生正面作用。此外，就中国来说，其过去粗放的经济增长方式造成了部分行业出现大量的产能过剩，而“一带一路”倡议促进了中国与沿线国家和地区的贸易往来，扩大了中国产品的国际市场，可以相应缓解中国的产能过剩问题，有利于中国经济的可持续发展。

“一带一路”倡议也会带来有趣的贸易转移效应。由于“一带一路”倡议是中国主导的以发展中国家为主体的合作模式，加入“一带一路”倡议的大多为发展中国家，因此该倡议中消除贸易壁垒、提高贸易便利化、加强互联互通等措施促进了南南贸易的发展。仅从这一方面来看，“一带一路”倡议的贸易转移效应会更多地提高发展中国家福利水平。然而，相对于发达国家，发展中国家技术水平较低，生产成本较大，产品质量不高。中国与发达国家的贸易向发展中国家转移,会造成资源的低效率配置。双边贸易也可能因此锁定在低端水平,有碍于外贸转型升级。在动态经济增长效应方面,“一带一路”倡议还具有规模经济效应、竞争效应和投资效应。同时,“一带一路”倡议扩大了市场规模,增加了中国与沿线国家和地区的双边贸易,促进了中国与沿线国家和地区经济的繁荣昌盛,从而有利于提高就业者的工资水平,提升居民的福利。

8.2 政策含义

8.2.1 降低国内贸易成本,缓解二元贸易结构

根据本书第3章理论模型的分析,国内贸易成本的存在以及出口导向政策的长期存在使得沿海地区更关注海外市场,内陆地区更关注国内市场,这会形成二元贸易结构,导致产业结构的地区性失衡。降低国内贸易成本则将缓解这种空间上的二元贸易结构,有利于“供给侧结构性改革”的推进。同时,基础设施建设的不断完善将直接降低国内贸易成本,一方面有利于我国内陆企业“走出去”,另一方面也有利于沿海企业开拓国内市场,这有利于进一步消除二元贸易结构,缓解国内外贸易的地区性失衡。

8.2.2 积累人力资本,强化城市化对外贸转型升级的促进作用

根据第4章的实证结果可知,现阶段城镇化水平的提高反而抑制了企业转型升级的原因在于农业转移人口大多是低技能劳动力。虽然低技能劳动力会维持企业较低的可变贸易成本,但也阻碍了企业生产率的提升,进而抑制企业转型升级,降低整个行业的总体效率。因此,应该不断优化劳动力市场结构,加大教育和职业培训的投资力度,提高劳动者受教育年限,从而将此前的“人口数量”优势转化为现在和将来的“人口质量”优势。现有研究发现(王曦和陈中飞,2015),高等教育质量的提升能促进一国城镇化水平的提升,因而改革教育体制和完善教育体系将通过劳动力市场知识结构的“供给侧改革”,增强城市化对外贸转型升级的促进作用。总体而言,现阶段人力资本的积累和增加对经济增长与社会发展的贡献要比物质资本、劳动力数量的增加重要。

8.2.3　积极参与制定国际经贸新规则，促进外贸转型升级

从第 5 章的理论分析和第 6 章的实证结果可以发现，在短期 TPP 对中国的外贸转型升级产生负面影响，而由中国主导发起的“一带一路”倡议有利于外贸转型升级，并在一定程度上缓解 TPP 给中国带来的负面经济效应。鉴于美国政府已经退出 TPP 以及中国现阶段直接加入 TPP 还存在很大难度，中国继续推广“一带一路”倡议的难度较小。中国可以改善交通基础设施，加强与“一带一路”国家贸易等方面的合作，通过签订双边自由贸易协定来推动对外贸易。在进行中印缅经济走廊、中巴经济走廊等建设工作的同时，进一步探索更多的跨境合作通道，以此扩大“一带一路”倡议为中国带来的贸易效应。

“英国脱欧”以及“美国宣布退出 TPP”已成为“逆全球化”的标志性事件。究其根本，“逆全球化”是全球化过程缺乏包容性，使得福利在区域间不平等分配所造成的行为，发达国家企图通过“逆全球化”重构国际经贸新规则，从而实现“再全球化”。面对“逆全球化”对中国贸易投资等领域的冲击，中国需要携手发展中国家构建新型区域合作平台，发挥“一带一路”倡议的正面联动效应，将“一带一路”倡议与自贸区、关税同盟等发展战略对接，加强与世界各国的互联互通，进而推动与引领包容性的全球化。在供给侧结构性改革的背景下，通过加强与“一带一路”沿线国家和地区的高端产能合作，压缩过剩的低端产能，增加中国与沿线国家战略新兴产业的贸易往来，提高中国在全球价值链中的地位，实现外贸转型升级。

8.3　展望

与发达国家不同，“二元经济结构”是我国现阶段经济改革面临的重要经济特征，这也决定了我国不能完全照搬发达国家现阶段采用的经济理论和政策，必须坚持改革开放，坚持发展中国特色社会主义市场经济，推进供给侧结构性改革和“一带一路”建设。在“逆全球化”和贸易保护主义势力有所抬头的今天，我国在坚持改革开放的同时，要积极参与国际经贸新规则的制定，促进外贸转型升级，增加自身在国际贸易谈判中的砝码，进而更有效率地抵御部分

国家可能出台的歧视性贸易政策。

本书主要基于新新贸易理论的视角，讨论了二元经济结构、国际经贸新规则和外贸转型升级之间的关系，并初步讨论了相应的贸易福利效应。然而，还有大量的研究工作需要在未来继续进行。

首先，讨论动态贸易福利效应。本书的理论模型多基于经典异质性企业贸易模型，因而是在一种“静态稳态均衡”框架下讨论企业行为和贸易福利效应。正如 Sampson(2016)指出，“动态选择效应”带来的贸易福利效应可能是“静态选择效应”的三倍。考虑到外贸转型升级是一种典型的企业动态行为，进一步在动态均衡框架下分析外贸转型升级具有重要的理论和现实意义。

其次，引入贸易和投资中的不确定性。以特朗普总统为首的新一届美国政府退出 TPP、重谈 NAFTA 以及启动对中国“301 调查”和贸易制裁等一系列行为，给国际贸易发展和全球经济走势带来了诸多不确定性。鉴于中国和美国两大经济体在全球经贸中的影响力，在分析中国企业外贸转型升级的过程中引入贸易不确定性，更能刻画现阶段的全球经贸背景，进而得出更为全面的政策含义。

最后，使用更为精细的数据。正如前文所述，本书使用的多数数据截至 2015 年，因而很难全面分析高标准经贸新规则以及“一带一路”倡议的全面贸易投资效应，特别是动态贸易创造和转移等效应。为此，作者将继续搜集最新跨国面板数据和企业层面的贸易数据，更为全面地检验高标准经贸新规则、“一带一路”倡议以及“自由贸易试验区”等对中国经贸产生的影响。

参考文献

包群:《全球化可逆吗》,《中国工业经济》2017 年第 6 期。

蔡昉:《中国经济面临的转折及其对发展和改革的挑战》,《中国社会科学》2007 年第 3 期。

蔡昉:《中国劳动力市场发育与就业变化》,《经济研究》2007 年第 7 期。

蔡昉:《刘易斯转折点与公共政策方向的转变——关于中国社会保护的若干特征性事实》,《中国社会科学》2010 年第 6 期。

蔡昉:《二元经济作为一个发展阶段的形成过程》,《经济研究》2015 年第 7 期。

陈波、荆然:《金融危机、融资成本与出口贸易边际》,《经济研究》2013 年第 2 期。

陈虹、杨成玉:《"一带一路"国家战略的国际经济效应研究——基于 CGE 模型的分析》,《国际贸易问题》2015 年第 10 期。

崔日明、黄英婉:《"一带一路"沿线国家贸易投资便利化评价指标体系研究》,《国际贸易问题》2016 年第 9 期。

陈云松、张翼:《城镇化的不平等效应与社会融合》,《中国社会科学》2015 年第 6 期。

陈虹、韦鑫、余珮:《TTIP 对中国经济影响的前瞻性研究——基于可计算一般均衡模型的模拟分析》,《国际贸易问题》2013 年第 12 期。

陈虹、杨成玉:《"一带一路"国家战略的国际经济效应研究——基于 CGE 模型的分析》,《国际贸易问题》2015 年第 10 期。

戴觅、余淼杰、Madhura Maitra:《中国出口企业生产率之谜:加工贸易的作用》,《经济学(季刊)》2014 年第 2 期。

东艳:《全球贸易规则的发展趋势与中国的机遇》,《国际经济评论》2014 年第 1 期。

樊纲:《企业家最重要的社会责任就是创造就业》,新华网重庆频道,2007-11-05。

范子英、田彬彬:《出口退税政策与中国加工贸易的发展》,《世界经济》2014 年第 4 期。

范剑勇、冯猛:《中国制造业出口企业生产率悖论之谜:基于出口密度差别上的检验》,《管理世界》2013 年第 8 期。

郭凯明、杭静、颜色:《中国改革开放以来产业结构转型的影响因素》,《经济研究》2017 年第 3 期。

郭进、徐盈之:《城镇化与工业化协调发展:现实基础与水平测度》,《经济评论》2016 年第 4 期。

高帆:《交易效率、分工演进与二元经济结构转化》,西北大学博士学位论文,2004 年。

黄永明、何伟、聂鸣:《全球价值链视角下中国纺织服装企业的升级路径选择》,《中国工业经济》2006 年第 5 期。

黄德春、刘志彪:《环境规制与企业自主创新——基于波特假设的企业竞争优势构建》,《中国工业经济》2006 年第 3 期。

黄玖立、冼明国:《企业异质性与区域间贸易:中国企业市场进入的微观证据》,《世界经济》2012 年第 4 期。

韩剑、王静:《中国本土企业为何舍近求远:基于金融信贷约束的解释》,《世界经济》2012 年第 1 期。

郝景芳、马弘:《引力模型的新进展及对中国对外贸易的检验》,《数量经济技术经济研究》2012 年第 10 期。

韩永辉、罗晓斐、邹建华:《中国与西亚地区贸易合作的竞争性和互补性研究——以"一带一路"战略为背景》,《世界经济研究》2015 年第 3 期。

金中夏、李良松:《TPP 原产地规则对中国的影响及对策——基于全球价值链角度》,《国际金融研究》2014 年第 12 期。

金碚:《全球化新时代的中国产业转型升级》,《中国工业经济》2017 年第 6 期。

孔庆峰、董虹蔚:《"一带一路"国家的贸易便利化水平测算与贸易潜力研究》,《国际贸易问题》2015 年第 12 期。

蒋冠、霍强:《中国—东盟自由贸易区贸易创造效应及贸易潜力——基于引力模型面板数据的实证分析》,《当代经济管理》2015 年第 2 期。

刘晴、徐蕾:《对加工贸易福利效应和转型升级的反思——基于异质性企业贸易理论的视角》,《经济研究》2013 年第 9 期。

刘晴、张燕、张先锋:《为何高出口密集度企业的生产率更低》,《管理世界》2014 年第 10 期。

刘晴、李静、徐蕾:《出口模式、企业异质性与行业内贸易环境效应——基于中国事实的理论与经验分析》,《世界经济文汇》2014 年第 2 期。

刘晴、程玲、邵智、陈清萍:《融资约束、出口模式与外贸转型升级》,《经济研究》2017 年第 5 期。

刘晴、程玲、谢众:《国际经贸新规则与中国企业贸易边际——基于异质性企业贸易模型的再思考》,《区域与全球发展》2017 年第 1 期。

刘晴、邵智:《交通基础设施的贸易成本效应:基于二元经济框架的理论分析与中国经验》,《世界经济研究》2018 年第 2 期。

刘生龙、胡鞍钢:《交通基础设施与经济增长:中国区域差距的视角》,《中国工业经济》2010 年第 4 期。

刘洪银:《从中国农业发展看"刘易斯转折点"》,《西北人口》2009 年第 4 期。

刘艺卓、吕剑:《二元经济结构下汇率对农产品贸易的影响分析》,《山西财经大学学报》2009 年第 2 期。

刘俊、张亚斌:《丝绸之路经济带贸易便利化时空差异及其贸易效应——基于空间引力模型的实证研究》,《经济问题探索》2016 年第 10 期。

刘朋春:《TPP 背景下中韩自由贸易区的经济效应——基于 GTAP 模型的模拟分析》,《亚太经济》2014 年第 5 期。

刘朋春、辛欢、陈成:《TPP 对中日韩自由贸易区的可行性及建设路径的影响研究——基于 GTAP 模型的分析》,《国际贸易问题》2015 年第 11 期。

刘志彪:《生产者服务业及其集聚:攀升全球价值链的关键要素与实现机制》,《中国经济问题》2008 年第 1 期。

刘志彪:《"一带一路"倡议下全球价值链重构与中国制造业振兴》,《中国工业经济》2017 年第 6 期。

刘振兴、金祥荣:《出口企业更优秀吗》,《国际贸易问题》2011 年第 5 期。

吕剑:《二元经济结构,实际汇率错位及其对进出口贸易影响的实证分析》,《金融研究》2007 年第 9 期。

李春顶、尹翔硕:《我国出口企业的“生产率悖论”及其解释》,《财贸经济》2009年第11期。

李春顶:《中国出口企业是否存在“生产率悖论”:基于中国制造业企业数据的检验》,《世界经济》2010年第7期。

李春顶、石晓军:《TPP对中国经济影响的政策模拟》,《中国工业经济》2016年第10期。

李云娥:《对外开放必然带来经济增长吗? ——基于二元经济转换的视角》,《南开经济研究》2014年第1期。

李志远、余淼杰:《生产率、信贷约束与企业出口:基于中国企业层面的分析》,《经济研究》2013年第6期。

李斌、段娅妮、彭星:《贸易便利化的测评及其对我国服务贸易出口的影响——基于跨国面板数据的实证研究》,《国际商务(对外经济贸易大学学报)》2014年第1期。

李向阳:《“一带一路”面临突出问题和出路》,《国际贸易》2017年第4期。

李向阳:《“反全球化”背景下中国引领经济全球化的成本与收益》,《中国工业经济》2017年第6期。

李丹、夏秋、周宏:《“一带一路”背景下中国与中东欧国家农产品贸易潜力研究——基于随机前沿引力模型的实证分析》,《新疆农垦经济》2016年第6期。

林毅夫、孙希芳:《银行业结构与经济发展》,《经济研究》2008年第9期。

林立:《加工贸易企业转型升级研究》,中国社会科学院研究生院博士论文,2012年。

林炜:《企业创新激励:来自中国劳动力成本上升的解释》,《管理世界》2013年第10期。

罗长远、陈琳:《融资约束会导致劳动收入份额下降吗》,《金融研究》2012年第3期。

罗长远、质艳、李姝醒:《借力上海自贸试验区建设,打造中国外贸升级版》,《中国(上海)自由贸易试验区新战略研究》(袁志刚主编)第三章,上海:上海人民出版社2013年版。

逯宇铎、戴美虹、刘海洋:《加工贸易是中国微观企业绩效的增长点吗——基于广义倾向得分匹配方法的实证研究》,《国际贸易问题》2015年第4期。

陆圣:《泛太平洋战略经济伙伴关系协定对中国纺织品服装出口的潜在影响——基于一般均衡模型的评估》,《世界经济研究》2013年第11期。

卢晶亮、冯帅章:《贸易开放、劳动力流动与城镇劳动者性别工资差距——来自1992—2009年中国省际面板数据的经验证据》,《财经研究》2015年第12期。

马述忠、王笑笑、张洪胜:《出口贸易转型升级能否缓解人口红利下降的压力》,《世界经济》2016年第7期。

马述忠、张洪胜、王笑笑:《融资约束与全球价值链地位提升——来自中国加工贸易企业的理论与证据》,《中国社会科学》2017年第1期。

宁光杰、段乐乐:《流动人口的创业选择与收入——户籍的作用及改革启示》,《经济学(季刊)》2017年第2期。

彭支伟、张伯伟:《TPP和亚太自由贸易区的经济效应及中国的对策》,《国际贸易问题》2013年第4期。

邱斌、闫志俊:《异质性出口固定成本、生产率与企业出口决策》,《经济研究》2015年第9期。

钱学锋、毛海涛、徐小聪:《中国贸易利益评估的新框架——基于双重偏向型政策引致的资源误置视角》,《中国社会科学》2016年第12期。

瞿宛文:《台湾后起者能借自创品牌升级吗?》,《世界经济文汇》2007年第5期。

孙淑琴:《再生资源的贸易、失业及社会福利——基于二元经济模型的分析》,《经济科学》2013年第4期。

孙久文、周玉龙:《城乡差距、劳动力迁移与城镇化——基于县域面板数据的经验研究》,《经济评论》2015年第2期。

孙少勤、邱斌、唐保庆、赵伟:《加工贸易存在"生产率悖论"吗?——一个经验分析与理论解释》,《世界经济与政治论坛》2014年第2期。

孙楚仁、张楠、刘雅莹:《"一带一路"倡议与中国对沿线国家的贸易增长》,《国际贸易问题》2017年第2期。

孙晓霓、刘晴:《TPP对我国对外贸易和投资的影响及对策——基于异质性企业理论的视角》,《经济经纬》2015年第2期。

孙金彦、刘海云:《"一带一路"战略背景下中国贸易潜力的实证研究》,《当代财经》2016年第6期。

苏庆义:《中国省级出口的增加值分解及其应用》,《经济研究》2016年第1期。

盛丹、包群、王永进:《基础设施对中国企业出口行为的影响:"集约边际"还是"扩展边际"》,《世界经济》2011年第1期。

盛丹、王永进:《中国企业的低价出口之谜》,《管理世界》2012年第5期。

盛丹:《地区行政垄断与我国企业出口的"生产率悖论"》,《产业经济研究》2013

年第 4 期。

盛斌:《迎接国际贸易与投资新规则的机遇与挑战》,《国际贸易》2014 年第 2 期。

盛斌、果婷:《亚太地区自由贸易协定条款的比较及其对中国的启示》,《亚太经济》2014 年第 2 期。

施炳展、逯建、王有鑫:《补贴对中国企业出口模式的影响:数量还是价格?》,《经济学(季刊)》2013 年第 3 期。

沈可、章元:《中国的城市化为什么长期滞后于工业化?——资本密集型投资倾向视角的解释》,《金融研究》2013 年第 1 期。

沈玉良、孙楚仁、徐美娜:《中国加工贸易企业生产控制模式研究》,北京:人民出版社,2011。

孙灵燕、李荣林:《融资约束限制中国企业出口参与吗》,《经济学(季刊)》2011 年第 11 卷第 1 期。

汤二子、刘海洋:《中国出口企业的"生产率悖论"与"生产率陷阱"——基于 2008 年中国制造业企业数据实证分析》,《国际贸易问题》2011 年第 9 期。

田巍、余淼杰:《企业出口强度与进口中间品贸易自由化:来自中国企业的实证研究》,《管理世界》2013 年第 1 期。

佟家栋、李连庆:《贸易政策透明度与贸易便利化影响——基于可计算一般均衡模型的分析》,《南开经济研究》2014 年第 4 期。

佟家栋、刘程:《"逆全球化"浪潮的源起及其走向:基于历史比较的视角》,《中国工业经济》2017 年第 6 期。

唐宜红等:《全球贸易与投资政策研究报告 2016:国际贸易与投资新规则的重构》,北京:人民出版社,2017。

王必达、张忠杰:《中国刘易斯拐点及阶段研究——基于 31 个省际面板数据》,《经济学家》2014 年第 7 期。

吴飞飞、邱斌:《产品创新、生产率与企业出口决策》,《软科学》2015 年第 11 期。

万广华:《城镇化与不均等:分析方法和中国案例》,《经济研究》2013 年第 5 期。

万璐:《美国 TPP 战略的经济效应研究——基于 GTAP 模拟的分析》,《当代亚太》2011 年第 4 期。

伍山林:《农业劳动力流动对中国经济增长的贡献》,《经济研究》2016 年第 2 期。

王曦、陈中飞:《中国城镇化水平的决定因素:基于国际经验》,《世界经济》2015

年第6期。

王怀民、李凯杰:《加工贸易与地区收入差距》,《世界经济研究》2010年第8期。

王永进、盛丹、施炳展、李坤望:《基础设施如何提升了出口技术复杂度》,《经济研究》2010年第7期。

王孝松:《特朗普的贸易政策立场及中美贸易发展前景展望》,《中国工业经济》2017年第6期。

汪戎、李波:《贸易便利化与出口多样化:微观机理与跨国证据》,《国际贸易问题》2015年第3期。

魏丹、许培源:《TPP投资效应的实证分析——基于DID方法的估计》,《当代财经》2016年第4期。

邢予青:《加工贸易、汇率和中国的双边贸易平衡》,《金融研究》2012年第2期。

行伟波、李善同:《地方保护主义与中国省际贸易》,《南方经济》2012年第1期。

夏先良:《构筑"一带一路"国际产能合作体制机制与政策体系》,《国际贸易》2015年第11期。

薛继亮:《从供给侧判断"刘易斯拐点":到来还是延迟》,《中央财经大学学报》2016年第9期。

谢丹阳、程坤:《包容性全球化探析》,《中国工业经济》2017年第6期。

许培源、魏丹:《TPP的投资区位效应及非TPP亚太国家的应对措施——基于多国自由资本模型的分析》,《财经研究》2015年第3期。

许培源、朱金芸:《TPP对中国机电产品出口的潜在影响——基于GTAP-CGE模型的评估》,《国际贸易问题》2016年第9期。

许庆、范英、吴方卫:《零关税政策背景下中国—东盟自贸区农产品贸易对中国经济影响的模拟分析》,《世界经济研究》2011年第11期。

余淼杰:《中国的贸易自由化与制造业企业生产率》,《经济研究》2012年第12期。

余淼杰:《加工贸易、企业生产率和关税减免——来自中国产品面的证据》,《经济学(季刊)》2011年第4期。

余淼杰:《加工贸易转型要靠"内功"》,《新产经》2012年第8期。

余淼杰:《"逆全球化"危机下的中美贸易与中国经济增长》,《中国工业经济》2017年第6期。

余淼杰、智琨:《进口自由化与企业利润率》,《经济研究》2016年第8期。

杨丹、章元:《发展中国家的贸易开放,城市集中和区域不平等——来自跨国面板数据的证据》,《经济学动态》2016 年第 1 期。

杨帆、黄少安、Julien Picault:《中国人口红利结束了吗?》,《山东社会科学》2017 年第 4 期。

闫国庆、孙琪、仲鸿生、赵娜、荆娴:《我国加工贸易战略转型及政策调整》,《经济研究》2009 年第 5 期。

杨立强、鲁淑:《TPP 与中日韩 FTA 经济影响的 GTAP 模拟分析》,《东北亚论坛》2013 年第 4 期。

杨军、黄洁、洪俊杰、董婉璐:《贸易便利化对中国经济影响分析》,《国际贸易问题》2015 年第 9 期。

姚洋、余淼杰:《劳动力、人口和中国出口导向的增长模式》,《金融研究》2009 年第 9 期。

姚上海:《"刘易斯拐点"突现:我国劳动力资源面临重大转型》,《江南大学学报(人文社会科学版)》2009 年第 6 期。

曾国平、曾三:《二元结构转换、经济开放与服务业增长》,《山西财经大学学报》2008 年第 7 期。

张广婷、江静、陈勇:《中国劳动力转移与经济增长的实证研究》,《中国工业经济》2010 年第 10 期。

张永丽、景文超:《试论中国的人口转变、结构转型与刘易斯转折点》,《上海财经大学学报》2012 年第 6 期。

张习宁、关艳丽:《二元经济结构、国际贸易与城乡收入差距——基于中国省际面板数据的实证分析》,《社会科学家》2010 年第 1 期。

张晓静、李梁:《"一带一路"与中国出口贸易:基于贸易便利化视角》,《亚太经济》2015 年第 3 期。

张会清、唐海燕:《中国与"一带一路"沿线地区的贸易联系问题研究——基于贸易强度指数模型的分析》,《国际经贸探索》2017 年第 3 期。

张乃根:《"一带一路"倡议下的国际经贸规则之重构》,《法学》2016 年第 5 期。

张桂文、袁晖光:《中国二元经济转型的难点及其破解思路》,《当代经济研究》2012 年第 11 期。

张杰、刘志彪、张少军:《制度扭曲与中国本土企业的出口扩张》,《世界经济》2008 年第 10 期。

张杰、郑文平、翟福昕:《中国出口产品质量得到提升了么?》,《经济研究》2014 年第 10 期。

张杰、芦哲、郑文平、陈志远：《融资约束、融资渠道与企业 R&D 投入》，《世界经济》2012 年第 10 期。

张杰、陈志远、刘元春：《中国出口国内附加值的测算与变化机制》，《经济研究》2013 年第 10 期。

张静中、王文君：《“一带一路”背景下中国—西亚自贸区经济效应前瞻性研究——基于动态 GTAP 的实证分析》，《世界经济研究》2016 年第 8 期。

郑学党、庄芮：《中美高新技术产品贸易增长因素研究——基于修正的 CMS 模型分析》，《科学学研究》2015 年第 5 期。

周燕、佟家栋：《“刘易斯拐点”、开放经济与中国二元经济转型》，《南开经济研究》2012 年第 5 期。

周艳、李伍荣：《〈服务贸易协定〉国有企业规则及其启示》，《国际贸易》2016 年第 10 期。

周建锋：《我国的“刘易斯拐点”研究——诠释、判断与反思》，《人口与经济》2014 年第 5 期。

周黎安、张维迎、顾全林、汪淼军：《企业生产率的代际效应和年龄效应》，《经济学(季刊)》2007 年第 4 期。

朱希伟、金祥荣、罗德明：《国内市场分割与中国的出口贸易扩张》，《经济研究》2005 年第 12 期。

张宇燕主编：《〈跨太平洋伙伴关系协定〉文本解读》，中国社会科学出版社 2016 年版。

Abe, K., and H. Ogawa, 2017, “Globalization, Child Labour, and Adult Unemployment”, *The Ritsumeikan Economic Review*, 65(4), pp.193—205.

Ahn, J., A. K. Khandelwal, and S. Wei, 2011, “The Role of Intermediaries in Facilitating Trade”, *Journal of International Economics*, 84, pp.73—85.

Ali, S., 2017, “Differential Effects of Internal and External Remoteness on Trade Flows: The Case of Pakistan”, *Working Pape*.

Antràs, P., T. C. Fort, and F. Tintelnot, 2014, “The Margins of Global Sourcing: Theory and Evidence from US Firms”, *NBER Working Paper*, No.20772.

Antràs, P., 2003, “Firms, Contracts, and Trade Structure”, *The Quarterly Journal of Economics*, 118(4), pp.1375—1418.

Antràs, P., 2005, “Incomplete Contracts and the Product Cycle”, *The American Economic Review*, 95(4), pp.1054—1073.

Areerat, T., H. Kameyama, Ito, S., and K. Yamauchi, 2012, "Trans Pacific Stategic Economic Partnership With Japan, South Korea and China Integrate: General Equilibrium Approach", *American Journal of Economics and Business Administration*, 4(1), pp.40—46.

Arkolakis, C., N. Ramondo, and A. Rodríguez-Clare, 2013, "Innovation and Production in the Global Economy", *NBER Working Paper*, No.18972.

Aslan, B., M. Mavuş, and A. Oduncu, 2014, "The Possible Effects of Transatlantic Trade and Investment Partnership and Trans-Pacific Partnership on Chinese Economy", *Mpra Paper*.

Athukorala, P. C., 2011, "South-South Trade: an Asian Perspective", *SSRN Working Paper*, No.265.

Bai, C. E., Q. Liu, and J. Lu, 2004, "Corporate Governance and Market Valuation in China", *Journal of Comparative Economics*, 32(4), pp.599—616.

Békés, G., and B. Muraközy, 2012, "Temporary Trade and Heterogeneous Firms", *Journal of International Economics*, 87, pp.232—246.

Baldwin, R. E., and T. Okubo, 2014, "International Trade, Offshoring and Heterogeneous Firms", *Review of International Economics*, 22(1), pp.59—72.

Banerjee, A. V., and A. F. Newman, 1998, "Information, the Dual Economy, and Development", *The Review of Economic Studies*, 65(4), pp.631—653.

Behrens, K., Lamorgese A. R., and G. I. P. Ottaviano, 2007, "Changes in Transport and Non-transport Costs: Local vs Global Impacts in a Spatial Network", *Regional Science and Urban Economics*, 37(6), pp.625—648.

Bernard, A. B., and J. Jensen, 1999, "Exceptional Exporter Performance: Cause, Effect, or Both?", *Journal of International Economics*, 47(1), pp.1—25.

Bernard, A. B., S. J. Redding, and P. K. Schott, 2011, "Multiproduct Firms and Trade Liberalization", *The Quarterly Journal of Economics*, 126 (3), pp.1271—1318.

Bernard, A. B., Beveren I. Van, and H. Vandenbussche, 2010, "Multi-product Exporters, Carry-along Trade and the Margins of Trade", *National Bank of Belgium Working Paper*, No.203.

Bernard, A. B., S. Jensen Redding, and P. Schott, 2012, "The Empirics of

Firm Heterogeneity and International Trade", *Annual Review of Economics*, 4, pp.283—313.

Brandt, L., and P. M. Morrow, 2017, "Tariffs and the Organization of Trade in China", *Journal of International Economics*, 104, pp.85—103.

Brandt, L., J. V. Biesebroeck, and Y. Zhang, 2012, "Creative Accountingor Creative Destruction? Firm-level Productivity Growth in Chinese Manufacturing", *Journal of Development Economics*, 97, pp.339—351.

Buongiorno, J., and S. Zhu, "Potential Effects of a Trans-Pacific Partnership on Forest Industries", *Forest Policy and Economics*, 2017(81), pp.97—104.

Bustos, P., 2011, "Trade Liberalization, Exports, and Technology Upgrading: Evidence on the Impact of MERCOSUR on Argentinian Firms", *The American Economic Review*, 101(1), pp.304—340.

Carrère, C., A. Grujovic, and F. Robert-Nicoud, 2015, "Trade and Frictional Unemployment in the Global Economy".

Chaney, T., 2016, "Liquidity Constrained Exporters", *Journal of Economic Dynamics and Control*, 72, pp.141—154.

Chan, J. M., and K. Manova, 2015, "Financial Development and the Choice of Trade Partners", *Journal of Development Economics*, 116, pp.122—145.

Cheong, I., and J. Tongzon, "Comparing the Economic Impact of the Trans-Pacific Partnership and the Regional Comprehensive Economic Partnership", *Asian Economic Papers*, 2013(12), pp.144—164.

Cosar, A. K., and B. Demir, 2016, "Domestic Road Infrastructure and International Trade: Evidence from Turkey", *Journal of Development Economics*, 118, pp.232—244.

Cosar, A. K, and P. D. Fajgelbaum, 2016, "Internal Geography, International Trade, and Regional Specialization", *American Economic Journal: Microeconomics*, 8(1), pp.24—56.

Dai, M., M. Maitra, and M. Yu, 2016, "Unexceptional Exporter Performance in China? The Role of Processing Trade", *Journal of Development Economics*, 121, pp.177—189.

DeLoecker, J., 2011, "Product Differentiation, Multi-product Firms and Estimating the Impact of Trade Liberalization on Productivity", *Econometrica*,

79(5), pp.1407—1451.

Defever, F., and A. Riano, 2017, "Subsidies with Export Share Requirements in China", *Journal of Development Economics*, 126, pp.33—51.

Dennis, A., and B. Shepherd, 2011, "Trade Facilitation and Export Diversification", *The World Economy*, 34(1), pp.101—122.

Devadason, E. S., 2012, "The Trans-Pacific Partnership(TPP): The Chinese Perspective", *Journal of Contemporary China*, 23(87), pp.462—479.

Diao, X., M. McMillan, and D. Rodrik, 2017, "The Recent Growth Boom in Developing Economies: A Structural Change Perspective", NBER Working Paper No.23132.

Dixit, A. K., and J. E. Stiglitz, 1977, "Monopolistic Competition and Optimum Product Diversity", *The American Economic Review*, 67(3), pp.297—308.

Dixit, A. K., 1970, "Growth Patterns in a Dual Economy", *Oxford Economic Papers*, 22(2), pp.229—234.

Dolan, C., and J. Humphrey, 2000, "Governance and Trade in Fresh Vegetables: the Impact of UK Supermarkets on the African Horticulture Industry", *Journal of development studies*, 37(2), pp.147—176.

Eaton, J., and S. Kortum, 2002, "Technology, Geography, and Trade", *Econometrica*, 70(5), pp.1741—1779.

Fan, H., E. Lai, and Y. Li, 2015, "Credit Constraints, Quality, and Export Prices: Theory and Evidence from China", *Journal of Comparative Economics*, 43(2), pp.390—416.

Feenstra, R. C., Z. Li, and M. Yu, 2014, "Exports and Credit Constraints under Incomplete Information: Theory and Evidence from China", *Review of Economics and Statistics*, 96(4), pp.729—744.

Fajgelbaum, P., and S. J. Redding, 2014, "External Integration, Structural Transformation and Economic Development: Evidence from Argentina 1870—1914", NBER Working Paper No.20217.

Fergusson, L., 2013, "The Political Economy of Rural Property Rights and the Persistence of the Dual Economy", *Journal of Development Economics*, 103, pp.167—181.

Fields，G. S.，2004，“Dualism in the Labor Market：a Perspective on the Lewis Model afterHalf a Century”，*The Manchester School*，72(6)，pp.724—735.

Fields，G. S.，1993，“Inequality in Dual Economy Models”，*The Economic Journal*，103(420)，pp.1228—1235.

Gereffi，G.，1994，“The Organization of Buyer-Driven Global Commodity Chains：How US Retailers Shape Overseas Production Networks”，Commodity Chains and Global Capitalism.

Gereffi，G.，and K. Fernandez-Stark，2016，“Global Value Chain Analysis：a Primer”.

Gereffi，G.，J. Humphrey，and T. Sturgeon，2015，“The Governance of Global Value Chains”，*Review of International Political Economy*，12(1)，pp.78—104.

Gollin，D.，2014，“The Lewis Model：A 60-year Retrospective”，*The Journal of Economic Perspectives*，28(3)，pp.71—88.

Grossman，G. M.，and E. Helpman，2015，“Globalization and Growth”，*The American Economic Review*，105(5)，pp.100—104.

Greenaway，D.，and C. Milner，1990，“South-South Trade Theory，Evidence，and Policy”，*The World Bank Research Observer*，5(1)，pp.47—68.

Guadalupe，M.，O. Kuzmina，and C. Thomas，2012，“Innovation and Foreign Ownership”，*American Economic Review*，102(7)，pp.3594—3627.

Guariglia，A.，X. Liu，and L. Song，2011，“Internal Finance and Growth：Microeconometric Evidence on Chinese Firms”，*Journal of Development Economics*，96(1)，pp.79—94.

Harris，J. R.，and M. P. Todaro，1970，“Migration，Unemployment and Development：A Two-sector Analysis”，*The American Economic Review*，60(1)，pp.126—142.

Hasson，J. A.，and J. Tinbergen，1962，“Shaping the World Economy：Suggestions for an International Economic Policy”，*Economica*，31(123)，pp.327.

Helpman，E.，M. Melitz，and S. Yeaple，2004，“Export Versus FDI with Heterogeneous Firms”，*American Economic Review*，94(1)，pp.300—316.

Hottman，C.，S. Redding，and D. E. Weinstein，2014，“What Is Firm Heterogeneity in Trade Models? The Role of Quality，Scope，Markups，and

Cost", *CEPR Working Paper*.

Horn, H., P. C. Mavroidis, and A. Sapir, "Beyond the WTO? An Anatomy of EU and US Preferential Trade Agreements", *The World Economy*, 2010(33), pp.1565—1588.

Humphrey, J., and H. Schmitz, 2000, "Governance and Upgrading: Linking Industrial Cluster and Global Value Chain Research", IDS Working Paper No.120.

Islam, N., and K. Yokota, 2008, "Lewis Growth Model and China's Industrialization", *Asian Economic Journal*, 22(4), pp.359—396.

Johnson, R. C., and G. Noguera, 2012, "Fragmentation and Trade in Value Addedover four Decades", *National Bureau of Economic Research*.

Jorgenson, D. W., 1967, "Surplus Agricultural Labour and the Development of a Dual Economy", *Oxford Economic Papers*, 19(3), pp.288—312.

Karacaovali, B., and D. Talagi, 2017, "International Trade Effects of Trans-Pacific Partnership for North America".

Karayalcin, C., H. Yilmazkuday, 2014, "Trade and Cities", *The World Bank Economic Review*, 29(3), pp.523—549.

Kawasaki, K., "The Relative Significance of EPAs in Asia-Pacific", *Journal of Asian Economics*, 2015(39), pp.19—30.

Kee, H. L., and H. Tang, 2015, "Domestic Value Added in Exports: Theory and Firm Evidence from China".

Kirkpatrick, C., and A. Barrientos, 2004, "The Lewis Model after 50 Years", *The Manchester School*, 72(6), pp.679—690.

Knight, J., Q. Deng, and S. Li, 2010, "Education and the Poverty Trap in Rural China: Closing the Trap", *Oxford Development Studies*, 38(1), pp.1—24.

Knight, J., Q. Deng, and S. Li, 2011, "The Puzzle of Migrant Labor Shortage and Rural Labor Surplus in China", *China Economic Review*, 22, pp.585—600.

Koopman, R., Z. Wang, and S. J. Wei, 2012, "Estimating Domestic Content in Exports When Processing Trade is Pervasive", *Journal of Development Economics*, 99(1), pp.178—189.

Krugman, P. R., 1979, "Increasing Returns, Monopolistic Competition, and International Trade", *Journal of International Economics*, 9(4), pp.469—479.

Krugman, P., and R. L. Elizondo, 1996, "Trade Policy and the Third World

Metropolis", *Journal of Development Economics*, 49(1), pp.137—150.

Krugman, P., 1991, "Increasing Returns and Economic Geography", *Journal of Political Economy*, 99(3), pp.483—499.

Krugman, P., 1980, "Scale Economies, Product Differentiation, and the Pattern of Trade", *The American Economic Review*, 70(5), pp.950—959.

Li, Z., and M. Yu, 2009, "Exports, Productivity, and Credit Constraints: A Firm-level Empirical Investigation of China", SSRN Working Paper No.1461399.

Licandro, O, and A. Saadatnia, 2014, "Technical Efficiency and Product Value in Measuring Firm Level Productivity", *Working Paper*.

Latorre, M. C., and H. Yonezawa, 2017, "Stopped TTIP? Its Potential Impact on the World and the Role of Neglected FDI".

Lee, H., and K. Itakura, 2017, "Potential Costs of US Withdrawal from the Trans-Pacific Partnership".

Lewis, W. A., 1954, "Economic Development with Unlimited Supplies of Labour", *The Manchester School*, 22(2), pp.139—191.

Lewis, W. A., 1979, "The Dual Economy Revisited", *The Manchester School*, 47(3), pp.211—229.

Li, C., and J. Whalley, 2014, "China and the Trans-Pacific Partnership: A Numerical Simulation Assessment of the Effects Involved", *World Economy*, 37(2), pp.169—192.

Linnemann, H., 1966, "An Econometric Study of International Trade Flows", *Journal of the Royal Statistical Society*, 33(4), pp.633—634.

Lu, J., Y. Lu, and Z. Tao, 2010, "Exporting Behavior of Foreign Affiliates: Theory and Evidence", *Journal of International Economics*, 81(2), pp.197—205.

Lu, M., and G. Wan, 2014, "Urbanization and Urban Systems in the People's Republic of China: Research Findings and Policy Recommendations", *Journal of Economic Surveys*, 28(4): pp.671—685.

Lu, D., 2010, "Exceptional Exporter Performance? Evidence from Chinese Manufacturing Firms", manuscript, University of Chicago.

Manova, K., and Z. Yu, 2013, "Firms along the Value-added Chain: Processing Trade in China", mimeo, Stanford University.

Manova, K., and Z. Yu, 2016, "How Firms Export: Processing vs Ordinary

Trade with Financial Frictions", *Journal of International Economics*, 100, pp.120—137.

Manova, K., 2013, "Credit Constraints, Heterogeneous Firms, and International Trade", *Review of Economic Studies*, 80(2), pp.711—744.

Martincus, C. V., J. Carballo, and A. Cusolito, 2017, "Roads, Exports and Employment: Evidence from a Developing Country", *Journal of Development Economics*, 125, pp.21—39.

Matsuyama, K., 2009, "Structural Change in an Interdependent World: A Global View of Manufacturing Decline", *Journal of the European Economic Association*, 7(2—3), pp.478—486.

Mayer, T., M. J. Melitz, and G. I. P. Ottaviano, 2014, "Market Size, Competition, and the Product Mix of Exporters", *The American Economic Review*, 104(2), pp.495—536.

Melitz, M. J., and G. I. P. Ottaviano, 2008, "Market Size, Trade, and Productivity", *The Review of Economic Studies*, 75(1), pp.295—316.

Melitz, M. J., 2003, "The Impact of Trade on Intra-industry Reallocations and Aggregate Industry Productivity", *Econometrica*, 71(6), pp.1695—1725.

Melitz, M. J., E. Helpman, and S. Yeaple, 2004, "Export Versus FDI with Heterogeneous Firms", *The American Economic Review*, 94, pp.300—316.

Moïsé, E., and T. Orliac, 2013, "Trade Facilitation Indicators: The Potential Impact of Trade Facilitation on Developing Countries", *OECD Trade Policy Papers*.

Ottaviano, G. I. P., 2010, "'New' New Economic Geography: Firm Heterogeneity and Agglomeration Economies", *Journal of Economic Geography*, 11(2), pp.231—240.

Parenti, M., Ushchev, P., and J. F. Thisse, J. F., 2017, "Toward a Theory of Monopolistic Competition", *Journal of Economic Theory*, 167, pp.86—115.

Pöyhönen, P., 1963, "A Tentative Model for the Volume of Trade Between Countries", *Weltwirtschaftliches Archiv*, 90, pp.93—100.

Persson, M., 2013, "Trade Facilitation and the Extensive Margin", *The Journal of International Trade & Economic Development*, 22(5):658—693.

Petri, P. A., and M. G. Plummer, 2016, "The Economic Effects of the TPP:

New Estimates", *Assessing the Trans-Pacific Partnership*, 1:16—1, 16—2.

Petri, P. A., M. G. Plummer, and F. Zhai, 2014, *The TPP, China and the FTAAP: The Case for Convergence*, In: G. Tang, and P. A. Petri, eds., *New Directions in Asia-Pacific Economic Integration*, Honolulu: East-West Center.

Petri, P. A., M. G. Plummer, and F. Zhai, 2012, *Trans-Pacific Partnership and Asia-Pacific Integration: A Quantitative Assessment*, Washington, DC: Peterson Institute of International Economics.

Porter, M. E., and V. E. Millar, 1985, "How Information Gives You Competitive Advantage".

Paravisini, D., Rappoport, V., Schnabl, P., and D. Wolfenzon, 2015, "Dissecting the Effect of Credit Supply on Trade: Evidence from Matched Credit-export Data", *Review of Economic Studies*, 82(1), pp.333—359.

Raihan, S., 2014, "South-South Trade: A Quantitative Assessment", *Working Paper*.

Ramanathan, R., 1967, "Jorgenson's Model of a Dual Economy-An Extension", *The Economic Journal*, 77(6), pp.321—327.

Ranis, G., and J. C. H. Fei, 1961, "A theory of economic development", *The American Economic Review*, pp.533—565.

Redding, S., 2011, "Theories of Heterogeneous Firms and Trade", *Annual Review of Economics*, 3, pp.77—105.

Roberts, M. J., and J. R. Tybout, 1997, "What Makes Exports Boom?", World Bank Publications.

Sampson, T., 2016, "Dynamic Selection: An Idea Flows Theory of Entry, Trade, and Growth", *The Quarterly Journal of Economics*, 131(1), pp.315—380.

Schultz, T. W., 1961, "Investment in Human Capital.", *The American Economic Review*, 51(1):1—17.

Shafaeddin, M., 2010, "The Role of China in Regional South-South Trade in Asia-Pacific: Prospects for Industrialization of the Low-income Countries", Working Paper.

Silva, J. S., and S. Tenreyro, 2006, "The Log of Gravity", *The Review of Economics and Statistics*, 88(4), pp.641—658.

Song, Z., K. Storesletten, and F. Zilibotti, 2011, "Growing like China", *The American Economic Review*, 101(1), pp.196—233.

Song, Y., 2014, "What Should Economists Know about the Current Chinese Hukou System?", *China Economic Review*, 29, pp.200—212.

Strutt, A., P. Minor, and A. N. Rae, 2015, "A Dynamic Computable General Equilibrium(CGE) Analysis of the Trans-Pacific Partnership Agreement: Potential Impacts on the New Zealand Economy", *Ministry of Foreign Affairs and Trade*.

Tian,W., and M. Yu, 2015, Processing Trade, Export Intensity, and Input Trade Liberalization: Evidence from Chinese Firms, *Journal of the Asia Pacific Economy*, 20(3), pp.444—464.

Thisse, J. F., and P. Ushchev, 2016, "Monopolistic Competition without Apology", *Working Paper*.

Todaro, M. P., 1970, "Labor Migration and Urban Unemployment: Reply", *The American Economic Review*, 60(1), pp.187—188.

Todsadee, A., H. Kameyama, and P. Lutes, 2012, "The Implications of Trade Liberalization on TPP Countries' Livestock Product Sector", *Technical Bulletin of the Faculty of Agriculture of Kagawa University*, 64:1—6.

United States International Trade Commission, 2016, "Trans-Pacific Partnership Agreement: Likely Impact on the US Economy and on Specific Industry Sectors", United States International Trade Commission(Washington).

Upward, R., Wang, Z., and J. Zheng, 2013, "Weighing China's Export Basket: The Domestic Content and Technology Intensity of Chinese Exports", *Journal of Comparative Economics*, 41(2), pp.527—543.

Viner, J., 1950, *The Customs Union Issue*, New York: Carnegie Endowment for International Peace.

Wang, X., and J. Piesse, 2013, "The Micro-Foundations of Dual Economy Models", *The Manchester School*, 81(1), pp.80—101.

Wang, J., and X. Wang, 2015, "Benefits of Foreign Ownership: Evidence from Foreign Invested Firms in China", *Journal of International Economics*, 97(2), pp.325—338.

Wingender, A. M., 2015, "Skill Complementarity and the Dual Economy", *European Economic Review*, 74, pp.269—285.

Krishna，P.，E. D. Mansfield，and J. H. Mathis，World Trade Organization，World Trade Report 2011：*The WTO and Preferential Trade Agreements*：*From Co-existence to Coherence*，2011，Geneva. *World Trade Review*，11(2)，pp.327—339.

Xiang，H.，Y. Kuang，and C. Li，2017，"Impact of the China-Australia FTA on Global Coal Production and Trade"，*Journal of Policy Modeling*，pp.65—78.

Yeaple，S. R.，2005，"A Simple Model of Firm Heterogeneity，International Trade，and Wages"，*Journal of International Economics*，65(1)，pp.1—20.

Yu，M.，2015，"Processing Trade，Tariff Reductions and Firm Productivity：Evidence from Chinese Firms"，*The Economic Journal*，125(585)，pp.943—988.

Yu，M.，and T. Wei，2012，"China's Firm-Level Processing Trade：Trends，Characteristics，and Productivity"，*SSRN Working Paper*，No.2037827.

Yuki，K.，2016，"Education，Inequality，and Development in a Dual Economy"，*Macroeconomic Dynamics*，20(1)，pp.27—69.

Zhang，X.，J. Yang，and S. Wang，2011，"China Has Reached the Lewis Turning Point"，*China Economic Review*，22(4)，pp.542—554.

Allen，F.，J. Qian，and M. Qian，2005，"Law，Finance，and Economic Growth in China"，*Journal of Financial Economics*，77(1)，pp.57—116.

Antràs，P.，2003，"Firms，Contracts，and Trade Structure"，*The Quarterly Journal of Economics*，118(4)，pp.1375—1418.

Antràs，P.，2005，"Incomplete Contracts and the Product Cycle"，*The American Economic Review*，95(4)，pp.1054—1073.

Antràs，P.，Fort T. C.，and Tintelnot F.，2017，"The Margins of Global Sourcing：Theory and Evidence from US Firms"，*American Economic Review*，107(9)，pp.2514—64.

Antràs，P.，Chor D.，2013，"Organizing the global value chain"，*Econometrica*，81(6)，pp.2127—2204.

Athukorala，P. C.，2011，"South-South Trade：an Asian Perspective"，*SSRN Working Paper*，No.265.

Bai，X.，K. Krishna，and H. Ma，2017，"How You Export Matters：Export Mode，Learning and Productivity in China"，*Journal of International Economics*，104，pp.122—137.

Beverelli, C., Neumueller S., and Teh R., 2015, "Export Diversification Effects of the WTO Trade Facilitation Agreement", *World Development*, 76, pp.293—310.

Gereffi, G., 2001, "Shifting Governance Structures in Global Commodity Chains", *With Special Reference to the Internet*, *American Behavioral Scientist*, 44(10), pp.1616—1637.

Gibbon, P., 2003, "The African Growth and Opportunity Act and the Global Commodity Chain for Clothing", *World Development*, 31(11), pp.1809—1827.

Gollin, D., Jedwab R., and Vollrath D., 2016, "Urbanization with and without industrialization", *Journal of Economic Growth*, 21(1), pp.35—70.

Hallak J. C., and J. Sivadasan., "Product and Process Productivity: Implications for Quality Choice and Conditional Exporter Premia", 2013, *Journal of International Economics*, 91(1), pp.53—67.

Kee, H. L., A. Nicita and M. Olarreaga, 2008, "Import Demand Elasticities and Trade Distortions", *The Review of Economics and Statistics*, 90(4), pp.666—682.

Ma, A. C., Van Assche A., 2010 "The Role of Trade Costs in Global Production Networks: Evidence from China's Processing Trade Regime", Center for Interuniversity Research and Analysis on Organization(CIRANO).

Ma, A. C., Van Assche A., Hong C., 2009, "Global production networks and China's processing trade", *Journal of Asian Economics*, 20(6), pp.640—654.

Morschett, D., Schramm-Klein H., Swoboda B., 2010, "Decades of research on market entry modes: What do we really know about external antecedents of entry mode choice?", *Journal of International Management*, 16(1), pp.60—77.

Sever C., 2016, *On the Pure-Exporters of Developing Economies*, *Social Science Electronic Publishing*.

World Bank, 2013, *Enterprise Surveys Database*.

后　记

与发达经济体不同，中国经济长期存在二元经济结构、内外贸分治和双轨制海关监管等特殊因素。正如诺贝尔奖获得者刘易斯所言，“直接将新古典模型应用于发展中国家经济体可能得出错误的结论”。为此，近三年来笔者研究团队以经济全球化最新趋势为研究背景，结合中国等发展中国家国情，通过借鉴和拓展现代异质性企业国际贸易理论模型，潜心研究“外贸转型升级”议题。

本书是笔者主持的国家自然科学基金项目《“二元经济结构”和“高标准贸易自由化”双重背景下异质性企业转型升级及其社会福利效应研究》(项目编号:71403076)的阶段性研究成果。同时，本书还是笔者参与的教育部哲学社会科学研究重大课题攻关项目“泛 TPP 经贸规则下我国融入国际价值链分工战略研究”(项目编号:16JZD019)、教育部人文社会科学研究青年基金项目“人口老龄化影响我国‘年龄增长型’行业出口优势演变的内在机理与福利效应研究”(项目编号:17YJC790162)的阶段性研究成果。本书的出版还得到了合肥工业大学学术新人计划项目《不同贸易制度约束下异质性企业多样化产品智能制造行为研究》(项目编号:JZ2016HGTB0715)的资助。

在项目研究和本书写作过程中，笔者得到了多方面的指导与帮助。首先，感谢合肥工业大学经济学院对本书的撰写提供的充分支持，使得本书能够在较为宽松的时间和空间约束下顺利完成。其次，感谢邵智、程玲、裴斐、孙景、桂晶晶、刘神宝、胡甜甜等多位研究生在本书写作过程中付出的心血。正是有这些学生的积极配合和坚持，书中部分的模型推演和数据处理才能高效完成。最后，感谢格致出版社相关编辑为本书高质量的出版所付出的辛勤劳动。

图书在版编目(CIP)数据

二元经济结构、国际经贸新规则与外贸转型升级/
刘晴著.—上海:格致出版社:上海人民出版社,
2018.9
(格致经管前沿)
ISBN 978-7-5432-2879-5

Ⅰ.①二… Ⅱ.①刘… Ⅲ.①二元经济-研究-中国
②对外贸易-研究-中国 Ⅳ.①F121②F752

中国版本图书馆CIP数据核字(2018)第126302号

责任编辑 张宇溪
装帧设计 路 静

格致经管前沿
二元经济结构、国际经贸新规则与外贸转型升级
刘晴 著

出 版 格致出版社
上海人民出版社
(200001 上海福建中路193号)
发 行 上海人民出版社发行中心
印 刷 苏州望电印刷有限公司
开 本 710×1000 1/16
印 张 14.25
插 页 2
字 数 214,000
版 次 2018年9月第1版
印 次 2018年9月第1次印刷
ISBN 978-7-5432-2879-5/F·1116
定 价 55.00元

格致经管前沿

二元经济结构、国际经贸新规则与外贸转型升级
刘 晴 著

中国金融分权结构与金融体系发展——基于财政分权下金融风险的视角
苗文龙 著

知识网络与合作网络的关系研究——基于 Python 编程
张晓黎 著

贸易结构与劳动者报酬占比研究
罗海蓉 著

铁矿石与钢铁产业供应链竞争研究
王金桃 等著

政府规制视角下国企高管薪酬管理制度改革研究
黄再胜 著